HANNS & RUDOLF

THOMAS HARDING

HANNS & RUDOLF

O judeu-alemão e a caçada
ao Kommandant de Auschwitz

TRADUÇÃO
Ângela Lobo

Rocco

Título original
HANNS AND RUDOLF
The German Jew and the Hunt for the Kommandant of Auschwitz

EDITORA ROCCO LTDA.
Av. Presidente Wilson, 231 – 8º andar
20030-021 – Rio de Janeiro – RJ
Tel.: (21) 3525-2000 – Fax: (21) 3525-2001
rocco@rocco.com.br
www.rocco.com.br

Printed in Brazil/Impresso no Brasil

REVISÃO TÉCNICA
Bruno Garcia

PREPARAÇÃO DE ORIGINAIS
Heliete Vaitsman

DIAGRAMAÇÃO
FA Studio

CIP-Brasil. Catalogação na fonte.
Sindicato Nacional dos Editores de Livros, RJ.

H238h Harding, Thomas, 1968
Hanns & Rudolf: o judeu-alemão e a caçada ao Kommandant de Auschwitz / Thomas Harding; tradução de Ângela Lobo. – Rio de Janeiro: Rocco, 2014.

Tradução de: Hanns and Rudolf
Apêndice
ISBN 978-85-325-2898-8

1. Hoiss, Rudolf, 1900-1947. 2. Alexander, Hanns, 1917-2006. 3. Auschwitz (campo de concentração) – Funcionários e colaboradores – Biografia. 4. Grã-Bretanha. Exército – Oficiais – Biografia. 5. Judeus – Alemanha – Biografia. 6. Judeus – Grã-Bretanha – Biografia. 7. Os criminosos de guerra – Alemanha. 8. Comandantes de campos de concentração 9. Guerra Mundial, 1939-1945 – Judeus. I. Título.

14-09249 CDD – 940.5318
CDU – 94(100)'1939/1945'

Para Kadian

SUMÁRIO

Lista de Ilustrações 9

Mapas 12

Nota do Autor 19

Prólogo 21

1. Rudolf, Baden-Baden, Alemanha, 1901 25
2. Hanns, Berlim, Alemanha, 1917 35
3. Rudolf, Berlim, Alemanha, 1918 46
4. Hanns, Berlim, Alemanha, 1928 58
5. Rudolf, Berlim, Alemanha, 1928 64
6. Hanns, Berlim, Alemanha, 1933 82
7. Rudolf, Oświęcim, Silésia do Norte, 1939 101
8. Hanns, Londres, Inglaterra, 1939 119
9. Rudolf, Oświęcim, Polônia, 1942 131
10. Hanns, Normandia, França, 1945 145
11. Rudolf, Berlim, Alemanha, 1943 151
12. Hanns, Bruxelas, Bélgica, 1945 163
13. Rudolf, Berlim, Alemanha, 1945 184
14. Hanns, Belsen, Alemanha, 1945 190
15. Hanns & Rudolf, Gottrupel e Belsen, Alemanha, 1946 209
16. Hanns & Rudolf, Gottrupel, Alemanha, 1946 220
17. Hanns & Rudolf, Belsen e Nuremberg, Alemanha, 1946 225

Epílogo 250
Pós-escrito 255
Notas 260
Árvores Genealógicas 292
Fontes de Pesquisa 294
Bibliografia 297
Agradecimentos 300

LISTA DE ILUSTRAÇÕES

Salvo outra indicação, todas as fotografias são cortesia do arquivo da família Alexander

Casa da família Höss em Baden-Baden (Arquivo Estadual de Baden-Baden) 26

Bella, Elsie, Hanns e Paul Alexander, fantasiados, 1917 36

Esquina da Kaiserallee com Spichernstrasse, Berlim, 1917 (cortesia de Wolfgang Lorenz, www.wl-historische-wertpapiere.de) 37

Hanns e Paul Alexander, 1920 39

Dr. Alfred Alexander com a Cruz de Ferro, 1917 41

Dr. Alfred Alexander na clínica em Berlim, 1922 42

Neue Synagogue, Berlim (AKG) 43

Acredita-se ser Martin Bormann e Rudolf Höss, *circa* 1923 (Institut für Zeitgeschichte München/Rainer Höss) 52

Dr. Alexander ao volante, 1928 58

Chalé da família Alexander em Groβ Glienicke 59

Hanns e Paul Alexander no dia do *bar mitzvá*, 1930 63

Carteira de membro da Artamanen de Rudolf Höss, 1928 (Yad Vashem) 65

Rudolf e Hedwig Höss no dia do casamento, 1929 (arquivo da família Höss) 67

Páginas de artigo de propaganda de *Illustrierter Beobachter* sobre o campo de Dachau, 1936 (AKG) 73-4

Robert Ley e Theodor Eicke, Dachau, 1936 (AKG) 75

Certificado com visto de saída de Hanns Alexander, emitido pelo chefe de polícia de Berlim, 1936 89

Carteira do Registro de Estrangeiro britânico de Hanns Alexander 93

Anúncio da perda de nacionalidade alemã da família Alexander, 1939 (Bundesarchiv, Berlim) 100

Richard Glücks, inspetor da Inspetoria de Campos de Concentração (United States Holocaust Memorial Museum, cortesia do Bundesarchiv, Berlim) 102

Hedwig Höss e a esposa de Joachim Caesar (chefe do Departamento de Agricultura de Auschwitz) com as crianças no jardim da *villa* em Auschwitz, a poucos metros do antigo crematório, 1942-1944 (Institut für Zeitgeschichte, München/Rainer Höss) 107

Hans-Jürgen, Inge-Brigit e Annagret Höss no escorregador no jardim da *villa* em Auschwitz, 1942-1944 (Institut für Zeitgeschichte, München/Rainer Höss) 108

Rudolf Höss com Heinrich Himmler inspecionando o terreno de construção de Auschwitz III/Monowitz, 17 de julho de 1942 (United States Holocaust Memorial Museum, cortesia do Instytut Pamieci Narodowej) 112

Crematório II em Auschwitz/Birkenau, 1942 (Topfoto) 118

Lema do Corpo de Pioneiros: "O trabalho tudo vence" 121

Carteira do Registro de Estrangeiro britânico de Hanns Alexander, 1936 122

Cäcilie Bing, 1930, Frankfurt 127

Rudolf Höss com os filhos no rio Sola, a poucos metros de distância do campo de Auschwitz, 1940-1943 (Institut für Zeitgeschichte München/Rainer Höss) 139

Mulheres e crianças da Hungria "selecionadas" andando em direção à câmara de gás em Auschwitz/Birkenau, 1º de maio de 1944 (United States Holocaust Memorial Museum, cortesia do Auschwitz Museum) 158

Celebração em Solahütte, perto de Auschwitz, em homenagem a Rudolf Höss (United States Holocaust Memorial Museum) 159

Operação de remoção no campo de concentração de Belsen, abril-maio de 1945 (AKG) 164

Rabino Hartman realizando cerimônia judaica ao lado da vala comum em Belsen, maio de 1945 (Imperial War Museum) 165

Carta de Hanns Alexander a Elsie e Erich Harding, 15 de julho de 1945 175

Cartão de Ann Graetz para Hanns Alexander, 16 de julho de 1945 177

Josef Kramer, ex-Kommandant dos campos de Belsen e Birkenau, sob guarda na Prisão de Celle, maio de 1945 (Yad Vashem) 178

Julgamento de Belsen, setembro-novembro de 1945 (Yad Vashem) 180

Menu de jantar da 1ª Equipe de Investigação de Crimes de Guerra, outubro de 1945 183

Saudação do Gauleiter Gustav Simon na corrida de Luxemburgo, 1942 (Centre de Documentation et de Recherche sur la Résistance) 192

Capitão Hanns Alexander, Victor Bodson, ministro da Justiça, e Jos Thorn, presidente da Comissão de Crimes de Guerra de Luxemburgo, dezembro de 1945 (Centre de Documentation et de Recherche sur la Résistance) 202

Anita Lasker saindo de Belsen, dezembro de 1945 (Anita Lasker-Wallfish) 207

Hanns Alexander de licença, com Ann Graetz, 1946 208

Rudolf Höss depois de ser preso pelos ingleses, março de 1946 (Yad Vashem) 223

Relatório preliminar do prisioneiro Rudolf Höss, Nuremberg, abril de 1946 (Auschwitz Museum) 230

Whitney Harris, promotor americano no Julgamento de Nuremberg, 1946 (acervo de Whitney Harris) 231

Rudolf Höss sendo entregue às autoridades polonesas, maio de 1946 (Auschwitz Museum) 238

Rudolf Höss ouvindo a sentença no julgamento de Varsóvia, abril de 1947 (Yad Vashem) 245

Carta de Rudolf Höss a sua esposa, Hedwig, escrita na prisão polonesa, 1947 (Auschwitz Museum) 248

Festa de Hanns Alexander em agradecimento à Grã-Bretanha, Croydon, 1986 252

Rainer Höss e Irene Alba no portão principal de Auschwitz, novembro de 2009 255

EUROPA 1945
ISLÂNDIA
SUÉCIA
NORUEGA
Mar do Norte
Edimburgo
OCEANO ATLÂNTICO
DINAMARCA
Flensburg
GRÃ-BRETANHA
POMERÂNIA
Amsterdã
Londres
HOLANDA
Berlim
Praia Gold
Bruxelas
Arromanches
ALEMANHA
BÉLGICA
Oder
Bayeux
Theresienstadt
Praga
Caen
Paris
LUXEMBURGO
Oświęcim/Auschwitz
Munique
Berna
FRANÇA
SUÍÇA
ÁUSTRIA
PORTUGAL
ITÁLIA
ESPANHA
CÓRSEGA
SARDENHA
ILHAS BALEARES
SP. MOR
SICÍLIA
MARROCOS
ARGÉLIA
Mar Mediterrâneo
TUNÍSIA
0 100 200 300 400 500 milhas
0 200 400 600 800 quilômetros
LÍBIA

GRÃ-BRETANHA 1945
Prees Heath, Whitchurch Shropshire
OCTU Lincolnshire
INGLATERRA
PAÍS DE GALES
Chalfont-St-Peter
Oxford/Woodstock
Newbury
Portsmouth
Weymouth
Ilha de Wight
St. Ives
LONDRES
Finchley
Alexandra Palace
Golders Green
Belsize Square
Kensington
Croydon
FINLÂNDIA
Leningrado
ESTÔNIA
LETÔNIA
LITUÂNIA
Moscou
URSS
Treblinka
Varsóvia
UCRÂNIA
ROMÊNIA
Mar Negro
Mar Cáspio
BULGÁRIA
Istambul
TURQUIA
Bagdá
Al-Kut
CHIPRE
CRETA
Jaffa
Jerusalém

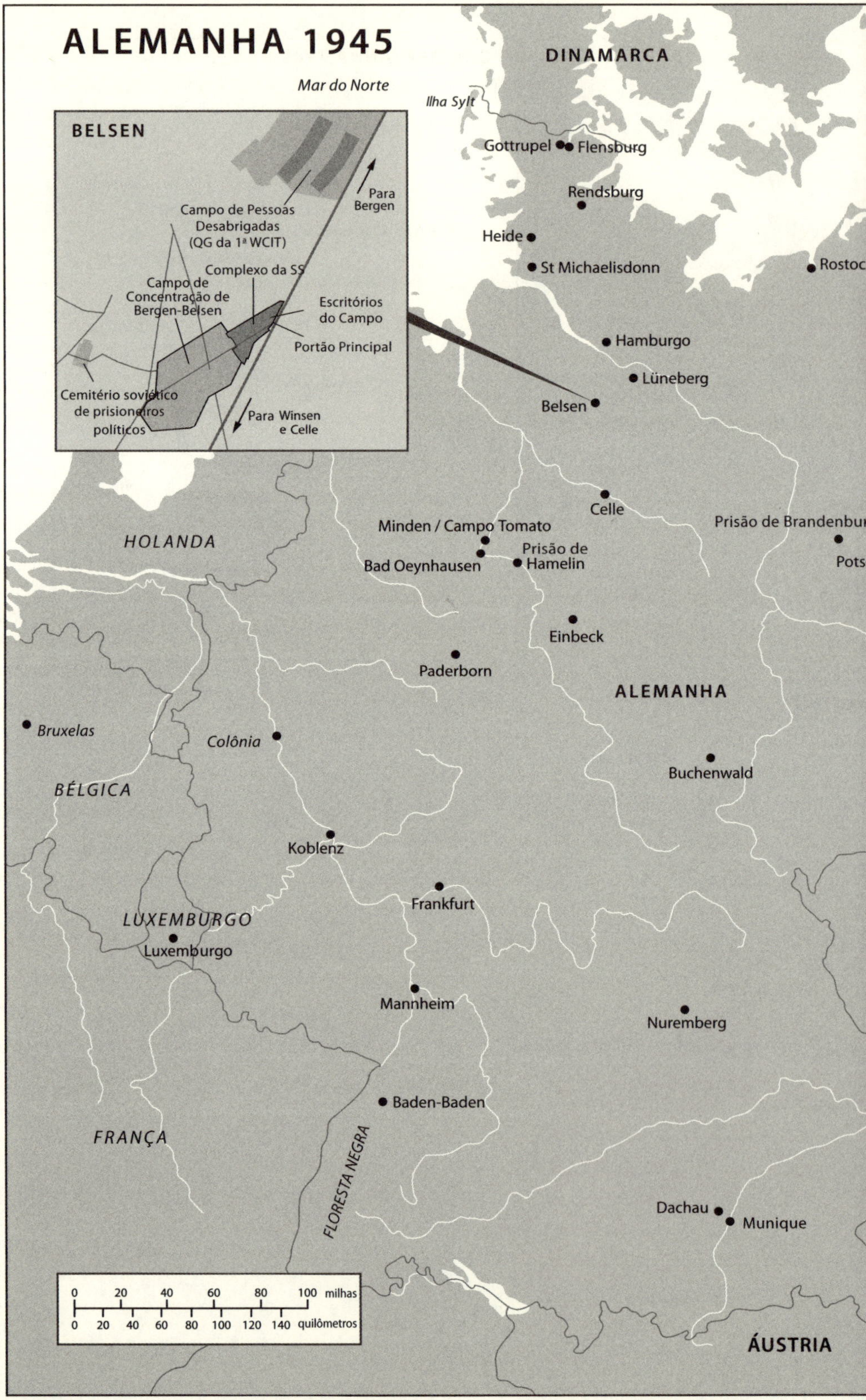

ALEMANHA 1945
Mar do Norte
Ilha Sylt
DINAMARCA
BELSEN
Campo de Pessoas Desabrigadas (QG da 1ª WCIT)
Para Bergen
Complexo da SS
Campo de Concentração de Bergen-Belsen
Escritórios do Campo
Portão Principal
Cemitério soviético de prisioneiros políticos
Para Winsen e Celle
Gottrupel
Flensburg
Rendsburg
Heide
St Michaelisdonn
Rostoc
Hamburgo
Lüneberg
Belsen
Celle
Minden / Campo Tomato
Bad Oeynhausen
Prisão de Hamelin
Prisão de Brandenbu
Pots
HOLANDA
Einbeck
Paderborn
ALEMANHA
Bruxelas
Colônia
BÉLGICA
Buchenwald
Koblenz
Frankfurt
LUXEMBURGO
Luxemburgo
Mannheim
Nuremberg
Baden-Baden
FRANÇA
FLORESTA NEGRA
Dachau
Munique
0 20 40 60 80 100 milhas
0 20 40 60 80 100 120 140 quilômetros
ÁUSTRIA

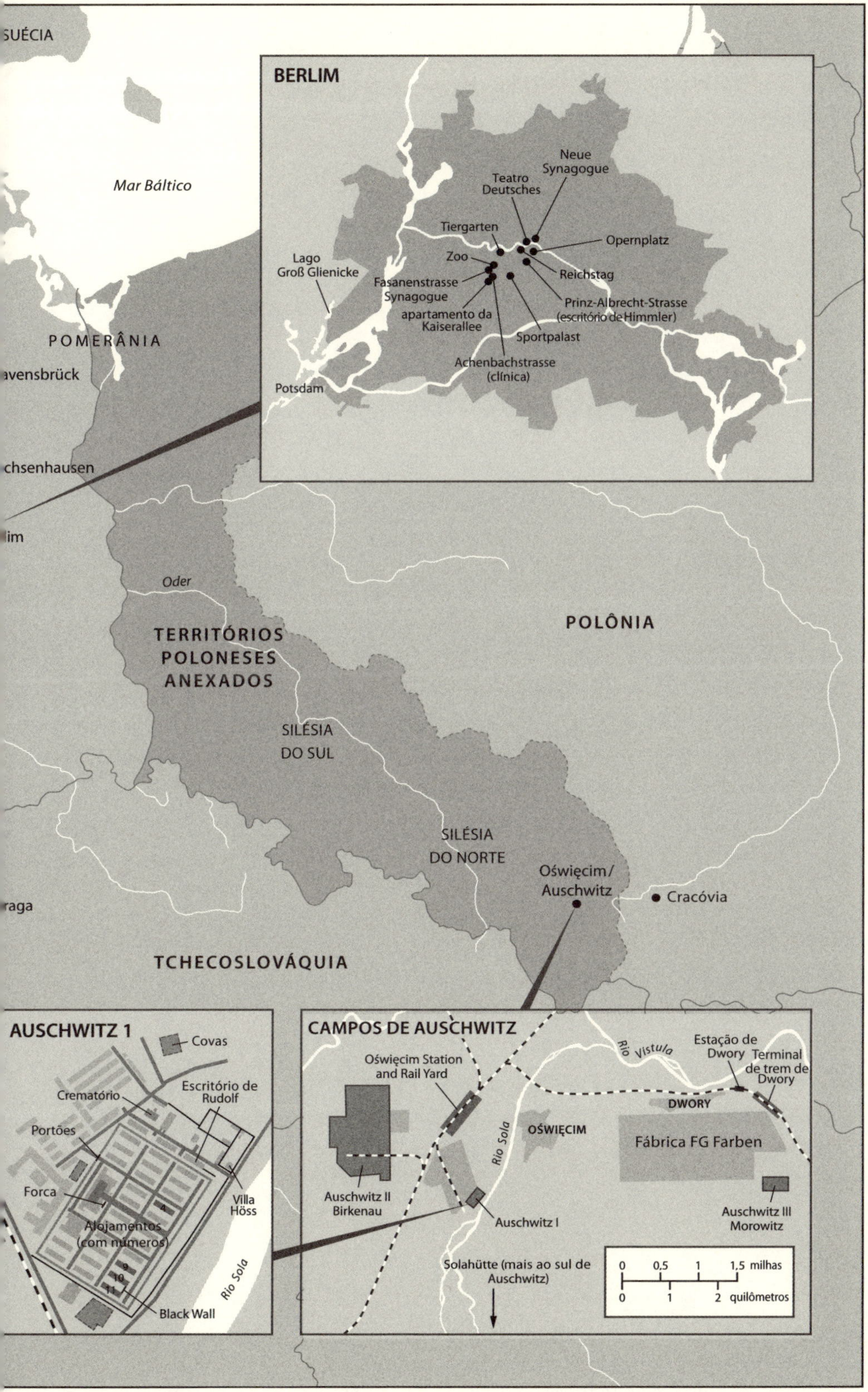

SUÉCIA
Mar Báltico
POMERÂNIA
avensbrück
chsenhausen
im
raga
BERLIM
Neue Synagogue
Teatro Deutsches
Tiergarten
Opernplatz
Zoo
Lago Groß Glienicke
Fasanenstrasse Synagogue
Reichstag
apartamento da Kaiserallee
Prinz-Albrecht-Strasse (escritório de Himmler)
Sportpalast
Achenbachstrasse (clínica)
Potsdam
Oder
TERRITÓRIOS POLONESES ANEXADOS
POLÔNIA
SILÉSIA DO SUL
SILÉSIA DO NORTE
Oświęcim/ Auschwitz
Cracóvia
TCHECOSLOVÁQUIA
AUSCHWITZ 1
Covas
Crematório
Escritório de Rudolf
Portões
Forca
Villa Höss
Alojamentos (com números)
4
9
10
11
Black Wall
Rio Sola
CAMPOS DE AUSCHWITZ
Rio Vistula
Estação de Dwory
Terminal de trem de Dwory
Oświęcim Station and Rail Yard
DWORY
OŚWIĘCIM
Fábrica FG Farben
Rio Sola
Auschwitz II Birkenau
Auschwitz I
Auschwitz III Morowitz
Solahütte (mais ao sul de Auschwitz)
0 0,5 1 1,5 milhas
0 1 2 quilômetros

Agora escreva essa canção e ensine-a aos israelitas, e faça com que a cantem, para que seja minha testemunha contra eles. E quando muitos desastres e calamidades vierem sobre eles, essa canção testemunhará contra eles porque não será esquecida por seus descendentes.

Deuteronômio 31:19 e 21

NOTA DO AUTOR

O nome do Kommandant de Auschwitz pode ser escrito de várias maneiras. Talvez a mais autêntica seja Rudölf Höβ, que é como o Kommandant escrevia seu nome. A letra β atesta sua herança conservadora suábia. A escrita mais comum em inglês é "Rudolf Hoess". No entanto, o Kommandant nunca soletrou seu nome assim, e há o risco de confundi-lo com Rudolf Hess, secretário de Hitler. Decidi usar a grafia alemã contemporânea, Rudolf Höss, que não só era como a SS datilografava seu nome, mas também como Hanns Alexander o escrevia.

Outro ponto: ao chamar Hanns e Rudolf pelo primeiro nome, não tenho a intenção de colocá-los no mesmo nível. De fato, é importante para mim que não haja uma equivalência moral. Contudo, ambos foram seres humanos, evidentemente, e como tais, se vou contar a história deles, devo começar com seus nomes. Se isso for ofensivo, e entendo por que possa ser, peço que me perdoem.

PRÓLOGO

ALEXANDER. Howard Harvey, carinhosamente conhecido como Hanns, faleceu rápida e tranquilamente na sexta-feira, 23 de dezembro. Cremação quinta-feira, 28 de dezembro, às 14:30, no Hoop Lane, Golders Green Crematorium, West Chapel. Pede-se não enviar flores. Doações, caso desejado, para o North London Hospice.

Daily Telegraph, 28 de dezembro de 2006

O funeral de Hanns Alexander teve lugar numa tarde fria e chuvosa, três dias depois do Natal. Considerando o clima e a ocasião, o comparecimento foi impressionante. Mais de trezentas pessoas se aglomeraram na capela. A congregação chegou cedo, ocupando todos os assentos. Quinze pessoas do antigo banco de Hanns, Warbug's, estavam presentes, inclusive o anterior e o atual presidentes-executivos. Seus amigos íntimos estavam lá, bem como toda a família. Ann, esposa de Hanns por cinquenta anos, sentou-se na primeira fila junto com as filhas Jackie e Annette.

O cantor da sinagoga recitou o *Kaddish*, a tradicional oração dos mortos. Fez uma pausa. Olhando para Ann e as duas filhas, fez um sermão curto, dizendo o quanto lamentava a perda e como a falta de Hanns seria sentida por toda a comunidade. Quando terminou, dois sobrinhos de Hanns se levantaram para ler o elogio fúnebre, uma retrospectiva da vida do tio.

A maior parte era conhecida. A infância de Hanns em Berlim. A fuga dos nazistas e a mudança da família para a Inglaterra. Hanns lutando no exército britânico. A carreira de bancário. A dedicação à família e os cinquenta anos para a sinagoga.

Mas um detalhe pegou quase todo mundo de surpresa: no fim da guerra, Hanns tinha perseguido o Kommandant de Auschwitz, Rudolf Höss.

Isso despertou meu interesse. Pois Hanns Alexander era meu tio-avô, irmão de minha avó. Em casa, desde a infância nos advertiam para não fazer perguntas sobre a guerra. E ali eu soube que Hanns podia ter sido um caçador de nazistas.

A ideia daquele homem agradável, mas tão comum, ter sido um herói da Segunda Guerra Mundial parecia improvável. Parecia mais uma conversa fiada de Hanns. Pois ele era um pouquinho mentiroso, brincalhão, muito respeitado, sim, mas também gostava de pregar peças nos mais velhos e contar piadas obscenas para nós, jovens, e, para dizer a verdade, era dado a exagerar. Afinal, se ele tivesse sido realmente um caçador de nazistas, isso não deveria constar de seu obituário?

Resolvi descobrir se era verdade.

Vivemos numa era em que as histórias da Segunda Guerra Mundial são águas passadas; perdemos as últimas testemunhas, e tudo o que sobra são histórias recontadas tantas vezes que perderam a veracidade original. O que nos resta são caricaturas: Hitler e Himmler são monstros, Churchill e Roosevelt são guerreiros conquistadores, e milhões de judeus são vítimas.

No entanto, Hanns Alexander e Rudolf Höss eram homens cujo caráter tinha muitas facetas. Sendo assim, essa história desafia a representação tradicional do herói e do vilão. Ambos eram adorados pela família e respeitados pelos colegas. Ambos cresceram na Alemanha nas primeiras décadas do século XX e, cada um a seu modo, adorava seu país. Em algumas ocasiões, Rudolf Höss, o brutal Kommandant, demonstrou capacidade de compaixão. E o comportamento de seu perseguidor, Hanns Alexander, nem sempre estava acima de suspeita.

Este livro remete, portanto, a um mundo mais complexo, contado através da vida de dois homens que cresceram em culturas alemãs paralelas, porém opostas.

É também uma tentativa de seguir o curso da vida de ambos, e entender como vieram a se encontrar. E essa tentativa levanta questões difíceis. Como um homem se torna assassino em massa? Por que uma pessoa decide confrontar seus perseguidores? O que acontece com as famílias desses homens? A vingança pode ser justificável?

Além disso, essa história é um atestado de que, quando os mundos desses dois homens colidiram, a história moderna mudou. O testemunho foi particularmente significativo nos julgamentos de crimes de guerra no fim da Segunda Guerra Mundial: Höss foi o primeiro nazista sênior a admitir ter cumprido ordens de Hitler e Himmler para a Solução Final. E ele deu muitos detalhes chocantes. Esse testemunho, sem precedentes na descrição da maldade dos seres humanos, levou o mundo a jurar que essas atrocidades indizíveis jamais se repetirão. Desse ponto em diante, aqueles que sofriam extrema injustiça poderiam esperar uma intervenção.

É também uma história de surpresas. Em minha confortável vida de menino e jovem em Londres, os judeus – e sou um deles – eram tidos como vítimas do Holocausto, e não vingadores. Eu nunca tinha questionado o estereótipo até mergulhar nessa história. Ou, para ser mais preciso, até esta história mergulhar em mim.

É uma história de reação judaica. Embora haja alguns exemplos de resistência bem conhecidos – levantes em guetos, revoltas nos campos, ataques nas florestas –, eles são poucos. Cada um deve ser exaltado como inspiração para outros. Mesmo em face de uma profunda brutalidade, a esperança de sobrevivência – e talvez de vingança – ainda é possível.

É uma história montada com pedaços de outras histórias, biografias, arquivos, cartas de família, velhas gravações em fita e entrevistas com sobreviventes. E esta história, por motivos que, espero, serão esclarecidos, nunca foi contada completamente pelos homens que estão no seu centro: Hanns e Rudolf.

I

RUDOLF
BADEN-BADEN, ALEMANHA
1901

Rudolf Franz Ferdinand Höss nasceu em 25 de novembro de 1901. Sua mãe, Paulina Speck, tinha 22 anos e seu pai, Franz Xaver, 26. Rudolf foi seu primeiro filho. Moravam numa casinha branca de telhado vermelho, na Gunzenbachstrasse, 10, num vale cheio de bosques nos arredores de Baden-Baden.

No início dos anos 1900, a cidade medieval de Baden-Baden se apressava para alcançar o século XX. Localizada no sudoeste da Alemanha, às margens dos suaves meandros do rio Oos, no fundo de um luxuriante vale verde de vinhedos bem cuidados, era cercada por cinco colinas, e, além delas, a Floresta Negra se estendia até o horizonte.

As fontes naturais e a glamorosa vida noturna de Baden-Baden há séculos atraíam os *glitterati* europeus. Dostoiévski fez pesquisas no cassino para seu romance *O jogador*, e a rainha Vitória, Napoleão III e Johannes Brahms passavam temporadas na cidade que, por algum tempo, foi conhecida como a capital de veraneio da Europa. Com esses turistas veio uma grande riqueza e durante os primeiros anos de 1900 houve grande empenho na modernização. Novos túneis foram escavados na camada de calcário das fundações romanas da cidade, a fim de aumentar a capacidade dos banhos públicos. Foi construída uma ferrovia funicular subindo o monte Merkur, proporcionando magníficas paisagens do vale visto do topo, e em torno da praça principal o gás dos lampiões de ferro forjado foi trocado por energia elétrica.

Entretanto, na casinha da família Höss, nas cercanias da cidade, a vida continuava como sempre fora. Franz Xaver tinha servido como oficial do exército alemão na África até encerrar a carreira, ferido no peito por uma flecha envenenada. Ele voltou à Alemanha como professor na academia militar em Metz,

Casa da família Höss (centro) em Baden-Baden

depois se aposentou e tornou-se comerciante em Baden-Baden. À exceção do toque de romantismo evocado por suas façanhas na África, ele nada tinha de excepcional em qualquer aspecto: era um alemão patriota e católico devoto, quase um membro da respeitável classe média, com uma família exatamente igual à dos vizinhos. Três anos após o nascimento de Rudolf, nasceu uma menina, Maria, e logo outra, Margarete, em 1906.

Rudolf passou a maior parte da infância brincando sozinho. Naquela comunidade rural, quase todas as crianças eram mais velhas que ele, e as irmãs eram novas demais para despertar seu interesse. Sua mãe vivia ocupada com as obrigações da casa e das crianças. Quase por necessidade, o passatempo predileto de Rudolf era caminhar. Ele ia até a torre de água dos arredores e se sentava com a orelha colada à parede, ouvindo o gorgolejar da água correndo. Em outras ocasiões se aventurava nos recessos escuros da Floresta Negra, à pequena distância da casa.

Rudolf passava horas a fio na floresta. Mas não era um lugar tão bucólico quanto parecia. Quando tinha 5 anos, foi sequestrado por um bando de ciganos na orla da floresta. Eles o levaram para a caravana, talvez para ser vendido a outra família, ou posto a trabalhar numa mina de carvão. Felizmente um fazendeiro reconheceu o menino justamente quando os ciganos estavam de partida e o resgatou.

Depois do sequestro, Rudolf foi proibido de se afastar muito. Contudo, tinha permissão para ir às fazendas vizinhas, onde removia o esterco dos estábulos e escovava os cavalos. Nessa época, Rudolf descobriu seu sentimento instintivo por esses animais. Era pequeno o bastante para passar entre as patas dos cavalos, e nunca levou um coice nem foi mordido. Gostava também de cachorros e touros, mas tinha verdadeiro amor pelos cavalos, uma paixão que duraria sua vida inteira.

Quando Rudolf fez 6 anos, a família deu um passo importante no sentido de solidificar sua pretensão à respeitabilidade, mudando-se para uma casa maior, no subúrbio de Mannheim. A quase 100 quilômetros ao norte da primeira moradia de Rudolf e a 80 quilômetros ao sul de Frankfurt, Mannheim era uma cidade muito maior do que Baden-Baden, com uma população de mais de 300 mil e uma base industrial que atendia a toda a região. Embora Rudolf sentisse saudades dos animais e da beleza da Floresta Negra, a mudança lhe trouxe uma rica compensação: ganhou de presente de aniversário um pônei negro, ao qual deu o nome de Hans. Saía para cavalgar frequentemente na floresta Haardt, ali perto, e passava horas cuidando do pônei ao chegar da escola. Amava tanto o animal que o levava escondido para seu quarto quando os pais não estavam em casa. Passava todo o tempo livre com Hans, um pônei tão fiel que seguia Rudolf como um cão. Tornaram-se inseparáveis.

Rudolf se encantava com as histórias da carreira militar do pai. Tinha um entusiasmo especial pelos casos da campanha na África, as batalhas com a população local, as religiões estranhas, as práticas exóticas. Mas, apesar do fato de tanto o pai como o avô terem servido no exército, Rudolf se sentia mais inclinado a ser um missionário do que um soldado lutando em terra estrangeira.

Foi com o pai que Rudolf aprendeu as tradições e os princípios da Igreja Católica. Franz Xaver levou o filho em peregrinações a lugares sagrados na Suíça, e a Lourdes, na França. Rudolf se tornou um fiel ardoroso. Mais tarde, recordou que "rezava com a gravidade sincera de uma criança, decidido e pronto a se tornar coroinha", e levava seus "deveres religiosos muito a sério".

Desde a mais tenra idade, Rudolf tinha várias tarefas a cumprir como membro da família, e precisava cumpri-las sem reclamar. Ao menor deslize, era punido severamente. Até uma pequena indelicadeza com as irmãs, uma palavra áspera ou provocação, resultava em passar um bom tempo ajoelhado no chão duro e frio, pedindo perdão a Deus.

Quando sua filha mais velha nasceu, Franz Xaver fez um juramento de que seu filho, então com 4 anos de idade, seria padre. Iria para o seminário, viveria em celibato e dedicado à oração, ao aprendizado e à comunidade. A educação de Rudolf foi planejada com o único propósito de prepará-lo para a vida religiosa. Mais tarde, ele recordou:

> Deu-se sempre grande ênfase ao meu dever de obedecer e aquiescer imediatamente a todos os desejos e ordens de meus pais, professores, padres, na verdade todos os adultos, inclusive os criados, e não deixar que nada me afastasse daquele dever. O que os adultos diziam estava sempre certo. Esses princípios educacionais se tornaram minha segunda natureza.

Morando num bairro residencial, Rudolf vivia rodeado de crianças de sua idade, e gostava das brigas com os garotos. A ideia do futuro trabalho de missionário em nada diminuía seu entusiasmo pelas lutas, e ele se revelava implacável quando se tratava de vingança. Se um menino o machucava, não descansava enquanto não ia à forra. Assim, Rudolf era temido pelos companheiros.

Todavia, quando Rudolf tinha 11 anos de idade, uma briga foi longe demais. Ele e os amigos se envolveram numa escaramuça de brincadeira e um menino caiu, rolou por um lance de escadas e fraturou o tornozelo. Horrorizado, Rudolf correu para a igreja e se confessou ao padre, que era também amigo da família. O padre não tardou a contar a Franz Xaver, que castigou o filho. A traição do sigilo confessional abalou Rudolf profundamente, destruindo sua crença na fidedignidade da profissão.

> Por muito, muito tempo, fiquei relembrando o que havia acontecido, muitas e muitas vezes, porque me pareceu horrível. Na época – e até hoje – eu estava, e ainda estou, firmemente convencido de que meu padre confessor havia quebrado o segredo confessional. Minha fé na santidade do sacerdócio se foi, e comecei a ter dúvidas religiosas. Depois do que aconteceu, eu não podia mais considerar o padre digno de confiança.

Rudolf pintou um quadro sombrio de sua infância: o pai fanático e intolerante, que ele portanto temia e desprezava, e a mãe distante, sempre cuidando das irmãs menores ou de cama, se recuperando de alguma doença. Rudolf lembrava que, na verdade, não era íntimo de ninguém na família. Ele cumprimentava pessoas com um aperto de mãos, agradecia em poucas palavras, mas não era uma criança que gostava de contato físico. Em consequência, não revelava seus problemas: "Eu lidava sozinho com todas as dificuldades."

Em 3 de maio de 1914, um ano depois do incidente com o padre, o pai de Rudolf morreu em casa, aos 40 anos. A causa da morte não foi registrada.

> Não me lembro se fui afetado especificamente por essa perda. Mas eu ainda era muito jovem para ver as consequências de longo alcance. No entanto, a morte de meu pai daria à minha vida um curso muito diferente do que ele tinha desejado.

No restante da família, contudo, a morte de Franz Xaver teve impacto. O pai era o único provedor e, com três crianças para sustentar, era difícil para a mãe fazer face às despesas. Mas a morte libertou o filho da sombra paterna: o jovem Rudolf traçou seu próprio caminho mais cedo do que lhe teria sido permitido.

Em 28 de julho de 1914, o arquiduque Ferdinando da Áustria foi assassinado em Sarajevo e o Império Austro-Húngaro reagiu invadindo a Sérvia. A agressão desencadeou uma retaliação por parte de outras potências europeias – Rússia, Grã-Bretanha, Alemanha, França e o Império Otomano –, e poucas semanas depois estavam todos enredados na Primeira Guerra Mundial. Inicialmente, as hostilidades se concentraram nos países da Europa Ocidental, Alemanha, França e Bélgica, mas o conflito logo se alastrou para o leste e o sul, atravessando a Europa e chegando às colônias na África, Ásia e oceano Pacífico. A luta foi especialmente acirrada no Oriente Médio, que se tornou um campo de batalha estratégico, em parte por causa das reservas de petróleo, e em parte pelo valor simbólico dos locais sagrados.

Quando estourou a guerra, Rudolf tinha 12 anos e a família ainda residia no subúrbio de Mannheim. A cidade ficava a apenas duas horas de trem do Oeste da França e Rudolf se empolgava por estar morando tão perto do conflito. Ia para a estação ferroviária ver os primeiros grupos de rapazes enviados para a linha de frente, vibrando com a guerra e desesperado para estar entre eles.

Um ano depois, e após muito insistir com a mãe, ele entrou para a Cruz Vermelha como auxiliar. Depois das aulas, passava o maior tempo possível trabalhando no hospital da Cruz Vermelha, distribuindo tabaco, comida e bebida para os feridos. Horrorizado com os terríveis traumas causados pelos armamentos modernos, Rudolf não obstante ficou impressionado com a coragem dos soldados feridos, firmando seu desejo de lutar pelo país.

Assim foi que, no verão de 1916, Rudolf saiu de casa dizendo à mãe que ia visitar os avós. Tão logo se viu fora dos limites da cidade, entrou em contato com um capitão, velho amigo de seu pai, e, mentindo sobre a idade, se alistou. Tinha apenas 14 anos.

Não era raro alguém tão jovem se alistar no exército. Oficialmente, a idade mínima para alistamento na Alemanha, durante a Primeira Guerra Mundial, era de 17 anos. Esse limite estava em vigor desde a Constituição alemã de 16 de abril de 1871, que declarava todo homem apto para o serviço militar do seu aniversário de 17 anos até o de 45. Contudo, desde a declaração de guerra, em 1914, o exército alemão estava inundado de soldados meninos. À medida que o número de recrutas adultos caía consideravelmente em 1915 e 1916, pois àquela altura a grande maioria dos homens aptos já estava alistada, muitos rapazinhos – desde que saudáveis o suficiente para passar no exame médico e dispostos a carregar um rifle – eram avidamente aceitos, mesmo que sua aparência traísse a idade. Em consequência, centenas de milhares de meninos lutaram pela Alemanha na Primeira Guerra.

Em 1º de agosto de 1916, com a ajuda do amigo do pai, Rudolf entrou para o 21º Regimento de Dragões de Baden, o mesmo regimento de cavalaria em que seu pai e seu avô haviam servido. Passou por um rápido exame médico e recebeu o uniforme padrão de soldado raso da cavalaria alemã: botas de cano alto de couro preto, calça de lã cinzenta, cinturão preto com gravação em relevo de uma águia na fivela, símbolo de seu Estado natal, jaqueta cinza sem bolsos e com botões de metal, e um *Feldmütze*, chapéu de lã cinza inclinado para o lado e com uma pequena roseta de prata costurada na frente. O melhor de tudo é que ele era agora o orgulhoso possuidor de uma espada da cavalaria, com empunhadura em latão e bainha preta, e que, com a ponta apoiada no chão, chegava à altura de seu quadril. Após somente duas semanas de treinamento, Rudolf e seu regimento partiram numa longa jornada para o Oriente Médio. Sua missão era fornecer reforços para as tropas turcas em combate com os britânicos pelo controle da parte sudeste do Império Otomano.

A caminho do sul, Rudolf enviou uma carta à mãe, dizendo que havia ido para a guerra. Anteriormente, desejando que ele terminasse os estudos e abraçasse o sacerdócio, "com infinita e realmente comovedora paciência e gentileza ela tentara me fazer mudar de ideia", recordou Rudolf. Mas agora que não mais havia a "mão firme e orientadora do pai", Rudolf se sentiu capaz de desafiar as ordens dela.

Os Dragões saíram de Mannheim de trem, atravessaram a Hungria, a Romênia e a Bulgária, até chegarem à Turquia. Após um breve descanso em Istambul, o regimento seguiu a cavalo por mais de 2.400 quilômetros rumo ao sul, em direção à linha de frente da Mesopotâmia, onde hoje fica o Iraque. Rudolf, que nunca havia saído da Alemanha, passou o mês seguinte em acampamentos toscos, sobrevivendo com as magras rações militares. "O treinamento secreto, juntamente com meu medo constante de ser descoberto e mandado para casa, bem como a longa jornada através de muitos países até chegar à Turquia, tudo isso me marcou muito." As paisagens e os povos exóticos eram novos e profundamente chocantes.

Ao finalmente chegarem à linha de frente, Rudolf e seus companheiros viram-se no meio de uma batalha que já durava um ano pelo controle dos campos de petróleo entre os rios Tigre e Eufrates. No centro desse impasse, em Al-Kut, uma cidade poeirenta 160 quilômetros a sudeste de Bagdá, os turcos mantinham as forças britânicas sob cerco havia meses. Os Aliados foram repelidos todas as vezes que tentaram sair de Al-Kut, com grande número de perdas nos dois lados. Em abril de 1916, os Aliados se renderam, entregaram o controle da cidade, e mais de 13 mil soldados foram feitos prisioneiros e obrigados a trabalhos forçados. O Alto-Comando britânico considerou o incidente uma derrota humilhante e, concluindo que a campanha da Mesopotâmia devia ter maior prioridade na estratégia global da guerra, substituiu o comandante regional indiano por um inglês, reforçou as estradas de ferro e enviou mais 150 mil homens. As Potências Centrais responderam às mudanças dos Aliados substituindo o comandante turco por um general alemão e trazendo novas tropas da Alemanha, inclusive os Dragões de Baden-Baden.

No final de 1916, a unidade de Rudolf se reuniu ao 6º Exército turco nos arredores de Al-Kut. Justamente quando sua unidade de cavalaria recebia as primeiras ordens, uma brigada de soldados indianos atacou. Rudolf pulou do cavalo e correu para se esconder no terreno rochoso entre antigas ruínas, com seu belo uniforme engomado imediatamente empanado da fina areia amarela do deserto. Não havia plano de batalha, e nem ordens completas tinham sido dadas.

Quando o tiroteio aumentou de intensidade, os soldados turcos fugiram, deixando que os alemães se defendessem sozinhos. Rudolf começou a entrar em pânico. As explosões das granadas inimigas eram cada vez mais altas. Soldados alemães eram atingidos em toda a sua volta. Um homem caiu ferido à esquerda, e o soldado à direita não respondeu quando Rudolf o chamou pelo nome.

> Quando me virei para ele, vi que tinha uma grande ferida sangrando na cabeça, e já estava morto. Fui tomado pelo pior horror que jamais tive em minha vida e por um terrível medo de sofrer o mesmo destino. Se eu estivesse sozinho, certamente teria fugido como os turcos.

Enquanto Rudolf se debatia em dúvida se acompanhava a retirada dos turcos, viu seu capitão agachado atrás de uma pedra, atirando sem cessar nos indianos, com ordem e disciplina. Operou-se nele uma mudança. Já calmo e concentrado, Rudolf viu um indiano alto, de barba preta, se aproximar correndo com o rifle britânico Lee-Enfield de 7,7 milímetros apontado direto à frente. Respirando fundo, Rudolf levantou sua arma, ajustou a mira e atirou. Foi a primeira vez que matou.

Passados alguns momentos, levantou novamente a arma e começou a atirar rapidamente, carga após carga, "como se o feitiço tivesse se quebrado". Rudolf descobrira uma nova habilidade: era capaz de matar, com eficiência e rapidez, no calor da batalha.

O capitão de Rudolf o observara e agora gritava seu nome, encorajando-o. Pouco tempo depois, os indianos perceberam que a resistência era inflexível, suspenderam o ataque e foram escorraçados de volta para o deserto. No fim do dia, a unidade alemã detinha o controle das ruínas. Rudolf e seus companheiros se prepararam para o que viria a ser a tarefa diária de defender aquele pedacinho de território.

Rudolf se lembrava da mistura de sentimentos naquela primeira batalha. Tinha achado "empolgante", mas depois, ao atravessar o campo, olhou "hesitante e timidamente" para o soldado indiano que tinha matado e se sentiu "um pouco nauseado". Quando contou ao capitão que sentira medo, ele simplesmente deu uma risada e disse que não se preocupasse. Nos meses seguintes, Rudolf passou a amar e confiar naquele homem, que se tornou "como um pai" para ele, uma figura de autoridade reverenciada. Rudolf sentia que o capitão o tratava como a um filho, orgulhando-se quando ele foi promovido e assegurando que não fosse escalado para as missões mais perigosas. Pela primeira vez na vida, Rudolf entendeu que alguém cuidava dele. Mais tarde, confessou: "Era um relacionamento muito mais íntimo do que eu tivera com meu próprio pai."

No início de 1917, Rudolf e seu regimento foram destacados para a Palestina. Sua primeira missão foi defender a crítica ferrovia de Hejaz, que corria entre Damasco, na Síria, e Medina, na Arábia Saudita. Ainda naquele ano os Dragões foram para a linha de frente de Jerusalém. A campanha da Mesopotâmia havia se concentrado no abastecimento estratégico de petróleo, mas as batalhas em torno da Palestina tinham como objetivo, por um lado, desestabilizar o controle britânico do canal de Suez e, por outro, capturar as veneradas cidades bíblicas.

Foi durante a batalha por Jerusalém que Rudolf levou um doloroso tiro no joelho e foi levado para o hospital alemão instalado perto de Jaffa. Ali ele teve delírios devido à malária, recidiva de uma infecção contraída anteriormente na campanha, e picos de febre tão violenta que exigiu estreita observação pela equipe médica.

Enquanto convalescia no hospital, Rudolf ficou aos cuidados de uma jovem enfermeira alemã. Ela era amável, ajudava-o gentilmente a se sentar na cama, atenta para que não se machucasse nas crises de malária. A princípio, ele ficou confuso com os carinhos dela, mas logo "encantado pela magia do amor, eu a via com outros olhos". Semanas depois, quando Rudolf voltou a andar, eles encontraram um recanto tranquilo, longe do movimento das enfermarias. "Ela me iniciou em todos os estágios do amor, até chegar a uma completa relação sexual", recordou. "Eu nunca teria reunido coragem sozinho. Essa primeira experiência do amor, com toda a sua doce afeição, veio a ser uma diretriz para toda a minha vida." Não foi apenas o primeiro encontro sexual do rapaz de 15 anos; foi a primeira vez que sentiu algum tipo de intimidade física: "Essa ternura foi uma experiência maravilhosa, como eu nunca tivera na vida." Rudolf jurou para si mesmo, um pouco ingenuamente, que teria sexo somente quando envolvesse uma verdadeira afeição e nunca, como seus companheiros soldados faziam, iria procurar prostitutas ou ter casos com namoradas ou esposas de outros homens.

Uma vez recuperado dos ferimentos, Rudolf recebeu ordens de retornar à sua unidade. Deve ter sido difícil dizer adeus, mas eram ordens. Ele nunca mais viu a enfermeira.

Nos meses seguintes, Rudolf foi ferido mais duas vezes. Em 17 de novembro de 1917, dias antes de seu aniversário de 16 anos, uma bala penetrou em sua coxa, e em 28 de fevereiro de 1918 foi ferido nas mãos e nos joelhos. Nenhum desses ferimentos impediu que participasse da ação.

Por sua atuação na guerra, Rudolf foi condecorado pelo governo alemão com a Cruz de Ferro de Segunda Classe, com a Lua Crescente de Ferro de Primeira Classe do Império Otomano, por seus esforços no Iraque e na Palestina, e com a Medalha de Serviço pela cidade de Baden. A guerra havia transformado o menino amedrontado e inocente em soldado rijo. Na visão de Rudolf, a guerra "me amadureceu por dentro e por fora, muito além dos meus anos".

Agora estava totalmente crescido. Com 1,74m, não era alto, e nem corpulento como alguns homens de sua unidade. Era magro, endurecido na batalha, com olhos castanhos penetrantes e cabelos louros cortados muito curtos. Tinha o corpo de um soldado. Como se acostumara à dor e à dureza da guerra, Rudolf possuía recursos emocionais – um entorpecimento, talvez – para suportar os ferimentos e voltar à luta. Além disso, havia aprendido o que considerava qualidades de liderança: exibir conhecimento em vez de patente, demonstrar "calma fria, imperturbável" frente à adversidade e empenho em "dar sempre um exemplo e jamais perder a dignidade, a despeito do que estivesse sentindo".

Entretanto, a primavera de 1918 trouxe uma tristeza que até ele teve dificuldade de esconder. O capitão, que ele tanto admirara no ano anterior, foi morto na batalha do Jordão. Sua morte foi um enorme golpe: "Senti-a com muito sofrimento e dor."

Mais uma vez, Rudolf estava só.

2

HANNS
BERLIM, ALEMANHA
1917

Hanns Hermann Alexander nasceu em 6 de maio de 1917, 15 minutos antes de seu irmão gêmeo, Paul, no luxuoso apartamento de seus pais na Kaiserallee, em Berlim Ocidental. Os meninos eram "bebês da guerra", concebidos quando o pai, o dr. Alfred Alexander, estava de licença do hospital militar que dirigia na cidade de Zabern, na Alsácia alemã.

Pouco depois do nascimento deles, Alfred mandou buscar sua família – a esposa, Henny, as duas filhas pequenas, Bella e Elsie, e os gêmeos – para ficarem com ele no *front*. Era uma decisão arriscada, estando o hospital tão perto do campo de batalha, mas Alfred insistiu. A família ficou reunida durante 18 meses, tempo suficiente para as meninas frequentarem a escola local. No final de outubro de 1918, com a rápida aproximação do término da guerra, a resistência alsaciana ameaçou atacar o hospital. O médico teve poucas horas para transportar todos os pacientes e a família para a estação de trem. Um trabalho exaustivo, mas Alfred e a equipe do hospital se mostraram à altura da tarefa, e nenhum paciente foi deixado para trás. Embarcaram todos no último trem para Berlim.

A família só conseguiu chegar até Ulm, 90 quilômetros a leste de Stuttgart. Inspirados pela revolução que varrera a Rússia no ano anterior, comitês de trabalhadores haviam tomado a ferrovia de Ulm, exigindo não só o fim da guerra, mas também a abdicação do *kaiser* Guilherme II. Outros protestos violentos irrompiam em todo o país: ao norte, marinheiros se amotinaram no porto de Kiel, recusando-se a navegar para a batalha, um conselho de esquerda tinha forçado a queda do rei da Bavária e declarado uma república do povo, milhares de trabalhadores protestavam violentamente em toda a cidade de Berlim. O trem foi retido fora da estação e desviado para Frankfurt, onde a família se refugiou na casa dos pais de Henny até o caminho estar livre.

Quando os Alexander finalmente chegaram à capital, no começo de dezembro, foram recebidos com cenas de caos. Três semanas antes, em 9 de novembro de 1918, a abdicação do *kaiser* Guilherme II fora anunciada e o Império Germânico havia oficialmente chegado ao fim. Desde então, uma aliança frouxa entre os social-democratas e membros das forças armadas tinha preenchido o vácuo político, lideradas pelo social-democrata Friedrich Ebert. Mas esse governo provisório não conseguiu manter a ordem por muito tempo. Radicais de esquerda tomaram as ruas, exigindo mais rapidez nas mudanças, enquanto grupos de direita, enfurecidos com a derrota na guerra, montavam unidades informais e lutavam contra os comunistas e os comitês de trabalhadores. Em resposta, os militares criaram brigadas de veteranos recém-desmobilizados para reprimir a esquerda, mas sua brutalidade pouco conseguiu além de insuflar as chamas da revolta.

Era perigoso demais sair à noite, a comida era escassa e Alfred não podia retomar sua prática médica em vista da violência em toda a cidade. Para piorar as coisas, a economia, já arruinada por quatro anos de guerra, estava à beira do colapso.

A situação externa era como um tambor pressurizado prestes a explodir, mas dentro do apartamento de Alfred tudo estava calmo e em ordem. Henny não demorou a retirar os lençóis que cobriam os móveis, esfregar as paredes e reabastecer a despensa da melhor maneira que pôde. Dentro de alguns dias, parecia novamente um lar. Para os meninos Hanns e Paul, com 19 meses de idade, o apartamento era o centro do mundo e, ignorando a volatilidade lá fora, exploravam seu espaço.

A residência dos Alexander ocupava todo o primeiro andar dos números 219/220 da Kaiserallee, a meio caminho da Schaperstrasse e da junção da Spichernstrasse com Regensburgerstrasse. A Kaiserallee era um dos mais elegantes endereços de Berlim, e uma das principais artérias da cidade, indo do distrito da classe operária, Friedenau, ao sul, até o rico distrito de Wilmersdorf, no noroeste. O apartamento era imenso, mesmo para os generosos padrões da época. No total, tinha 22 cômodos, incluindo cinco quartos, três salas de estar, um banheiro, dois quartos de empregadas e uma grande cozinha. No apartamento se situavam as dependências do consultório do dr. Alexander, e no ano novo ele começou a atender os pacientes no salão contíguo ao hall de entrada. A sala da frente tinha a extensão total do apartamento e era grande o bastante para acomodar confortavelmente quarenta pessoas para jantar. Duas varandas davam para a Kaiserallee.

A porta principal do prédio, com a altura de dois andares, era espessa, de carvalho marrom, e, como muitas estruturas construídas em Berlim em meados do século XIX, ele tinha um átrio central que permitia a entrada de luz no

interior dos apartamentos. Atrás do edifício havia um jardim para uso dos moradores, com um pequeno gramado e algumas árvores. Ali, Bella, Elsie, Hanns e Paul brincavam com as crianças vizinhas.

A residência tinha uma localização ideal, no coração da comunidade judaica da Berlim ocidental. E era com essa comunidade que os Alexander conviviam na maior parte do tempo. Conversavam numa das lojas de departamentos ao longo da Kurfürstendamm, faziam piqueniques nos bem cuidados gramados do parque Tiergarten, ou apreciavam os animais no Jardim Zoológico; todos esses lugares ficavam a pouca distância do apartamento.

Embora viesse de uma família de classe média alta, de médicos e advogados vivendo com conforto, o pai de Hanns não desconhecia o sofrimento. Quando Alfred tinha 5 anos, seu pai morreu de leucemia e sua irmã não resistiu à pneumonia. Quando estava na casa dos 20 anos, sua mãe teve uma grave crise de asma e morreu pouco depois. Apesar desses reveses, Alfred conseguiu se formar em medicina numa das mais prestigiosas universidades da Alemanha e montou sua clínica em Berlim. Era um homem temperamental, que às vezes gritava com a esposa e depois se refugiava na biblioteca com sua seleta coleção de romances policiais. Em outras ocasiões, era exuberante e afetuoso. E também sentimental, talvez até brando demais, frequentemente visto com os lábios trêmulos e lágrimas escorrendo pelo rosto quando tomado de emoção por uma ária tocando no gramofone ou um discurso sincero numa festa de aniversário.

Em contraste, sua mulher, Henny, tivera uma vida muito mais amena como descendente de duas das mais bem-sucedidas famílias judias da Europa. Seu pai, Lucien Picard, era um banqueiro altamente respeitado e cônsul suíço em Frankfurt, e sua mãe, Amalie, vinha do rico clã Schwarzschild, uma família tão famosa em sua cidade natal que as crianças cantavam uma canção sobre eles:

Em Frankfurt, em Frankfurt, quem não é rico como os Rothschild
Pode ter esperança de ser tão rico quanto os Schwarzschild.

Henny era rechonchuda, de rosto redondo e braços fortes. Embora não fosse esbelta nem elegante, tinha uma figura atraente, um agudo senso de humor e brilho nos olhos. Era conhecida por sua amabilidade e disposição para ajudar os outros. Era também uma fumante inveterada, quase sempre com um cigarro pendendo quase na vertical de seu lábio inferior, até na cozinha, onde gostava de dar palpites nos pratos preparados pela cozinheira. Não era hábito desconhecido de Henny apagar a guimba do cigarro num pires e as cinzas voarem para o que quer que estivesse cozinhando. De fortes opiniões e muito obstinada, era a matriarca e o coração da família.

Embora Hanns e Paul passassem grande parte do tempo com os pais e as irmãs, ficavam todos os dias aos cuidados de Anna, sua adorada babá. Apesar de ter vindo da conservadora região sudoeste da Alemanha, Anna acreditava em deixar as crianças desenvolverem sua personalidade, e mantinha uma atitude mais liberal do que o rígido modelo da maioria de suas contemporâneas.

A calma durou até que os gêmeos começaram a andar. Aos 5 anos de idade, "os meninos", como ficaram conhecidos, já tinham adquirido a fama de travessos, dirigindo em alta velocidade seu Hollander vermelho, uma espécie de kart, pelos corredores até a sala de jantar, em volta da mesa, na sala de estar, de volta ao corredor, esbarrando nas paredes, tirando lascas do gesso, estragando a pintura e gritando com a criadagem estatelada.

Hanns e Paul eram mestres em tirar vantagem da sua semelhança. Quando os pais tinham visitas, os gêmeos deveriam esperar no hall para cumprimentá-las. Em vez disso, um deles ficava a postos no hall, vestindo seu avental caseiro, cumprimentava um visitante, depois corria para dentro, tirava o avental e voltava para cumprimentar outra pessoa. Enquanto isso, o irmão estava na cozinha, engolindo vorazmente as delícias que Hilde, a cozinheira, havia preparado.

Um dos livros prediletos dos meninos era *Max und Moritz*, história infantil muito popular em que dois irmãos maldosos faziam travessuras cada vez mais pesadas com os amigos e vizinhos. Numa dessas, os personagens cortaram parcialmente as tábuas de uma ponte e deram gargalhadas quando um alfaiate caiu e foi levado pela correnteza. Noutra, entraram escondidos na casa do professor, encheram o cachimbo dele com pólvora e se divertiram com a explosão e os cabelos chamuscados do homem.

Esse livro inspirou os meninos a ter um comportamento cada vez mais audacioso. Deixaram a banheira transbordar, inundando o consultório do pai; soltaram fogos na cozinha e Hilde deixou cair no chão o assado pronto para o almoço; fizeram uma fogueira na sala de estar e ficaram dançando em volta como índios americanos, até que Elsie sentiu o cheiro da fumaça e correu para apagar o fogo com um balde de água. Outras vezes se divertiam apenas com travessuras bobas, principalmente com a irmã Bella, que se considerava madura, sofisticada e gostava de se dar ares. Quando ela convidava amigas para o chá, Hanns e Paul se escondiam debaixo da mesa e roubavam os chocolates caros e pedaços de bolo, aproveitando para dar uma olhadela por baixo das saias das meninas. Elas gritavam, Bella os expulsava, mas logo eles estavam de volta.

Os gêmeos nunca eram castigados severamente pelo mau comportamento. Ao contrário, eram sempre tratados com indulgência. Afora as ocasionais explosões de temperamento, o dr. Alexander deixava a disciplina a cargo da esposa, e Henny, fingindo-se chocada com as travessuras, mas não conseguindo tomar conta dos meninos, encorajava seus atos cada vez mais bizarros.

Quando não estava criando confusão, Hanns gostava de explorar o apartamento, procurando relíquias dos tempos de seu pai na Primeira Guerra. No salão, ele folheava os álbuns de fotografias: Alfred montando um cavalo, posando numa trincheira na frente de batalha, em frente ao hospital na Alsácia. Examinava o uniforme de exército do pai – calça e paletó cinzentos bem

Dr. Alfred Alexander, 1917

passados, o brilhante capacete pontiagudo prateado, as botas pretas de cano alto – pendurado no armário do hall. Mas seu objeto favorito era a Cruz de Ferro de Primeira Classe, uma medalha de bronze presa por uma fita listrada de preto e branco guardada numa caixinha verde no alto da escrivaninha do pai. Quando não havia ninguém por perto, Hanns abria a caixinha e, esperando não ser visto, colocava a fita em volta do pescoço, imaginando como devia ser um herói de guerra alemão.

Em 1922, a clínica do dr. Alexander havia crescido tanto que foi preciso arranjar mais espaço para seu trabalho. Mesmo preocupado com as finanças, ele decidiu investir num grande prédio hospitalar. Encontrou um local apropriado no número 15 da Achenbachstrasse, uma estrutura de quatro andares perto da Rankeplatz, virando a esquina logo depois do apartamento. Contratou um arquiteto e, com dinheiro emprestado dos pais de Henny, transformou o prédio numa clínica equipada com a mais moderna aparelhagem, inclusive raios X, laboratório, e um terraço com jardim, onde os pacientes podiam convalescer ao ar livre. Convidou três médicos para trabalhar com ele, além de uma equipe de técnicos e enfermeiras, e abriu as portas oficialmente em 1923. Em pouco tempo, todos os leitos estavam ocupados. Tinha o hábito de passar para ver os pacientes todos os dias e a equipe de enfermagem sempre sabia onde encontrá-lo por causa do charuto queimando no cinzeiro na porta de um quarto.

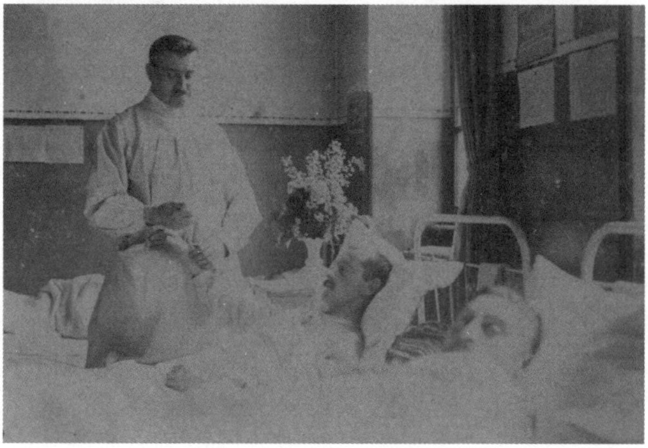

Era uma época arriscada para se fazer grandes investimentos. A economia estava desordenada desde o fim da guerra. A moeda sofrera uma drástica desvalorização no início dos anos 1920: um marco de ouro valia dez cédulas de marcos no fim de 1921; um ano depois o mesmo marco valia 10 mil cédulas e, no fim de 1923, a taxa era de um para cem milhões. Um dólar americano valia 4,2 trilhões de marcos. Essa hiperinflação levou a um aumento exponencial no preço das mercadorias, tornando impossível fazer as compras do dia a dia. Como todo mundo, os Alexander precisaram se adaptar a essa realidade, que afetava sua renda – pois o médico se esforçava para manter seus preços a par da inflação – e suas despesas.

O dr. Alexander não tardou a sentir o aperto. Muitos dos seus pacientes haviam morrido, ou se mudado durante a guerra e, logo depois, um número cada vez maior deles não conseguia pagá-lo. O médico continuava a atendê-los, no que chamava de *Harachaman*, ou "ato de misericórdia", acreditando que ninguém deveria ser privado de atenção médica por falta de dinheiro. Contudo, essa caridade não ajudava a pagar as contas. A solução era trabalhar mais ainda, dedicando longas horas à clínica e raramente fazendo as refeições com os filhos.

À medida que crescia, Hanns se conscientizava mais de sua identidade judaica. Assim como muitos judeus de Berlim, os Alexander não eram particularmente religiosos, intitulando-se "judeus três dias por ano". Iam à Neue Synagogue, no centro de Berlim, nos dias mais sagrados – os dois dias de Rosh Hashanah e o dia do Yom Kippur – e à sinagoga local em Fasanenstrasse, ocasionalmente, para o culto das manhãs de sábado, o Shabbat.

Neue Synagogue, Berlim

Os Alexander também comemoravam o Natal, indo de carro a Frankfurt todos os anos para passar as festas com os pais de Henny, Lucien e Amalie Picard. Os Picard tendiam à ortodoxia, por isso a família de Berlim precisava ser diplomática quando chegava para o Natal, que Alfred sempre havia comemorado na infância. Havia um acordo, e o dr. Alexander comprava uma árvore de tamanho modesto e a armava lá em cima, nas dependências dos criados, longe do olhar desaprovador dos sogros. Uma vez instalada, Hanns e seus irmãos decoravam a árvore com figuras lindamente entalhadas em madeira – renas, duendes, trenós, bolas de vidro com anjos e bonecos de neve, moedas de chocolate embrulhadas em papel dourado, caixinhas de veludo colorido penduradas em fitas vermelhas – e uma reluzente estrela de prata na ponta do galho mais alto.

Quando menino, Hanns soube da existência da Torá da família, ou a "Torá Alexander", como era chamada, que ficava guardada num armário da biblioteca do pai. Quando Alfred morresse, o rolo de pergaminho passaria para Hanns, o filho mais velho, segundo o costume.

A Torá Alexander tinha sido encomendada em 1790 pelo tataravô de Hanns, Moses Alexander, quando ele vivia em Thalmässing, uma cidadezinha perto de Nuremberg. A fabricação seguira todas as especificações da tradição judaica. Todos os dias, antes de pegar a pena, o escriba devia lavar as mãos, colocar as tiras de couro dos *tefillin* e ficar alguns minutos meditando em silêncio. Enquanto copiava os 304.805 caracteres hebraicos de outra *Sefer Torá*, precisava pronunciar cada uma das letras. Se cometia um erro, raspava com uma faca a tinta seca. Contudo, se errava ao escrever a palavra "Deus", era obrigado a cortar toda a seção do pergaminho e começar de novo. Em geral, a escrita de uma Torá demorava de seis a 12 meses, mas, devido à intricada caligrafia usada por aquele escriba em particular – as espirais ornamentadas, a perfeição das linhas, o capricho na costura do pergaminho –, a criação da Torá Alexander devia ter levado mais tempo. A produção da Torá era uma tarefa sagrada, ou *mitzvá*, trazendo bênçãos para o homem que a encomendava e para toda a sua família através das gerações. Significava também, o que era inusitado entre os judeus em Berlim, que aquela Torá pertencia à família Alexander, e não à sinagoga.

Uma vez por ano a família ia à sinagoga de Fasanenstrasse para participar do *Simchat Torá*, cerimônia que celebra os textos religiosos da comunidade. O dr. Alexander entrava em fila com os outros homens que seguravam a Torá nos ombros, e Hanns, Paul e as outras crianças seguiam atrás. Os homens desfilavam em torno da sinagoga enquanto a congregação entoava retumbantes canções de júbilo e homens e mulheres se curvavam à passagem dos pergaminhos. Depois do culto, o rabino distribuía doces para as crianças e lhes desejava um bom feriado.

Enquanto os tumultuados anos 1920 cobravam seu preço, a clínica de Alfred Alexander se recuperava e crescia, e ele era rapidamente reconhecido como médico da alta sociedade de Berlim. Gregário e apreciador de boa companhia, Alfred convidava muitos de seus clientes à sua casa, onde eram recebidos com os suntuosos jantares de Henny. Eles agora passavam menos tempo com os membros da sinagoga e amigos da comunidade, e mais tempo no convívio de alguns dos mais famosos cientistas, artistas e astros de cinema da Alemanha.

À medida que seu círculo social se elevava, a riqueza, a segurança financeira e as oportunidades dos Alexander aumentavam. Mas enquanto a sorte deles mudava, começava a emergir um outro lado da Alemanha do pós-guerra.

3

RUDOLF
BERLIM, ALEMANHA
1918

Em 30 de outubro de 1918, o Império Otomano concordou em cessar as hostilidades. A Áustria-Hungria também, em 3 de novembro. Às cinco horas da manhã de 11 de novembro, num vagão ferroviário parado numa floresta francesa, os alemães concordaram com um armistício. Finalmente a guerra tinha acabado. Havia durado quatro anos, envolvido mais de 70 milhões de pessoas e custado a vida de mais de nove milhões de combatentes.

Quando chegou a notícia do armistício, Rudolf estava em Damasco, liderando seu próprio pelotão em longas missões de reconhecimento. O Corpo de Exército da Alemanha aconselhou-o a se render, mas Rudolf havia jurado que nunca seria capturado e estava determinado a não cair nos campos de prisioneiros de guerra. Àquela altura Rudolf era sargento – de fato, um dos mais jovens oficiais do exército – e comunicou aos homens do pelotão de cavalaria seus planos de voltar para casa. O grupo de soldados experientes, a maioria na casa dos 20 e 30 anos, imediatamente jurou obediência a seu comandante de 16 anos de idade e todos se empenharam em lutar pela volta à Alemanha a qualquer custo.

Levaram três meses. Da Síria, viajaram pela Turquia, onde pegaram carona num barco decrépito em Istambul e atravessaram o mar Negro até o pequeno porto de Varna, na Bulgária. Dali seguiram para oeste e lutaram contra tropas aliadas ainda em ação na Romênia. Viajando a cavalo, na maioria das vezes à noite, para evitar a polícia do exército e grupos de vigilantes, atravessaram as altas neves da Transilvânia e os picos alpinos até a Sérvia, passaram pela Hungria e a Áustria, até finalmente chegarem a Mannheim.

De volta a Mannheim, porém, Rudolf descobriu que tudo mudara. Sua mãe não havia resistido a uma doença inespecífica um ano antes, em 8 de abril de 1917, e tinha morrido relativamente jovem, aos 37 anos. Seu tio e tutor havia mandado suas irmãs para um convento, vendido a casa da família e dado fim a todos os pertences pessoais de Rudolf. Ele ficou chocado, mas não deveria ser surpresa. Tinha passado dois anos fora, mantendo contatos pouco frequentes com a família, que confiara que, ao voltar, o rapaz teimoso abraçaria a longamente planejada carreira religiosa. Não ficou totalmente destituído de bens. A venda da casa havia gerado alguns recursos, dos quais uma parte fora separada para sustentar Rudolf no seminário. Essa opção não deixava de ser atraente, dada a precariedade da economia na Alemanha pós-guerra. Mas Rudolf não tinha intenção de se tornar padre para satisfazer a vontade da família. O homem que ele se tornara durante a guerra não tinha temperamento para o estudo e a oração. Abandonou a pouca herança que pudesse ter, e partiu em busca de algo mais conhecido.

Pouco mais tarde, um de seus antigos companheiros de armas lhe contou que alguns veteranos alemães haviam formado um *Freikorps* e ainda estavam combatendo os russos na Letônia. Se quisesse se juntar a eles, precisava viajar para Berlim e procurar Gerhard Rossbach.

Os *Freikorps* eram unidades paramilitares independentes do controle do governo, compostas por homens armados que seguiam doutrinas de nacionalismo e disciplina. Os *Freikorps* prometiam trazer a estabilidade de volta ao país. Se fossem bem-sucedidos, seus membros poderiam se apropriar de todas as terras que conquistassem. No final do ano, os *Freikorps* contavam com mais de 200 mil homens.

Rossbach era o protótipo da direita reacionária da época: um veterano da Primeira Guerra, amargurado pelos termos do armistício, receoso de que os bolcheviques tomassem o país e sedento da violência da guerra para restaurar o lugar de direito de sua amada terra natal. Apesar de ter apenas 25 anos e ser proveniente de uma cidadezinha na Pomerânia, hoje noroeste da Polônia, Rossbach era admirado pelos jovens recrutas urbanos que o cercavam. Eles o consideravam um "homem ideal" – brutal, impiedoso, fanfarrão e inexoravelmente durão –, que gostava de ficar bêbado, quebrar janelas e brigar.

Foi a primeira viagem de Rudolf a Berlim. Encontrou a cidade em pleno tumulto. Uma turba de trabalhadores descontentes havia ocupado o distrito da imprensa. Barricadas bloqueavam ruas importantes, vigiadas por ativistas de esquerda armados. Uma série de greves e manifestações de massa tinham paralisado a cidade. Trens carregados de carnes e legumes apodreciam nos seus limites. Todos os dias havia notícias de assassinatos e corpos de líderes políticos eram encontrados flutuando nos canais. O governo reformista, ainda liderado por Friedrich Ebert e os social-democratas, mantinha o controle escalando veteranos da Primeira Guerra para dispersar violentamente os revolucionários.

Não se sabe ao certo como Rudolf e Rossbach se conheceram, mas isso aconteceu nos primeiros meses de 1919, e Rudolf foi logo informado da próxima missão dos *Freikorps*. A brigada estava se preparando para percorrer mais de 1.100 quilômetros até a costa do Báltico, em parte de trem, em parte a pé. Iriam socorrer a Brigada de Ferro, outro grupo de *Freikorps*, que vinha tentando impedir que os russos assumissem o controle da Letônia. Para muitos membros dos *Freikorps*, a verdadeira missão era ajudar seus primos de língua alemã na Letônia e restaurar a autoridade germânica numa parte da Europa que tinha sido perdida durante a guerra. Para outros, era uma chance de descarregar sua agressividade nos bolcheviques. Rudolf alistou-se imediatamente.

A brigada de Rossbach saiu de Berlim com três mil homens em direção ao norte, passando pela cidade livre de Danzig, na costa do Báltico, depois seguiu para nordeste pela Lituânia e até Riga, capital da Letônia. Era uma jornada épica e exaustiva, mas, para Rudolf, foi voltar para casa.

> Tornei-me um soldado novamente. Mais uma vez eu tinha uma terra natal e a sensação de segurança na amizade de meus companheiros. Estranhamente, eu, um solitário que precisou lidar sozinho com todo meu turbilhão interno, era sempre arrastado para um tipo de companheirismo em que os homens podiam contar incondicionalmente uns com os outros no sofrimento e no perigo.

Em Riga, os homens de Rossbach se uniram à Brigada de Ferro e, juntamente com a resistência local, conseguiram fazer o Exército Vermelho estacar e recuar. Tão logo derrotaram os russos, os *Freikorps* invadiram a cidade e, em 23 de maio de 1919, tomaram o controle dos letões. Seu objetivo agora estava claro para todos: queriam retomar a região do Báltico para a população alemã da região.

Os *Freikorps* foram acusados de massacres horrendos nessa época, inclusive a morte de trezentos civis letões na pequena cidade de Jelgava, duzentos em Tukums e mais de três mil em Riga. Agora que os russos tinham sido obrigados a sair de sua terra, os letões se voltaram contra os alemães, seus ex-aliados, e pediram ajuda aos vizinhos estonianos. No mês seguinte, já não se sabia quem lutava contra quem. Parecia que os letões lutavam contra todo mundo, contra os russos, os alemães e até contra seu próprio povo.

Rudolf nunca tinha participado de uma guerra como aquela, nem mesmo nos momentos mais bárbaros da campanha na Mesopotâmia. Ele notou a diferença: agora os civis eram atingidos pelo conflito.

> Os letões se vingavam cruelmente de seus compatriotas que acolhiam em casa soldados alemães ou o exército russo branco e lhes davam mantimentos. Ateavam fogo nas casas, queimando vivos os que ali moravam. Muitas vezes vi cenas terríveis, de cabanas queimadas e corpos de mulheres e crianças carbonizados ou parcialmente consumidos pelo fogo. Na primeira vez que vi uma coisa dessas, achei que o enlouquecido desejo humano de destruir não pudesse ir mais além. Embora mais tarde eu viesse a encarar imagens muito piores, ainda vejo com os olhos da mente aquelas casas meio queimadas em que famílias inteiras tinham morrido, na periferia da floresta no rio Daugava. Naquela época eu ainda sabia rezar, e rezei.

Os *Freikorps* expuseram Rudolf a um nível de brutalidade e violência que ele nunca tinha visto. No entanto, foi também ali que ele viu homens jurarem lealdade incondicional a uma causa e, o mais importante, a um líder. Esses juramentos eram reforçados por tribunais secretos de vigilância, instituídos para testar aqueles considerados traidores. Quem fosse julgado culpado era fuzilado imediatamente.

Por fim, os letões conseguiram frear as ambições imperialistas dos *Freikorps* e, com o apoio britânico, forçaram os alemães para oeste, de volta à Prússia. Os *Freikorps* conseguiram frustrar as ambições bolchevistas no Báltico, mas não conquistaram terra nenhuma para si mesmos.

Enquanto Rudolf lutava contra os russos e os letões, o povo alemão elegeu uma nova assembleia, dominada por políticos de centro-direita. Foi redigida uma nova Constituição, que seria a base da República de Weimar. Os líderes dessa nova república eram instáveis quando se tratava de apoiar a campanha dos *Freikorps* no Báltico. Às vezes enviavam armamentos e fundos, na tentativa de recuperar as terras no Báltico e no Leste da Prússia, mas outras vezes denunciavam publicamente os *Freikorps*. Enfim, quando os *Freikorps* de Rossbach mais precisaram de ajuda, a república não lhes deu a menor assistência. Foi a maior lição para Rudolf, Rossbach e todos os membros dos *Freikorps*. Seu maior inimigo já não eram os bolcheviques nem os letões, mas a república alemã.

Após serem expulsos de Riga, os *Freikorps* de Rossbach continuaram lutando por mais dois anos, às vezes como força policial, às vezes como exército independente, contra poloneses, franceses e comunistas, no Sul da Polônia e no Norte e Oeste da Alemanha.

Em 1921, os *Freikorps* foram finalmente proscritos pelo governo alemão. Sua violência irrestrita e suas ambições antirrepublicanas tinham se tornado excessivas. Rossbach se adaptou rapidamente, abrindo a boate Tiergarten, em Berlim, no número 18 da Hohenzollernstrasse, cuja equipe era formada por ex-combatentes de sua brigada. A boate servia ao mesmo tempo de quartel-general e de fachada para receber e armazenar armas. Rossbach espalhou o restante dos homens no Báltico e na Polônia, onde ficaram trabalhando em grandes propriedades de senhores simpáticos à ideologia dos *Freikorps*, à espera de uma nova oportunidade de seguir o líder e entrar em ação. Rudolf ficou numa fazenda na Silésia, hoje Sul da Polônia, como aprendiz de agricultor. Desde a infância, amava os animais, a vida ao ar livre, e acolheu com alegria a chance de viver com simplicidade e trabalhar no campo.

Meses depois, em novembro de 1922, Rudolf partiu para Munique, onde se reuniu com os companheiros de batalhas para comemorar o quarto aniversário dos *Freikorps*. A figura principal da festa foi o próprio Gerhard Rossbach, que acabara de sair da prisão após ser detido por conspiração para derrubar a república. Durante a reunião, Rossbach declarou que iriam criar uma nova "organização do poder" para "acabar com o disparate atual", usando "porretes e baionetas". Mais tarde, na mesma noite, Rossbach, Rudolf e outros atravessaram Munique para ouvir o discurso de um jovem chamado Adolf Hitler, uma estrela ascendente no Movimento Nacional-Socialista.

Formado originalmente como Partido dos Trabalhadores Alemães (DAP) em janeiro de 1919, o Partido Nacional-Socialista dos Trabalhadores Alemães (NSDAP), baseado em Munique, era um entre as dezenas de organizações *völkisch* – literalmente "organizações do povo", mas, na prática, organizações nacionalistas de direita – em atividade na Alemanha do pós-guerra. Baseados em ideais de supremacia nacional e pureza étnica (e, por extensão, antieslavos e antissemitas), esses grupos conquistavam apoio em toda parte. Contudo, o NSDAP demorou a crescer. Quando Hitler compareceu à primeira reunião, em setembro de 1919, havia apenas quarenta pessoas presentes. Em 1921, graças ao extraordinário talento de Hitler para falar em público, o partido contava com mais de três mil membros e, em 1922, sua fama havia aumentado o suficiente para atrair a atenção de Rossbach e seus homens.

Quando o grupo de Rossbach entrou no grande edifício em forma de L, no número 18 da Rosenheimerstrasse, desceu um lance de escadas e entrou na cavernosa Kindlkeller, encontrou uma multidão de quatro mil pessoas.

Sentado numa cadeira num tablado na frente da cervejaria, estava Adolf Hitler, com botas de cano alto, terno escuro, jaqueta de couro e colarinho branco engomado. Depois de algumas apresentações, Hitler se levantou e fez um resumo da história recente da Alemanha: a derrota na guerra, a queda do *kaiser*, as lutas entre nacionalistas e socialistas, a fundação da república, a traição em Versalhes. À medida que o público se entusiasmava, Hitler gesticulava enfaticamente, elogiando o primeiro-ministro italiano e líder do Partido Nacional Fascista, Benito Mussolini, por ter marchado sobre Roma com seus partidários três semanas antes, quando chegou ao poder, e agradeceu repetidamente aos veteranos pela bravura e a coragem durante a guerra. Atacou os aproveitadores que lucravam com a guerra e os judeus por operarem no mercado negro, e zombou da falta de respeito dos comunistas pelos hábitos e costumes dos alemães. Ao terminar, o público aplaudiu de pé.

Rudolf jamais tinha visto algo assim. Concordava com o que Hitler dizia, mas rejeitava a propaganda de massa, que apelava para os mais baixos instintos da multidão. Mas naquela sala ele se sentiu entre seus iguais. Assim como muitos dos soldados de Rossbach, entrou na fila de jovens que esperavam para se aliar ao Nacional-Socialismo. Quando chegou sua vez, forneceu todos os seus dados, assinou e recebeu um cartão com seu número no partido: 3240.

Como membro recém-inscrito no Partido Nacional-Socialista, Rudolf poderia ter feito carreira dentro da organização. Em vez disso, retornou ao trabalho de agricultor em propriedades na Silésia e em Mecklenburg. Naquele momento, tudo o que desejava era continuar no campo.

Acredita-se ser Martin Bormann (esquerda) e Rudolf Höss (direita)

Em 31 de maio de 1923, seis meses após ouvir o discurso de Hitler em Munique, Rudolf e seu amigo Martin Bormann, supervisor de fazendas, foram jantar num restaurante em Parchim, uma cidadezinha em Mecklenburg, 240 quilômetros ao norte de Berlim.

Era uma noite quente de verão. Bormann, Rudolf e dois amigos ficaram até tarde no restaurante, bebendo cerveja e cada vez mais barulhentos. Tinham visto um ex-combatente, companheiro deles, Walter Kadow, jantando numa das mesas. Kadow havia deixado os *Freikorps* com uma mancha negra em sua reputação: acreditava-se que tinha traído um membro do grupo, Albert Leo Schlageter, entregando-o aos franceses, que, por sua vez, tinham acusado Schlageter de explodir pontes no rio Ruhr, ocupado pela França. Cinco dias antes do encontro no restaurante em Parchim, Schlageter fora levado pelos franceses para Golzheimer Heath, perto de Düsseldorf, onde foi sentenciado e fuzilado.

Rudolf, Bormann e os demais se sentaram à mesa de Kadow, fingindo estar curiosos para saber notícias do antigo colega de *Freikorps*. Já bastante bêbados, sugeriram dar uma volta de carro, sem dizer a Kadow aonde iriam. Pouco depois, fora da cidade, entraram num bosque escuro. Espancaram Kadow com porretes até ele não conseguir se manter de pé. Quando ele já estava meio morto e coberto de sangue, um dos homens cortou-lhe a garganta e outro deu-lhe dois tiros à queima-roupa na cabeça. Enterraram o corpo no bosque e voltaram para a cidade. Mais tarde, Rudolf descreveu esse crime com frieza: "Eu estava firmemente convencido então, e ainda estou, de que, como traidor, ele merecia morrer."

Dias depois do assassinato, um dos participantes chamou o *Vorwärts*, o jornal do Partido Nacional-Socialista em Berlim, e contou o que tinha acontecido. Pouco depois, Rudolf e Martin Bormann foram presos. Concordaram rapidamente que Rudolf protegeria Bormann. Não se sabe ao certo se ele se ofereceu ou se lhe pediram, mas, de qualquer forma, foi um ato de lealdade e Rudolf assumiu a responsabilidade pelo crime.

Rudolf não ficou preocupado com essa prisão. Acreditava que o caso seria esquecido, que o governo tinha um acordo tácito para libertar todo membro de grupos paramilitares de direita em troca de seu apoio nas ruas. Entretanto, esse acordo logo seria desfeito.

Em 9 de novembro, Hitler levou uma multidão de nacional-socialistas, inclusive Gerhard Rossbach, a uma cervejaria em Munique onde Gustav von Kahr, comissário em exercício na Bavária, preparava um discurso para três mil pessoas. Hitler pulou no palco e, gritando para o alto, declarou que o governo da Bavária havia sido derrubado: "O dia que venho esperando tão ansiosamente, há cinco anos, chegou! Farei da Alemanha um país glorioso!" Seguiram-se escaramuças até de madrugada, terminando num confronto no centro de Munique, onde Hitler e seus partidários armados deram de cara com soldados da polícia do governo. Na luta que se seguiu, dezesseis nazistas foram mortos. Mais tarde Hitler foi preso, ficou em custódia e foi sentenciado a cinco anos por alta traição. O acordo tácito entre grupos paramilitares e o governo foi desfeito. Prisioneiros políticos não podiam mais contar com a libertação imediata.

No meio do julgamento de Hitler, de grande repercussão, Rudolf foi julgado culpado de homicídio involuntário. Acabou não sendo considerado culpado de assassinato, pois embora o promotor falasse no crânio muito danificado de Kadow, não foi capaz de provar se a vítima tinha morrido do corte na garganta, golpes na cabeça ou ferimentos de bala. Em 15 de março de 1924, Rudolf foi sentenciado a dez anos de trabalhos forçados. Bormann, por sua vez, foi sentenciado a um ano de prisão.

Enquanto Rudolf e outros prisioneiros eram escoltados na saída do tribunal, seus companheiros cantavam velhas canções guerreiras de desafio, gritando seus nomes e desejando boa sorte. Rudolf foi levado de Leipzig a Brandenburgo, perto de Berlim, onde foi entregue aos guardas diante do velho prédio de tijolos, de cinco andares, onde funcionava a prisão de Neudorferstrasse. Com apenas 22 anos, Rudolf estava totalmente despreparado para encarar a perspectiva de uma década de encarceramento.

As condições eram terríveis. A prisão tinha fama de ter péssimas condições de higiene e violência generalizada, abrigando desde autores de pequenos delitos, como batedores de carteiras e jogadores, até assassinos e renomados arrombadores de cofres. A principal moeda corrente nesse universo criminal heterogêneo era o tabaco e, apesar de ser proibido fumar na prisão, os fumantes se protegiam repartindo os cigarros com os guardas.

Como prisioneiro político, Rudolf teve a sorte de ficar numa cela individual. Isso lhe dava privacidade e controle sobre o ambiente ao redor, e por isso ele era grato. Mantinha sua cela imaculadamente limpa e se orgulhava de nunca acharem falhas durante as inspeções.

Sua vida ali era rotineira e monótona. Tinha breves períodos de exercícios no pátio e tarefas tediosas, como encarregado de suprimentos, embora muito de seu tempo fosse preenchido pela leitura, o que ele não conseguira enquanto estava na ativa. Na prisão havia uma pequena biblioteca, enriquecida por livros enviados pelos amigos de fora. Rudolf tornou-se um leitor voraz, principalmente de livros sobre técnicas de agricultura, história, etnologia e genética. Estudou inglês, de modo que ao sair da prisão sabia falar fluentemente. Mantinha-se informado dos acontecimentos no mundo externo por meio de cartas trocadas com seus amigos militares, mesmo com o número restrito de páginas que podia escrever, e podia enviar apenas uma carta por mês.

Quando não estava lendo na cela, ficava ouvindo as conversas dos prisioneiros. Lembrava-se de uma vez em que um preso se gabava de ter roubado a casa de um fazendeiro, onde matara um servo com um machado antes de assassinar a esposa e os quatro filhos do fazendeiro esmagando suas cabeças contra a parede. Rudolf ficou tão abalado com essa história que não conseguiu dormir.

E apesar de ouvir tantas histórias horríveis na prisão, foi essa a que mais o abalou, porque o prisioneiro "relatou a horrenda proeza nos termos mais torpes e chocantes".

Rudolf acabou se acostumando a obedecer às ordens "de boa vontade e sem protestos calados", e chegava a ter um "riso silencioso" ao receber as ordens mais ridículas. Mas se incomodava com a fala vulgar dos prisioneiros e "*nunca* me acostumei ao modo grosseiro, obsceno e abjeto com que os prisioneiros falavam de tudo o que é bom, belo e sagrado na vida para muitas pessoas". Também se aborrecia com as frequentes rixas que irrompiam entre eles, além dos violentos castigos inevitavelmente aplicados pelos guardas.

Mesmo sem companhia na cela, encontrava outros presos no pátio ou quando buscava materiais para o trabalho, ia cortar o cabelo, ou tomar banho de chuveiro. Durante esses encontros casuais, Rudolf ficava fascinado com a psicologia dos prisioneiros, separando-os em diversos tipos: os brutos profissionais violentos, os condenados por motivos políticos e os desdenhados – os fracos ou os informantes, que precisavam ser protegidos. Até então, Rudolf tinha se considerado um homem experiente, mas a prisão o fez perceber como seus horizontes eram limitados.

As autoridades aplicavam uma série de métodos para pacificar os presos, mas o predileto de Rudolf era o concerto nas manhãs de domingo na capela da prisão. Certo dia, uma famosa cantora de Berlim interpretou a *Ave-Maria* do compositor romântico francês Charles Gounod. Rudolf observou que até os mais empedernidos se emocionaram com a voz dela e, naqueles breves momentos, toda a prisão permaneceu calma e em silêncio. Apenas uns poucos não foram afetados e voltaram a falar sobre suas próximas ações nefandas tão logo a música terminou.

Em 1926, a política penal alemã mudou. As autoridades agora acreditavam que os prisioneiros podiam ser recuperados ainda no presídio. Rudolf foi selecionado junto com oitocentos outros para um programa de recuperação de três passos, com foco no bom comportamento, estudo e muito trabalho. Rudolf teve uma atuação excelente e, sendo um dos poucos que fizeram bem o curso, decerto esperava ter liberdade condicional. Todavia, sua esperança foi destruída por uma carta de seu advogado dizendo que, sendo preso político, sua liberdade condicional precisava ser aprovada pelos mais altos escalões do governo, o que era muito improvável em vista da atual tranquilidade política.

Eram os anos de ouro da República de Weimar. Uma nova moeda fora introduzida e a economia se estabilizara. Isso foi ainda mais reforçado por grandes acordos de empréstimos entre o governo alemão e os bancos norte-americanos. Pouco depois, tendo o governo concordado em não invadir as fronteiras a oeste, a Alemanha foi novamente aceita na comunidade internacional, inclusive participando da Liga das Nações. Um clima de ordem e calma se instalou no país. Os nacionalistas de direita, privados do oxigênio político, retiraram todo incentivo que o governo poderia ter para aprovar a condicional de Rudolf. Afinal, por que permitir a libertação antecipada de um conhecido arruaceiro, assassino confesso?

Arrasado ao saber que teria que cumprir os dez anos na cadeia, Rudolf desmoronou:

> Eu não conseguia mais comer. Cada pedaço que eu forçava, vinha de volta. Não conseguia ler, nem me concentrar em nada. Andava de um lado a outro na cela, como um animal selvagem. Não conseguia dormir, apesar de sempre ter dormido profundamente e quase sem sonhos a noite toda. Precisava me levantar e andar ao redor da cela, incapaz de descansar. Se me deitasse, e dormisse tomado pela exaustão, acordava pouco depois, banhado em suor, por sonhos confusos e atemorizantes. Nesses sonhos eu era sempre perseguido, golpeado ou baleado, ou então caía num abismo. Foram noites de tormento. Ouvia o relógio da torre bater as horas e, quanto mais se aproximava a manhã, mais eu temia o dia seguinte, as pessoas que eu tornaria a ver, e desejava nunca mais na vida precisar ver uma alma viva.

Deitado em seu catre, começou a alucinar, vendo e falando com seus pais mortos, como se fosse criança. Confessou ter rompido com a Igreja e ter esquecido as orações. Quando trabalhava, tinha a sensação de estar fazendo mais esforço que nunca, e ainda assim não era capaz de cumprir as cotas. Um dia um guarda flagrou Rudolf jogando o almoço na lixeira e o levou imediatamente ao médico da prisão. Após um breve exame, o médico diagnosticou "psicose de prisão" – um estado psicótico temporário induzido pelo ambiente inóspito –, injetou sedativos e disse aos guardas que o colocassem na solitária, envolto em toalhas frias. Rudolf passou os dias seguintes imerso em sono profundo, acordando ocasionalmente para comer o que lhe traziam, que misturavam com mais sedativos.

Depois que seu estado melhorou um pouco, Rudolf foi levado de volta à cela. O diretor interveio e aumentou seus privilégios, dando-lhe permissão para manter a luz acesa por mais tempo e ter flores na cela. Ao recobrar as forças, ele passou a interagir mais com os prisioneiros, voltou a ler jornais e jogar xadrez aos domingos. Talvez a melhor parte tenha sido a permissão para escrever e receber mais cartas de amigos e ex-colegas dos *Freikorps*. Assim ficava a par do que acontecia no mundo lá fora, e das mudanças sísmicas que ocorriam na Alemanha.

Depois da inconclusiva eleição geral de 1928, uma "grande coalizão" instável, montada por vários partidos de esquerda e direita, assumiu o poder. Achando que a política tinha atingido um certo grau de segurança, o novo governo decretou a anistia de todos os presos políticos. Era a boa notícia que Rudolf aguardava. Tendo cumprido apenas quatro dos dez anos de sentença, aos 26 anos de idade Rudolf foi devolvido à sociedade na manhã de 14 de julho de 1928. No portão principal da Prisão de Brandenburgo, um guarda lhe entregou uma sacola com seus objetos e apontou para o caminho da estação de trem.

4

HANNS
BERLIM, ALEMANHA
1928

Em 1928, a dedicação ao trabalho do dr. Alfred Alexander começou a dar retorno. Sua clínica crescera substancialmente e Henny pôde contratar uma numerosa criadagem para ajudar a administrar a casa em Berlim. A família contava com uma cozinheira, duas empregadas, um motorista, uma lavadeira e uma passadeira. Havia até um homem que vinha dar corda nos relógios.

Nesse meio-tempo, o dr. Alexander tinha comprado um carro Mercedes-Benz azul-escuro, modelo-S conversível, e a família não tardou a sair de carro do bairro Wilmersdorf, atravessando a floresta de Grunewald e os campos a oeste de Berlim, com destino a Frankfurt para visitar os pais de Henny, e dali rumaram para o sul até Stuttgart, onde fizeram um piquenique na Floresta Negra.

Haviam adquirido também uma casa de campo perto de Gross Glienicke, um vilarejo 24 quilômetros a oeste de Berlim, para onde fugiam dos atropelos da cidade e os meninos podiam correr sem causar problemas. Era uma charmosa estrutura térrea de madeira, perto do lago, com três quartos pequenos, uma cozinha mínima e uma sala de estar com paredes de troncos aparentes. Sobre a lareira havia um painel de vários tipos de moinhos em ladrilhos holandeses azuis e brancos. Havia também um pequeno chalé construído para um caseiro vigiar e cuidar bem da casa na ausência dos proprietários. O melhor de tudo foi que as crianças aprenderam a praticar esqui aquático, um esporte inventado poucos anos antes. O dr. Alfred comprou uma lancha, construiu um píer no fim do jardim, e aos 11 anos de idade Hanns era um ótimo esquiador.

Casa de campo Alexander, Glienicke

A família usava a casa de campo como ponto de encontro festivo, e muitos aniversários das crianças foram comemorados na beira do lago. Numa dessas festas, Hanns convidou todos os seus colegas de escola para um piquenique de primavera. Naquela tarde, Henny chamou Hanns a um canto e perguntou o que acontecera com um menino chamado Loewenstein, que não estava à vista. Envergonhado, Hanns confessou que ele estava amarrado numa cerejeira do jardim. Vendo a mãe num raro acesso de raiva, Hanns logo chamou Paul – que provavelmente tivera a ideia – e soltaram o amigo.

Hanns e Paul frequentavam a Waldschule, ou Escola da Floresta, situada perto da floresta Grunewald, no extremo oeste de Berlim. Todos os dias os gêmeos pegavam o bonde na frente do apartamento, depois o trem S-Bahn do zoológico até a Heerstrasse. Então caminhavam durante cinco minutos pelo calçamento de pedras da Lötzener Allee até o prédio de dois andares da escola, no fim da rua. Hanns se orgulhava da confiança dos pais deixando-os ir tão longe sem a supervisão de um adulto, e essas jornadas alimentavam um senso de autoconfiança e independência.

A Waldschule era uma escola só para meninos e não religiosa. Os alunos aprendiam não somente as típicas disciplinas de um ginásio alemão – matemática, línguas clássicas, francês e ciências –, mas também trabalhos em madeira, culinária e agricultura. A escola fora instituída com base em ideais campestres, destinada a introduzir valores e habilidades rurais a meninos de classe média alta. Para dar conta do óbvio desregramento dos gêmeos, o diretor os colocou em classes separadas. No entanto, Hanns e Paul frequentemente trocavam de salas: Hanns, que era bom em francês, ficava no lugar de Paul, e Paul, que era mais competente em matemática, ficava no lugar de Hanns. Os professores nunca notavam a diferença e Hanns achava maravilhoso poder engambelar os adultos com tanta facilidade. Em termos de estudos, nenhum dos dois era brilhante.

Hanns jamais gostou de ler, e seu desempenho nos testes escolares era mau. Dizia, de brincadeira, que ele e o irmão eram "meio imbecis, mas juntos se completavam". Entretanto, Hanns percorria melhor que seus contemporâneos as ruas de Berlim apinhadas de gente. Alguns diriam que ele tinha "senso comum", mas talvez seja mais exato descrever sua autoconfiança como bom julgamento, instinto para evitar perigos insuspeitos e resolver os dilemas diários com que se defrontava. Andava com a mesma facilidade por grandes avenidas ou becos escuros. Enquanto Paul se intimidava se precisasse pedir ajuda a um adulto quando estava perdido, Hanns se sentia à vontade ao pedir informações para achar o caminho de casa.

Durante toda a infância, Hanns conviveu com algumas das pessoas mais famosas e poderosas de Berlim. Seu pai já havia se tornado um dos médicos mais importantes da cidade e pacientes famosos frequentavam o apartamento da família na Kaiserallee. Para Hanns, era normal encontrar o cientista ganhador do prêmio Nobel James Franck saindo do consultório do pai, ou Albert Einstein jantando à mesa com a família. Da mesma forma, não se admirava quando o diretor do Deutsches Theater, Max Reinhardt, ou artistas de cinema como Marlene Dietrich ou Max Pallenberg o cumprimentavam na porta de casa quando ele chegava da escola. O alto nível dos convidados, porém, não impedia algumas travessuras. Quando seus pais convidaram para jantar o compositor Richard Strauss, por exemplo, Hanns chegou devagarzinho por trás e salpicou farelos de pão na calva dele.

Hanns também se juntava aos amigos dos pais que compareciam à festa da véspera do Ano-Novo. Em 1928, os mais de duzentos convidados posaram para uma foto. Todos usavam fantasias e tinham uma aparência cômica ao olhar para a câmera. Não era fácil dizer quem eram as verdadeiras estrelas e quem era gente comum vestida de celebridade. Uma parecia ser Greta Garbo, outra, Marlene Dietrich, e uma terceira usava uma touca branca de leiteira. Um homem se fantasiou de negro africano, dois ou três de caubóis norte-americanos, e pelo menos dois de Charlie Chaplin. À frente do grupo estavam Hanns e Paul – vestidos como dois ladrões da quadrilha de Ali Babá, com calças e camisas bufantes de seda preta e sapatos pontudos – com ar triunfante de quem havia acabado de aprontar uma peraltice, o que provavelmente tinha acontecido. Quando o relógio deu 12 badaladas, os casais se beijaram, Henny abriu as portas para a varanda e dois porquinhos de verdade entraram correndo, para alegria dos meninos e gritinhos das muitas vedetes. Era o lar de uma família alemã perfeitamente assimilada, bem-sucedida e autoconfiante.

As crianças Alexander também frequentavam as riquezas culturais de Berlim. O pai levava Hanns para assistir às peças no famoso Deutsches Theater e a mãe o levava ao parque Tiergarten, onde ouviam música clássica em concertos ao ar livre. Foi arrastado para a mais recente exposição da Bauhaus e para uma das primeiras apresentações da *Ópera de três vinténs*, de Bertolt Brecht. Mas ele não se interessava pela grande arte. O que Hanns adorava era o cinema. Não os filmes de vanguarda – como *Metropolis*, de Fritz Lang, que estreou em Berlim em 1927 –, mas filmes medíocres, nos cinemas de bairro, como os primeiros filmes de detetive de Charlie Chan e os do Thin Man, dublados em alemão, ou filmes com o ator Paul Wegener, que era paciente de seu pai. Esses filmes tinham roteiros semelhantes: um detetive amador se vê às voltas com grandes obstáculos e no último minuto, depois de várias pistas falsas, consegue pegar o vilão, que é sempre astuto, mas não muito inteligente.

Hanns e Paul frequentavam o Sportpalast, um enorme espaço coberto para esportes que podia abrigar mais de 14 mil pessoas e ficava a pouca distância do apartamento. Iam lá semanalmente para assistir a partidas de hóquei no gelo, geralmente desacompanhados, e torciam pelo time local. Era lá também que os nacional-socialistas faziam grandes comícios e colavam cartazes nas paredes do estádio. Naqueles dias, milhares de nazistas que odiavam judeus brandiam os punhos fechados no mesmo local em que os gêmeos assistiam às partidas de hóquei no gelo.

Ainda criança, mas já chegando à puberdade, Hanns estava ciente das contendas políticas que assolavam o país. Lia as matérias nos jornais e ouvia os pais conversando sobre os acontecimentos do momento. Todos os dias as manchetes traziam as últimas turbulências políticas: milhões de desempregados nos Estados Unidos depois da quebra da Bolsa de Valores; a queda do referendo, repudiando as indenizações de guerra assinadas no Tratado de Versalhes; o colapso da "Grande Coalizão"; o novo governo driblando o Reichstag e forçando reformas econômicas por decreto presidencial. Hanns via os protestos semanais nas ruas, não apenas no centro da cidade, mas também perto de sua casa, na zona oeste de Berlim. Mas o torvelinho político que girava em torno da cidade pouco o afetava. Não só porque ele tinha apenas 13 anos; era 1930 e ele ainda não havia sentido ameaças a sua liberdade. Ainda podia ir ao cinema, à escola e viver no conforto de sua casa.

No fim de maio de 1930, Hanns e Paul comemoraram o *bar mitzvá* após um sofrido ano de estudos da parte da Torá escolhida pelo velho professor de hebraico. A família foi conduzida pelo motorista à Neue Synagogue, na Oranienburgerstrasse, a maior da cidade, com capacidade para mais de três mil pessoas sentadas. O enorme domo dourado da sinagoga era dois andares mais alto que os edifícios ao lado. Localizada no centro da área comercial, era o coração da vida judaica em Berlim.

Entre os convidados estavam seus avós, Lucien e Amelia Picard, e a tia-avó Cäcilie Bing, uma senhora baixinha, porém larga, que ciciava sonoramente e amava casacos de mink. Tinham vindo de Frankfurt para o grande evento. O detalhe ímpar na cerimônia dos gêmeos, pelo menos para a família, era que os dois leriam diretamente da Torá Alexander, que o pai trouxera para a ocasião.

Hanns e Paul subiram no tablado diante do imenso salão e recitaram as bênçãos. Ambos vestiam camisa branca, sapatos pretos bem engraxados e terno escuro com paletó trespassado, feitos sob medida pelos mais famosos alfaiates da cidade, Peek e Cloppenburg. Como os meninos estavam bem gorduchos, Henny não tinha conseguido comprar roupas prontas. Quando Hanns recitou o último versículo, a congregação, seguindo a tradição da sinagoga liberal alemã, aplaudiu gritando *"skoiach, skoiach"*, ou seja, congratulações. Como em todas as ocasiões, o dr. Alexander chorou de alegria e sua esposa ofereceu-lhe um lenço.

Uma vez terminado o *bar mitzvá*, Hanns e Paul Alexander entraram na idade adulta.

5

RUDOLF
BERLIM, ALEMANHA
1928

Quatro anos depois de ouvir sua sentença de prisão, Rudolf Höss olhava a multidão no amplo espaço aberto da Potsdamer Platz, em Berlim.

Bondes iam para o norte, sul, leste e oeste; homens de bicicleta carregando alimentos comprados no mercado local atravessavam os trilhos; filas de carros passavam correndo em frente à torre do relógio, situada no gramado oval no centro da praça; grupos de pedestres esperavam para atravessar as ruas movimentadas, enquanto outros descansavam num dos muitos cafés com mesas nas calçadas; ônibus com teto aberto, lotados de turistas e pessoas carregadas de compras, pelejavam para contornar as curvas apertadas da praça rumo ao Reichstag e ao portão de Brandenburgo. Em julho de 1928, a Potsdamer Platz era o centro do tráfego mais intenso na Europa.

Rudolf ficou parado muito tempo na praça movimentada, tomado por um senso de irrealidade: "Senti-me como se estivesse assistindo a um filme no cinema. Minha libertação foi súbita e inesperada, e tudo ainda me parecia muito estranho e improvável."

Incerto a respeito do que fazer, passou os dias seguintes vagando pela cidade, encontrando amigos, indo ao teatro, ao cinema e a festas. Não poderiam ter escolhido cidade ou ocasião mais propícias para animar o amigo. Berlim era a capital cultural do mundo, atraía os mais famosos artistas para os palcos, os cantores mais aclamados para as boates.

Visitou também a área de má fama de Berlim, a que chamou eufemisticamente de "locais de diversão". Com as dançarinas e o teatro burlesco – captado com tanta competência por Christopher Isherwood no romance *Goodbye to Berlin*, mais tarde transformado no filme *Cabaret* – a cidade seria excitante para qualquer homem, quanto mais para um recém-saído da prisão. Os nacional-socialistas haviam tachado Berlim de cidade do vício, mas Rudolf não era um puritano e durante algum tempo entregou-se aos divertimentos. Contudo, logo se cansou da vida na cidade: "Eu ansiava por paz e tranquilidade. Queria me afastar do barulho e de todas as idas e vindas da cidade grande e ir para o campo assim que pudesse."

Naqueles primeiros dias de liberdade, alguns amigos sugeriam que Rudolf viajasse para outros países, talvez o México ou os Estados Unidos, enquanto outros insistiam para que voltasse à política. Afinal, ele era membro do Partido Nazista desde 1922. Mas, embora concordando com as políticas e objetivos do partido, acabou concluindo que já tivera o bastante daquilo tudo – da política, do exército, dos discursos e da violência das ruas – e resolveu seguir sua paixão. Queria trabalhar numa fazenda e ter uma família grande. Assim, dez dias depois de chegar a Berlim, embarcou num trem para o Nordeste, depois de obter um cargo numa fazenda por intermédio da Liga dos Artamanen, um dos vários grupos que pregavam a "volta à terra", muito populares na Alemanha naquela época.

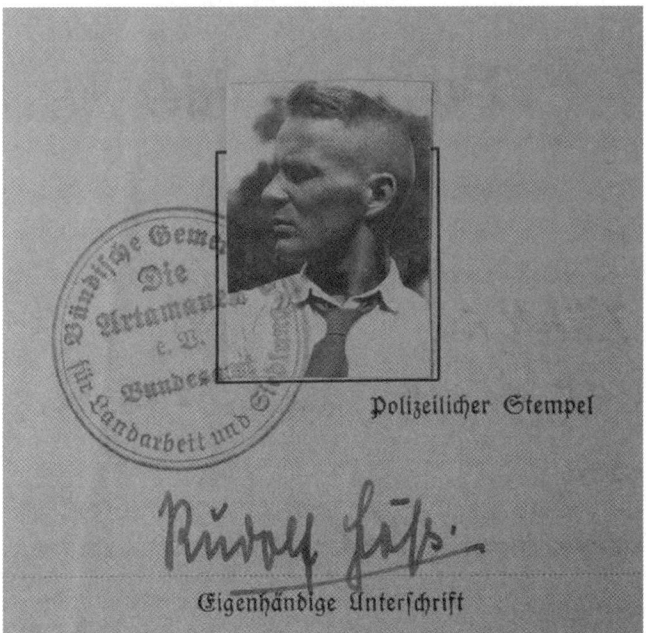

Carteira de identidade de Rudolf Höss da Liga dos Artamanen

A Liga dos Artamanen, também conhecida como Liga Artam, foi fundada em 1924 com a finalidade de enviar jovens, muitos dos quais desempregados e urbanos, para trabalhar em grandes propriedades agrícolas. Algumas dessas terras ficavam no Leste da Alemanha – grandes fazendas seriamente endividadas devido à crise econômica –, e outras no Oeste na Prússia Ocidental, tomada da Alemanha no fim da Primeira Guerra Mundial, mas ainda habitada pela etnia alemã. O foco da liga era *Blut und Boden* – sangue (a família) e solo (a terra natal). Seus membros acreditavam nas virtudes de um grande Estado alemão e, acima de tudo, na importância da família. Não bebiam, não fumavam e repeliam atividades que não consideravam saudáveis. A liga tinha uma vaga conexão com o Partido Nazista. Compartilhavam os mesmos valores, primordialmente o hipernacionalismo, a eslavofobia e o antissemitismo.

Rudolf era um defensor do antissemitismo que crescia gradualmente em toda a Alemanha, estimulado pelas chamas da ruína econômica e social, e por oradores como Adolf Hitler, que culpavam os judeus por tudo, desde a derrota na Primeira Guerra até o colapso do valor do marco alemão. No entanto, Rudolf rejeitava os artigos antissemitas bizarros publicados no *Der Stürmer* – uma revista semanal nazista em circulação desde 1923, que trazia caricaturas de judeus com nariz adunco e sacos de ouro; considerava-os "desprezíveis e desagradáveis", e "destinados a tirar proveito dos piores instintos dos leitores".

Ele preferia uma versão mais "séria" e "científica" do antissemitismo, que via os judeus como ameaça ao modo de vida alemão. Como "nacional-socialista fanático", estava "firmemente convencido de que nossas ideias seriam bem-vindas em todos os países, seriam adaptadas à natureza de cada povo, e seria o fim da supremacia judaica". Resumia assim sua posição: "Pessoalmente, nunca odiei os judeus, mas os vi como inimigos de nossa nação."

Assim foi que, no verão de 1929, Rudolf estava trabalhando numa das fazendas da Liga dos Artamanen na Pomerânia, na costa sul do mar Báltico. Ali seu talento natural para a administração foi reconhecido. Foi logo designado inspetor agrícola e enviado para percorrer a região, fiscalizando as várias propriedades gerenciadas pela liga.

Nessa fazenda ele conheceu a jovem Hedwig Hensel, de 21 anos, que havia crescido em Neukirch, uma cidadezinha no sudoeste da Alemanha, perto da fronteira suíça. Hedwig chegara alguns meses antes com seu irmão, Fritz. Tal como Rudolf, era fascinada pelos ideais da liga e empenhada em ter um estilo de vida rural. Era forte, com rosto oval e corpo talhado para trabalhos pesados. Quando Rudolf chegou, ela trabalhava como assistente na residência do proprietário da fazenda.

Rudolf soube imediatamente que eram "feitos um para o outro". Tinham as mesmas opiniões, eram inspirados pelos mesmos ideais e "nos encontramos unidos harmoniosamente em confiança e compreensão, como se tivéssemos passado a vida inteira juntos".

Casaram-se em 17 de agosto de 1929, após três meses apenas de namoro, numa cerimônia simples na fazenda. Depois da cerimônia, o casal posou para uma foto. Estavam bonitos, um ao lado do outro na frente de uma árvore desgalhada, os corpos separados por uma nesga de céu, ele numa pose bastante formal com as mãos às costas, e ela com um braço ao longo do corpo e o outro apoiado em Rudolf. De lábios fechados e ar determinado, Hedwig trajava um vestido branco simples, com os cabelos em duas tranças dobradas formando longas argolas até os ombros, no estilo de camponesa alemã. Ele, com um largo sorriso, vestia camisa branca de gola ampla, calça e paletó escuros. Eram jovens, felizes, calmos e despreocupados, num momento tranquilo capturado em sépia.

Não está evidente na fotografia que Hedwig já estava grávida na ocasião do casamento. Havia engravidado três meses antes, logo que conheceu Rudolf.

Teria Rudolf se casado por obrigação, fazendo por ela o que era correto? Ou talvez para ocultar o fato de terem tido sexo antes do casamento, uma transgressão proibida pelo rígido credo puritano da Liga dos Artamanen? Ou ainda talvez estivesse cumprindo o juramento feito na Palestina e agora tinha encontrado em Hedwig a mulher com quem desejava passar o resto da vida? Ou talvez Rudolf, que valorizava a lealdade acima de tudo, agora se dedicava totalmente a Hedwig?

Apesar da decisão de se casar com Hedwig, Rudolf não conseguia compartilhar com ela seus sentimentos: "uma coisa sempre a magoou: eu tinha que lidar sozinho com tudo o que me movia internamente, no mais profundo do meu ser, e não podia revelar nem mesmo a ela."

Com um bebê a caminho e um trabalho árduo, embora compensador, Rudolf começou a construir uma vida de família modelo para os membros da Liga dos Artamanen. Contudo, mesmo apreciando a tranquilidade da vida na fazenda, ele sentia falta da disciplina e do rigor do exército, da estrutura, hierarquia, objetivo e comodidade. Além disso, desde a época com o general Rossbach, ele não tinha encontrado um homem que admirasse, a quem pudesse jurar obediência e oferecer lealdade.

Essa pessoa não tardaria a surgir.

Em janeiro de 1929, Hitler nomeou um novo líder para chefiar sua guarda de segurança pessoal, a *Schutzstaffel*, também conhecida como SS. O novo *Reichsführer-SS*, ou líder da SS, era Heinrich Himmler, um jovem de 29 anos, de Munique, membro do partido desde 1923 e que anteriormente servira nos *Freikorps*. Na época, a SS era composta só por algumas centenas de homens e tinha a finalidade de proteger Hitler e os outros líderes nazistas em suas viagens pelo país. Hitler disse a Himmler que fizesse da SS uma força de elite, lutadora, composta por homens racialmente puros, para ajudar no crescimento do partido. Em vista do calmo panorama político na Alemanha, parecia ser um plano ambicioso.

Tudo isso mudou quando, em 29 de outubro de 1929, a Bolsa de Valores norte-americana quebrou. O efeito sobre a economia alemã foi imediato e catastrófico. Os empréstimos dos Estados Unidos com que a Alemanha contava para reconstruir a economia, ainda frágil devido às indenizações decorrentes da Primeira Guerra Mundial, foram suspensos imediatamente. O comércio internacional caiu para 50% em comparação com o ano anterior, os preços dos grãos caíram 60%, e o desemprego subiu para 14% da população em idade produtiva, o que significava 3,2 milhões de pessoas.

De repente, os nacional-socialistas tinham um forte motivo para se reagrupar, unindo suas forças numa campanha pelo fim das indenizações, em prol de uma Alemanha mais forte. O impacto foi evidente nas eleições seguintes. Os nazistas quadruplicaram seus votos em Berlim para 5,8%; em Baden, atingiram 7% e na Turíngia, 11,35% – a primeira vez que romperam a barreira de 10% numa eleição.

Como o nível de desemprego continuou a subir no começo de 1930, Hitler viu aí uma oportunidade. A coalizão do governo social-democrata liderado por Hermann Müller caiu em março de 1930 e, depois da queda da minoria centrista do governo de Heinrich Brünning, em julho, o presidente Hindenburg convocou eleições para setembro.

Vendo sua chance aumentar, Hitler viajou pelo país, promovendo incansavelmente seu partido e suas ideias. Foram vinte discursos nas seis semanas anteriores à eleição, incluindo um para mais de 16 mil pessoas no Sportpalast de Berlim. Culpava os judeus pelo colapso econômico, acusava a República de Weimar de fracasso na solução do problema do desemprego e exigia a expansão da Alemanha para suprir a necessidade de maior espaço habitacional para a população.

Em meados da campanha para a eleição naquele verão, Rudolf viajou para o Sul a fim de comparecer a uma convenção da liga numa escola no Leste da Alemanha. A liga havia crescido nos últimos anos e centenas de jovens de todo o país foram à reunião. Foi então que Rudolf passou um tempo considerável com Heinrich Himmler, que participava da convenção como líder da Liga dos Artamanen na Bavária.

Quase da mesma idade de Rudolf e cinco centímetros mais alto, Himmler era um homem de aparência bem cuidada, com um bigode triangular, lábios apertados e óculos redondos de aro fino. Os dois haviam se conhecido em 1921 na casa do general Ludendorff, um dos líderes dos *Freikorps*. Assim como Rudolf, Himmler estivera ativamente envolvido nas campanhas dos grupos paramilitares de direita depois da Primeira Guerra. Assim como Rudolf,

Himmler, que tinha estudado agronomia na universidade, era apaixonado pela vida rural.

No salão principal da escola, Rudolf disse a Himmler que apoiava a política de acabar com as grandes propriedades feudais na Alemanha, a fim de criar lotes menores de terra que os jovens pudessem cultivar, o que contribuiria para solucionar o problema de desemprego crônico no país. Himmler concordava, mas contra-argumentava que, dado o espaço limitado da Alemanha, precisavam conquistar novos territórios, usando a força se necessário, e tomar as terras férteis ocupadas pelos eslavos. A discussão ia e vinha, e os dois passaram horas falando sobre a economia e as políticas radicais necessárias para restaurá-la.

Embora Rudolf não concordasse com os objetivos de Himmler – eram "novos para todos nós", tinham "alvos altos demais" e "não víamos como poderiam ser postos em prática num futuro próximo"–, ficou impressionado com o homem, com sua análise confiante, sua paixão pelo campo, sua recusa em fazer concessões e sua opinião inabalável. Acima de tudo, ele foi atraído pela dedicação de Himmler, pois era o "mais fiel e, sem dúvida, o mais abnegado seguidor de Adolf Hitler".

Dias depois do retorno de Rudolf à Pomerânia, foram realizadas as eleições nacionais. Em 14 de setembro de 1930, os votos dos nacional-socialistas subiram drasticamente, de 2,6% e 12 representantes para 18,3%, com 107 lugares no parlamento, tornando-os o segundo maior partido depois dos social-democratas. Hitler e os nazistas despertaram subitamente todas as atenções.

Rudolf, não afetado pelos acontecimentos em nível nacional, voltou a concentrar sua energia no desenvolvimento da fazenda e de uma família com Hedwig. O primeiro filho deles, Klaus, havia nascido meses antes, em 6 de fevereiro de 1930. Logo teriam duas filhas, Heideraud, em 9 de abril de 1932, e Inge-Brigit, também chamada de Brigitte, em 18 de agosto de 1933.

Aquela vida calma, longe das lutas pelo poder nas cidades, era adequada ao casal e à família. Para Rudolf, era "uma vida dura, que escolhemos voluntariamente, em função das nossas mais ardentes convicções". Ele sabia que ganhar a vida com a terra seria um "caminho longo, difícil e trabalhoso", mas jurava que "*nada* iria nos desviar disso". Apesar das agruras, das longas horas, da fadiga física, da falta de conforto, viviam "felizes e satisfeitos", ainda mais quando "atraíam novos seguidores às nossas crenças". Tinham até a promessa de que, no futuro, receberiam um lote de terra. Rudolf poderia então realizar seu sonho de possuir uma chácara e criar a família no campo, em convívio com os animais e a natureza.

Era portanto um tempo feliz para a família Höss e, no futuro, Rudolf se lembraria dessa época como os anos dourados.

Enquanto Rudolf se dedicava à família e à fazenda, a Alemanha continuava a sofrer profundas mudanças políticas. Na eleição nacional de julho de 1932, nenhum partido conseguiu maioria, nem na eleição seguinte, em novembro do mesmo ano. O Partido Nacional-Socialista obteve 33% dos votos e, na ausência de alternativa, em 30 de janeiro de 1933, o presidente alemão Paul von Hindenburg nomeou, relutantemente, Adolf Hitler como chanceler.

Tendo Hitler ascendido ao poder, Heinrich Himmler foi designado comandante da polícia política na Bavária. De imediato, Himmler passou a eliminar brutalmente seus opositores. Em março de 1933, apenas 55 dias após a nomeação de Hitler como chanceler, Himmler aprisionou centenas de comunistas, social-democratas e padres católicos numa antiga fábrica de munições nos arredores de Munique, na pequena cidade de Dachau. A esse local para prisioneiros políticos ele deu o nome de "campo de concentração".

Apesar de ter uma posição política apenas regional, Himmler mantinha o cargo de chefe nacional da SS. Embora ainda inferior em tamanho e poder em comparação com a força paramilitar nazista original, a *Sturmabteilung*, ou SA, com Hitler como chanceler a SS se tornara uma organização de nível nacional. Fundamental para seu crescimento era seu controle por Hitler através do leal Himmler, enquanto a SA era controlada por um de seus rivais. Assim, a SS deixou rapidamente de ser a guarda-costas pessoal de Hitler, tornando-se uma considerável organização e burocracia paramilitar. No final de 1932, a SS tinha mais de 52 mil membros, e no final de 1933, mais de 200 mil. As fichas de inscrição eram cuidadosamente selecionadas conforme a raça e a linhagem do candidato, buscando principalmente qualidades nórdicas e arianas. Nas palavras de Himmler: "Tomamos como princípio a seleção de plantas. Como um jardineiro cuidando de mudas, tentando reproduzir uma boa cepa que foi degradada, descartamos todos os homens que julgamos não precisar para a construção da SS."

Como força militar em ascensão patrocinada pelo governo, a SS precisava de milhares de cavalos e dos meios para pagá-los. Vendo a oportunidade política e comercial que isso representava, e perfeitamente ciente da experiência de Rudolf na cavalaria, seu supervisor sugeriu que mantivessem um estábulo da SS na fazenda da Pomerânia. Dado seu amor pelos cavalos, Rudolf concordou prontamente.

Entretanto, para gerenciar um estábulo da SS, era preciso pertencer à SS. Em 20 de setembro de 1933, Rudolf se candidatou. Entregou uma foto para passaporte, preencheu um formulário e deu referências. O oficial da SS examinou a foto em busca de algum traço eslavo ou não ariano. Investigou também as origens da família de Rudolf para se certificar de que vinha do meio social correto. Por fim, Rudolf tinha que preencher os critérios de um soldado da SS: ter mais de 23 anos e pelo menos 1,70m de altura. Rudolf não se preocupou com essas exigências, pois tinha 32 anos e quatro centímetros a mais que o exigido.

Sete meses após a inscrição, Rudolf foi aceito e recebeu o número 193616 da SS. Como parte de sua iniciação, precisava jurar obediência à SS e ao *Reichsführer* da SS, Heinrich Himmler. Como se não bastasse, teve que fazer um voto de silêncio.

Em 11 de junho de 1934, os novos recrutas da SS foram reunidos para uma inspeção geral pelo *Reichsführer* em Stettin, o maior porto do mar Báltico na Pomerânia. Rudolf compareceu vestindo o uniforme padrão da SS: camisa marrom, calça preta, boné preto com o emblema da caveira, braçadeira da SS, botas e cinto pretos. Como todos os membros da SS, tinha seu tipo de sangue tatuado no braço, informação que poderia ser importante em caso de ferimento.

Himmler ficou surpreso ao ver Rudolf na fila de recrutas e perguntou o que ele estava fazendo ali. Rudolf explicou que acabara de ser aceito e estava encarregado de um estábulo da SS na Pomerânia. Himmler disse que entendia e realmente compartilhava a paixão de Rudolf pela vida no campo, apreciava o fato de ele e Hedwig quererem constituir uma família, mas deixou claro que não era hora de perseverar nesse sonho utópico. Em vez disso, era tempo de Rudolf se tornar novamente um soldado, e sugeriu-lhe um treinamento como supervisor no campo de prisioneiros políticos em Dachau.

De volta à fazenda, Rudolf se debatia com a decisão. Deveria permanecer na fazenda que ele e a esposa tanto amavam ou atender ao chamado patriótico que o afetava profundamente? A princípio Hedwig argumentou contra o retorno à vida militar, mas acabou aceitando. Afinal, não tinham dinheiro para comprar uma propriedade, pequena que fosse, e a carreira militar lhes daria os meios para alcançar seus objetivos. Ainda assim, era uma decisão difícil. Não tinham garantia de quanto tempo levaria para retomarem a idílica vida rural e o quanto aquilo iria afetar a união da família.

KONZENTRATIONS

Nahe bei dem Städtchen Dachau ist das erste Konzentrationslager Deutschlands errichtet worden. Der vorliegende Bildbericht, der vor wenigen Tagen für den „JB.“ geschaffen wurde, gibt Einblick in die strenge Zucht des Lagerlebens und in den harten Dienst der SS., die hier auf Wacht steht im Dienst der Volksgemeinschaft, zum Wohle der Nation.

Sonderbildbericht für den „J.B.“ von Friedrich Franz Bauer.

Hüben und drüben
Blick von einem Wachtturm aus auf eine Strecke der Betonmauer, die das Lager von der Außenwelt trennt.

Com a perspectiva de fazer uma carreira rápida, ou seja, ter uma promoção, com as vantagens financeiras daí decorrentes, me acostumei à ideia de realmente ter que me desviar do caminho trilhado até então, mas ainda podia me ater ao objetivo de nossa vida. Esse objetivo, a fazenda sendo nosso lar, um lugar para nós e nossos filhos, continuou irrevogavelmente fixo em nossa mente, mesmo anos mais tarde. Nunca nos afastamos dele. Eu planejava sair da ativa depois da guerra e trabalhar na fazenda. Depois de muitas considerações e muitas dúvidas, pesando os prós e contras, decidi servir na SS.

Em 1º de dezembro de 1934, Rudolf chegou a Munique, embarcou num trem para noroeste e chegou à estação de Dachau. Dali caminhou vinte minutos através de um bairro residencial tranquilo, de ruas estreitas com casas baixas, até a entrada do campo.

Dachau foi o primeiro campo de concentração criado pelos nazistas e tinha a finalidade de receber presos políticos. Os prisioneiros eram instalados nos prédios já existentes da Fábrica Real de Munições e Pólvora de Dachau, que ocupavam apenas um dos cinco acres. O campo abrigava 4,8 mil prisioneiros, quase todos opositores do regime nazista. Protótipo dos futuros campos de concentração, Dachau era elogiado por sua ordem e eficiência em reportagens fotográficas de publicações de propaganda alemã como o *Illustrierter Beobachter*.

Hedwig e as crianças chegaram a Dachau pouco depois de Rudolf. Seu filho mais velho, Klaus, tinha então 4 anos, Heideraud tinha 2 e Brigitte apenas 1 ano. A família recebeu uma casa de oficial no lado externo do muro do campo.

Robert Ley e Theodor Eicke, Dachau

O Kommandant de Dachau, oficial comandante da prisão inteira, era Theodor Eicke, que fora expulso da escola na juventude. Policial fracassado e informante profissional, ele havia lutado na Primeira Guerra e recebido a Cruz de Ferro. Quando a guerra terminou, liderou um grupo de resistência contra os franceses que ocupavam o Reno. Sentenciado pelos franceses *in absentia*, fugiu para a Itália e lá permaneceu até 1928, quando retornou à Alemanha e se filiou ao Partido Nazista. Em 1933, Himmler o nomeou Kommandant do campo.

Segundo Rudolf, Theodor Eicke participara das brigas nas ruas nos anos 1920, e considerava todo prisioneiro um "inimigo do Estado" que deveria ser morto caso resistisse. Eicke ensinava os oficiais a cultivar hostilidade pelos prisioneiros. "Atitude de ódio" foi o termo usado por Rudolf para descrever sua filosofia. Eicke dava instruções para que os prisioneiros fossem açoitados pela mais leve infração, as punições realizadas diante de todos os guardas para enrijecê-los, principalmente os recém-chegados à SS.

Na opinião de Eicke, "não havia lugar para fracotes nas fileiras" e "para ele só serviam homens rijos, determinados, que obedecessem a todas as ordens, indiferentes a seus sentimentos pessoais". Além disso, "qualquer solidariedade para com 'inimigos do Estado' não era digna de um homem da SS". Eicke era também inclemente com os erros dos guardas. Os piores transgressores eram rebaixados, obrigados a usar uniformes de prisioneiros e açoitados na frente dos outros guardas. Eicke chegou a ordenar que seu próprio primo sofresse esse castigo. E qualquer um que demonstrasse compaixão pelos inimigos do Estado tinha que sumir das fileiras.

Rudolf desaprovava a abordagem de Eicke, considerando-a simplista. Contudo, admirava um outro lado de Eicke, pois o Kommandant passava muitas noites conversando com os guardas, perguntando sobre a vida deles, mostrando interesse em seus problemas. Por isso os guardas passaram a chamá-lo de "papai Eicke" e faziam tudo o que ele pedia.

Após um ano em Dachau, Rudolf foi promovido a comandante de companhia, ou "líder de bloco". Era uma posição relativamente inferior, de iniciante, sem participação na política nem na administração do campo, e de pouca interação com o Kommandant. Contudo, era agora responsável pelo dia a dia de 270 prisioneiros. Nesse cargo, Rudolf toda noite conferia o nome de cada prisioneiro na chamada, avaliava se algum deles estava apto a ser libertado e garantia a manutenção da disciplina o tempo inteiro. Seus prisioneiros dormiam num bloco com 52 beliches duplos de madeira tosca, com cinco homens em cada beliche. Cada prisioneiro tinha um banquinho e um pequeno armário. No prédio havia uma sala com quatro mesas e um grande aquecedor no centro do alojamento.

Depois da promoção, cresceram as dúvidas de Rudolf quanto a deixar a fazenda na Pomerânia. Pela primeira vez, precisou assistir a uma punição de prisioneiro. Certo dia, um preso político foi chamado para o castigo por ter furtado cigarros da cantina. Era um homem corpulento, que foi obrigado a se deitar na mesa de punição, rodeado por guardas. Alguns seguraram seus braços e pernas enquanto dois o espancaram com porretes 25 vezes. Rudolf ficou horrorizado.

> Fiquei na fila da frente, obrigado a assistir de perto todo o procedimento. Digo obrigado porque, se estivesse um pouco mais atrás, teria desviado o olhar. Senti calor e frio alternados quando começaram os gritos. De fato, todo o processo, desde os primeiros golpes, me fez estremecer. Mais tarde, assistindo à primeira execução no início da guerra, não fiquei tão agitado quanto ao assistir àquele castigo corporal, embora eu não encontre explicação para isso.

Em seu íntimo, Rudolf se distanciava dos oficiais ansiosos para assistir ao espancamento dos prisioneiros. Achava que aqueles homens eram "de natureza maliciosa, maligna, absolutamente desagradável, brutal, vulgar e cruel", que "veem o prisioneiro apenas como um objeto no qual desafogar seus instintos, geralmente perversos". Decidiu que na próxima vez iria dar um jeito de se colocar na fila de trás para não ter que ver a punição.

Porém, sendo comandante de companhia, Rudolf se via cada vez mais envolvido com a brutalidade no campo. Era forçado a testemunhar os rigorosos castigos dos prisioneiros e via internos cometendo suicídio jogando-se nas cercas eletrificadas ou sendo fuzilados ao tentar fugir.

Apesar do desagrado, Rudolf se recusava a deixar o cargo:

> Eu não conseguia reunir coragem para isso porque não queria me expor e admitir que era sensível. Era teimoso demais para confessar que havia feito má escolha ao desistir dos meus planos de ser fazendeiro.

Em meados de junho de 1936, Heinrich Himmler e Martin Bormann – seu velho companheiro de *Freikorps* –, bem como o *Reichminister* Rudolf Hess e outros dignitários, foram visitar Dachau. Na ausência do Kommandant, Rudolf foi encarregado de receber os visitantes. Ficou felicíssimo e cumprimentou calorosamente seus antigos companheiros. Himmler estava muito animado e a inspeção correu sem problemas. Os prisioneiros estavam com boa saúde, bem alimentados, e tinham acomodações razoáveis. Enquanto faziam um *tour* pelo campo, Himmler perguntava aos internos sobre a história de cada um. Quando dois comunistas disseram que haviam sido encarcerados devido à sua posição política, que afirmaram ainda manter, Himmler simplesmente ouviu e continuou andando. Pouco depois foi apresentado a dois prisioneiros políticos que minimizaram seus delitos. Rudolf lembrou a eles por que estavam na prisão, e Himmler ordenou que fossem punidos em vários domingos.

Pouco depois dessa visita, Rudolf foi promovido a segundo-tenente, encarregado dos armazéns do campo e dos pertences dos prisioneiros. Pela primeira vez, participaria da administração do campo. Essa promoção foi registrada num memorando de 24 de junho de 1936:

> Para: Inspetor de Campos de Concentração
> Assunto: Recomendação para promover o Suboficial Höss da SS, n. 193616, à patente de Tenente da SS.
>
> Seguindo-se à inspeção do campo de concentração de Dachau pelo *Reichminister* HESS, e após discussão com o *Reichsleiter* BORMANN, o *Reichsführer* (HIMMLER) chamou-me e me comunicou que o Suboficial HOSS da SS, devido a seus méritos anteriores, deve ser recomendado, na primeira oportunidade, à patente de Tenente da SS.
>
> Peço-lhe submeter essa informação ao inspetor de campos de concentração juntamente com minha recomendação.

Pouco depois da visita a Dachau, Himmler ordenou que os prédios antigos fossem demolidos e substituídos por novos alojamentos. Queria que Dachau fosse um campo modelo, que servisse de padrão para as novas instalações que seriam construídas em Buchenwald e Sachsenhausen. Além disso, seria um centro de treinamento para os guardas que fossem trabalhar em outros campos.

O campo tinha forma retangular, com aproximadamente 640 metros de largura por 360 metros de comprimento, cercado por arame farpado eletrificado, um fosso e muro com sete torres de guarda. O campo passou a ter um escritório de administração, cozinhas e 34 alojamentos. Por ordens de Himmler, ao final de cada prédio foi plantado um canteiro de flores, e foram abertas novas ruas de cascalho, espalhado regularmente pelos prisioneiros. Todas as noites era feita a chamada no pátio entre a prisão e a cozinha central. Esse espaço era também destinado às execuções. Todo o trabalho era realizado pelos internos, com poucas ferramentas e poucas folgas por causa de tempo ruim, fome ou sede.

Embora não tivessem mais o idílio vivido na Pomerânia, Rudolf e Hedwig continuavam a criar a família em Dachau. Em 1º de maio de 1937, nasceu um segundo menino, chamado Hans-Jürgen. O recém-nascido ficava em casa, aos cuidados de uma babá, enquanto os três mais velhos frequentavam a escola na cidade, junto com os filhos dos outros oficiais. À noite, quando Rudolf chegava em casa, tocava música no gramofone para as crianças e contava histórias folclóricas alemãs quando elas iam dormir. Nos fins de semana a família ia à cidade de Dachau fazer compras, ou se reunia com famílias de outros oficiais para almoçar, jogar ou cantar em grupo.

Assim Rudolf desenvolveu duas existências. Primeiro, tinha a vida de família convencional, dedicando tempo aos quatro filhos, saindo à noite com a esposa, socializando após o trabalho. Depois tinha o mundo de guarda do campo, uma existência dura e cruel, na qual cada vez mais se habituava à dor daqueles que governava. De algum modo, Rudolf era capaz de conciliar esses dois aspectos aparentemente opostos de sua vida. Havia adquirido uma nova habilidade: podia exercer profunda crueldade e depois chegar em casa para jantar com as crianças como se nada de significativo ou incômodo tivesse acontecido. A brutalidade exigida por sua lealdade era agora uma segunda natureza, embora ainda não totalmente manifesta.

Em 1938, completou-se a reconstrução do campo de Dachau, que agora podia abrigar quase vinte mil prisioneiros. Rudolf demonstrara ser um trabalhador incansável e eficiente, um oficial capaz de pôr em execução, em termos estratégicos e mecânicos, as ideias de seus superiores. Estava pronto para outra promoção.

Assim foi que, em 1º de agosto de 1938, quatro anos após sua chegada a Dachau, Rudolf foi informado de que seria transferido para o Campo de Sachsenhausen, a cerca de trinta quilômetros de Berlim, para ser ajudante do Kommandant do campo, Hermann Baranowski.

Vivaz e provocador, Baranowski era capaz de ser tão gentil quanto implacável. Todavia, agradava a Rudolf ver que a aspereza de Baranowski não derivava de uma tendência irracional, sádica ou psicopata – traços que Rudolf achava tão "torpes" em outros guardas –, mas de uma estrutura aparentemente racional. Baranowski era especial porque podia transcender a empatia natural que sentia pelos outros quando precisava executar uma ordem, promovendo assim a doutrina nacional-socialista. Rudolf aspirava a ter essa dualidade, que encontrava eco na divisão de sua vida.

Sachsenhausen era também a matriz dos escritórios de administração que coordenavam os campos de internação incipientes na Alemanha. A Inspetoria de Campos de Concentração ficava num prédio em forma de T fora dos muros do campo. Era gerenciada por Theodor Eicke, que havia saído de Dachau para ser supervisor de todos os campos inaugurados. Rudolf não trabalhava diretamente na inspetoria, mas, como oficial ajudante de campo, tinha contatos frequentes com a equipe que, entre outras coisas, supervisionava o abastecimento da rede de campos.

Para Rudolf, Sachsenhausen era melhor que Dachau. Era um bom lugar para ser notado por seus superiores e subir os degraus da política. O trabalho em Sachsenhausen proporcionava viagens frequentes a Berlim, onde podia se encontrar com antigos companheiros dos *Freikorps*, ficar a par das últimas notícias e aprender mais sobre o funcionamento interno do Partido Nazista. Ademais, como ajudante de campo, entrou em contato com a administração da Gestapo e da SS a cargo dos campos de concentração.

Outra grande vantagem foi a mudança no relacionamento de Rudolf com os prisioneiros.

> Minha dificuldade pessoal em permanecer no serviço do campo de concentração, não obstante minha inadequação a isso, foi relegada porque eu não tinha mais um contato tão próximo com os prisioneiros como em Dachau.

Embora não tivesse mais um contato diário com os prisioneiros, Rudolf era agora responsável pela disciplina e as execuções no campo. E a despeito de certa apreensão, estava determinado a cumprir seu dever. Um incidente testou a resolução de Rudolf: um oficial da SS que prendera um agitador comunista cometeu o grave erro de lhe conceder um momento para se despedir da família. Enquanto o oficial conversava com a esposa do prisioneiro, este fugiu pela janela. Pelas normas da SS, esse lapso do protocolo era punível com a morte. Rudolf conhecia bem o oficial, que muitas vezes trouxera prisioneiros a Sachsenhausen, e na semana anterior até haviam estado juntos no refeitório, conversando sobre o crescente número de execuções no campo. Rudolf o considerava um amigo. Agora esse mesmo oficial, ainda vestindo o uniforme cinzento da SS, foi tirado de um carro, algemado e vendado, e entregue a Rudolf, que o levou ao poste no centro do pátio principal, atou-lhe os braços, afastou-se e deu ordem de atirar.

Quando o amigo caiu no chão, Rudolf se aproximou e deu-lhe um tiro na cabeça. Rudolf estava tão abalado que "mal podia segurar firme a pistola quando dei o *coup de grâce*".

> Eu havia me adaptado a todos os aspectos que não podiam ser mudados na vida do campo de concentração, mas meus sentimentos nunca ficaram entorpecidos diante da miséria humana. Sempre a vi e senti. No entanto, eu precisava superar aquilo para não parecer compassivo. Queria que me achassem um homem duro para evitar ser considerado fraco.

Rudolf demonstrara a seus superiores que era capaz de cumprir as ordens mais severas. Era um oficial da SS plenamente confiável. Havia se tornado um duro instrumento da lealdade cega. Sua atitude seguinte definiria sua carreira.

6

HANNS
BERLIM, ALEMANHA
1933

Em 1º de abril de 1933, tropas de choque da SA, do Partido Nacional-Socialista, marcharam desde a estação de trem do zoológico de Berlim, passaram pela Kurfürstendamm e chegaram à Kaiserallee. Apreensiva, a família Alexander se manteve reunida. As rádios e jornais haviam anunciado um boicote às lojas e aos outros negócios dos judeus. Os Alexander estavam apavorados, temendo que o apartamento deles fosse um dos alvos. Olhando pela janela, Hanns viu um grupo de matadores com suas camisas marrons se reunindo em frente ao edifício.

Os eventos foram uma surpresa para a família, altamente assimilada e amante de festas. Assim como muitos de seus amigos, os Alexander estavam otimistas quanto a seu futuro na Alemanha. Mesmo preocupados com o crescimento dos nacional-socialistas, não tinham ficado especialmente abalados com as notícias dos jornais: Hitler nomeado chanceler em janeiro de 1933, o incêndio do Reichstag, a suspensão do direito legal básico ao *habeas corpus* – agora qualquer indivíduo podia ser preso sem ter oportunidade de recorrer à justiça –, o chamado Ato de Habilitação de 1933, que dava a Hitler plenos poderes de legislar sem aprovação parlamentar.

Para os agressores, era muito fácil saber onde a família morava. O dr. Alexander era presidente da Câmara Médica de Berlim, e seu nome e endereço constavam do catálogo oficial dos judeus de 1931-32.

Uma ruidosa multidão se aglomerava diante do edifício, bradando os slogans do dia: "Não compre dos judeus", "Boicote os judeus", "Os judeus são a nossa desgraça". Um número cada vez maior de vizinhos e passantes aderiam, curiosos para ver o que estava acontecendo, ou talvez empolgados ao ver o povo finalmente desafiando aqueles que, como muitos acreditavam, eram os culpados pelo infortúnio econômico da Alemanha.

A tropa de choque parecia disposta a passar o dia inteiro bloqueando a porta dos Alexander. Então apareceu um homem alto, vestindo o uniforme de coronel da Primeira Guerra Mundial, que se dirigiu à multidão. Disse-lhes que seu nome era coronel Otto Meyer e o ocupante do apartamento era seu grande amigo dr. Alfred Alexander, que tinha servido sob seu comando na guerra. Disse que aquele homem era um herói de guerra que tinha recebido a Cruz de Ferro de Primeira Classe, e ordenou que todos saíssem da frente do prédio. Após uma rápida discussão, a malta acatou a ordem, talvez porque havia alvos mais fáceis em outro lugar. Otto Meyer passou o resto do dia em frente à porta, protegendo o edifício de outros ataques. Antes que ele fosse embora, já à noite, Alfred Alexander agradeceu profusamente ao amigo por seu apoio destemido e generoso.

Naquela noite os Alexander conversaram sobre os eventos do dia. Haveria outros boicotes? Deveriam ir embora, talvez para a Suíça? Afinal, o pai de Henny era o cônsul suíço em Frankfurt e certamente poderia ajudá-los a reconstruir a vida em Basileia ou em Genebra. Henny insistiu que o marido considerasse um futuro alternativo, mas ele recusou. O dr. Alexander estava convencido de que a violência era passageira e o povo alemão iria recuperar a razão. Durante a Grande Guerra, ele tinha visto a coragem e a honra de seus compatriotas, e confiava que a vasta maioria de alemães bons e virtuosos reagiria, como havia feito o coronel Meyer, e acabaria com aquela loucura nazista.

Seis dias após o anúncio do boicote aos judeus, os nacional-socialistas aprovaram a Lei de Restauração do Serviço Público Profissional, excluindo os não arianos dos serviços para o governo. Isso incluía não só burocratas e funcionários administrativos, mas também professores, cantores, dançarinos, escritores e músicos. Os artistas judeus ficaram limitados a se apresentar para plateias judaicas, no âmbito do *Kulturbund der Juden in Deutschland*, a Associação Cultural dos Judeus-Alemães. Os Alexander se tornaram membros da associação e, assim como outras vinte mil pessoas, assistiam regularmente aos concertos no Theater Deutsches. O dr. Alexander continuou a atender vários desses artistas.

Em 10 de maio, três semanas depois do boicote, mais de quarenta mil estudantes, juntamente com membros da SA, SS e simpatizantes do Partido Nazista, se reuniram na Opernplatz, a poucas centenas de metros ao sul da

Neue Synagogue, na Oranienburgerstrasse, para ouvir um discurso do ministro da Propaganda, Joseph Goebbels. "A era do desproporcional intelectualismo judeu chegou ao fim", disse ele. "Assim, faremos bem em entregar o pernicioso espírito do passado às chamas hoje à meia-noite. Aqui a base intelectual da República de Weimar se desfaz na terra. Mas a fênix de um novo espírito irá ressurgir das cinzas." Quando ele terminou o discurso, a multidão ateou fogo a vinte mil livros.

O otimismo de Alfred não convenceu todos os membros da família. O incêndio do Reichstag, o boicote e a violência nas ruas tiveram seu preço. Bella comunicou que iria se mudar para Londres com o noivo, Harold Sussmann, um inglês que ela conhecera dois anos antes. Dias depois, Bella fez as malas e embarcou para a Inglaterra. Pela primeira vez, a família Alexander não estava vivendo toda sob o mesmo teto.

Embora Hanns não fosse particularmente unido a Bella na ocasião, a decisão dela levantou questões difíceis. O que isso significaria para ele? A situação iria piorar para os judeus na Alemanha? O resto da família teria que seguir Bella e começar vida nova num país estrangeiro?

Não precisou esperar muito para descobrir. Em junho de 1933, o dr. Alexander foi chamado pelo diretor da escola Waldschule para uma reunião. Foi informado de que a recente aprovação da Lei contra a Superlotação das Escolas e Universidades Alemãs impunha severos limites ao número de alunos judeus em todas essas instituições e, portanto, os gêmeos não eram mais aceitos. Ou o médico retiraria os meninos, ou eles seriam "postos para fora".

Ao chegar em casa, Alfred disse a Hanns e Paul, então com 16 anos de idade, que iriam para uma escola particular judaica. Hanns gostava da Waldschule e, apesar de nunca ter se dedicado aos estudos, pretendia se formar e talvez até ingressar numa universidade, como tinham feito suas irmãs. Ainda pior que a rejeição pela escola e a estranheza da lei por trás daquilo, era a incerteza: se ele podia ser expulso da escola por causa de sua raça e cultura, o que mais poderia acontecer?

Mas os gêmeos não eram os únicos da família impactados com as novas regras. Nos meses seguintes, com a promulgação de outras leis antijudaicas, ficou cada vez mais difícil para um judeu exercer a medicina, mesmo para um médico tão importante quanto o dr. Alfred Alexander. Além disso, o governo excluiu os médicos judeus do reembolso dado pelo seguro de saúde pública, o que até então constituía boa parte da renda do dr. Alexander. E como o prefeito de Munique já havia proibido que médicos judeus atendessem pacientes não judeus, era uma questão de tempo para que Berlim seguisse o exemplo. Se isso ocorresse, ele seria obrigado a parar de trabalhar.

A conversa à mesa de jantar dos Alexander se tornava cada dia mais tensa. Henny argumentava que eles acabariam tendo que deixar o país e, se não vendessem logo a clínica, ela em breve não valeria nada. O dr. Alexander se atinha à negação, aconselhando paciência e discrição até que a vida voltasse ao normal, como ele tinha certeza de que voltaria.

Em 13 de julho de 1934, no vigésimo aniversário do início da Primeira Guerra Mundial, e no contexto de uma Alemanha transbordando orgulho nacional, o presidente Paul von Hindenburg anunciou a criação de uma nova medalha comemorativa, a Cruz de Honra. Supondo que seria útil ter uma segunda prova de serviço à nação acrescentada à Cruz de Ferro, o dr. Alexander preencheu os formulários para receber a condecoração. Semanas depois, compareceu a uma cerimônia num gabinete regional do governo, onde, junto com outros veteranos, recebeu uma cruz de bronze com os números 1914 e 1918 gravados no centro. A cruz pendia de uma fita vermelha, preta e branca, as cores da Alemanha Imperial e do Partido Nazista.

Enquanto isso, Bella se adaptava rapidamente à vida na Inglaterra. Em dezembro de 1934, deu à luz um menino, chamado Peter, para alegria de Alfred e Henny. Alfred foi a Londres para conhecer o primeiro neto. Durante sua estadia, um amigo da família, Otto Schiff, que se mudara de Hamburgo para Londres, sugeriu que ele se registrasse numa instituição médica britânica, caso precisasse sair da Alemanha. Apesar de ainda crer que seus problemas em breve terminariam, Alfred percebeu que o tempo do otimismo ia se esgotando e, antes de voltar a Berlim, pegou um ônibus para o centro da cidade, onde se inscreveu como aluno da Universidade de Edimburgo. Se quisesse praticar a medicina na Grã-Bretanha, teria que se requalificar como médico.

De volta a Berlim, a despeito das tentativas de Henny para dissuadi-los, os gêmeos decidiram sair da escola particular judaica, acreditando que aprenderiam mais no mundo real. Por intermédio de um conhecido da família, Hanns conseguiu um emprego no Leo Perl, um pequeno banco alemão dirigido por um amigo dos pais, Franz Perl. Foi o primeiro emprego de Hanns e, embora suas responsabilidades não fossem pesadas, ficou feliz por ter a oportunidade de provar seu valor e por se ver livre da submissão à rotina da vida escolar. Saía todos os dias, de terno e chapéu escuros, para tomar o bonde até o centro de Berlim junto com outros trabalhadores. No fim do mês, entregava à mãe seu parco salário, que ela agradecia com orgulho.

Paul também andava ocupado. Apesar da lei que proibia aos judeus qualquer forma de aprendizagem, ele conseguiu trabalhar com um fabricante de armários, Johan Geider, que se recusava a acatar leis que lhe diziam a quem poderia ou não empregar. Mas, segundo o costume, o dr. Alexander precisava pagar pelo aprendizado do filho.

Poucas semanas depois de sua contratação, Paul foi enviado ao outro lado da cidade para ajudar nos preparativos de uma exposição nazista chamada "Trabalho Alemão, Mão de Obra Alemã". Esse evento, muito festejado, deveria ser aberto poucos dias depois pelo próprio Adolf Hitler. Quando Paul chegou, já encontrou um grupo de homens trabalhando arduamente. Horas depois, chegou um caminhão com um carregamento de madeira compensada, e o motorista perguntou a Paul onde poderia descarregar. Paul disse a ele que entrasse com o caminhão, e estacionasse no piso de madeira do salão. "É seguro?", perguntou o motorista. "Claro", respondeu Paul, sabendo perfeitamente que o piso rachado não suportaria o peso do caminhão. O motorista entrou lentamente de marcha a ré, até que se ouviu o alto estalar de madeira rachando e a traseira do caminhão afundou entre as tábuas do chão. O motorista pulou para fora da boleia e fugiu correndo, seguido rapidamente por Paul. No dia seguinte, Paul soube que a abertura da exposição tinha sido cancelada e a agenda de Hitler, estragada.

Enquanto cada gêmeo tentava construir sua vida adulta, os elementos corriqueiros do dia a dia começavam a se desfazer. Hanns não podia mais ir ao cinema, de que tanto gostava. Avisos de "Judeus não são aceitos" eram cada vez mais comuns e as pródigas festas da família não mais existiam, com muitos de seus amigos temerosos demais para atravessar a cidade à noite. Poucos pacientes iam ao consultório de seu pai na Kaiserallee ou ao hospital na Achenbachatrasse, por medo de serem associados ao médico judeu. Hanns também sofria discriminação e era xingado nas ruas. Embora escondesse muito bem sua identidade, tendo a aparência de qualquer jovem trabalhador alemão, ficava óbvio que era judeu quando entrava e saía da sinagoga na Fasanenstrasse.

Assim, enquanto o Partido Nazista crescia em influência, Hanns, como tantos outros, era arrastado para dentro do mundo judaico, não tanto por motivos religiosos, mas em busca de uma explicação do antissemitismo que assolava sua vida. Numa sexta-feira à noite, no fim de 1934, Hanns saiu do trabalho e foi à sinagoga Friedenstempel para ouvir o sermão do rabino Prinz, um rapaz de 24 anos que ia criando fama, principalmente entre os membros mais jovens da comunidade judaica. Aquela noite, o rabino chegou tarde e, por um momento, a enorme quantidade de fiéis receara que ele tivesse sido preso. Quando finalmente chegou, Prinz advertiu que o antissemitismo nazista não era um problema momentâneo, mas uma ameaça de longo prazo, que devia ser considerada seriamente. Reconheceu que muitos rabinos vinham dizendo algo diferente: que a vida retornaria ao normal e podiam confiar no povo alemão para resolver o caso dos antissemitas, que, embora virulentos, eram poucos, e que ele, Prinz, estava nadando contra a maré da opinião da maioria judaica. O rabino concluiu o sermão com uma mensagem simples: todos os judeus deveriam sair da Alemanha assim que pudessem. Na volta para casa, Hanns foi pensando que talvez seu pai estivesse errado e eles realmente deveriam cogitar deixar o país.

Para se proteger, Hanns e Paul se uniram a um grupo progressista de jovens judeus que se encontravam toda semana para informar e instruir uns aos outros sobre a ascensão do antissemitismo nazista e trocar ideias sobre como lidar com os abusos. Eram aconselhados a não ir sozinhos a lugar nenhum, evitar confusões e sair de dia, em vez de à noite. Esse conselho foi ignorado pelos gêmeos, que continuavam a sair à noite. Mas Hanns continuava a ir às reuniões para obter informações sobre os mais recentes ataques aos judeus em Berlim e saber das tentativas dos líderes judeus de negociar com o governo, numa época em que os principais jornais e rádios estatais eram controlados pelos nazistas. Essas reuniões davam também a chance de sentir o clima da grande comunidade judaica, e observar se havia opiniões alternativas àquelas manifestadas por seu pai.

Indiferentes às leis que restringiam as atividades dos judeus, Hanns e seu irmão não se detinham diante de nada para assistir aos jogos de hóquei no gelo nas noites de segunda-feira no Sportpalast. Um decreto dizia que somente simpatizantes do nazismo poderiam comprar ingressos para aquele evento esportivo – de fato, havia um aviso colado na porta dizendo *Juden Raus!* (Fora Judeus!) –, mas Hanns e Paul não concordavam. Vestiam roupas comuns, compravam os ingressos na bilheteria como todos os demais e assistiam a seus heróis arremessando o disco sobre o gelo reluzente, todas as semanas.

O restante da família também tentava levar uma vida tão normal quanto possível. No começo de 1935, Elsie foi assistir a uma apresentação só para judeus no Theater Deutsches, onde encontrou Erich Hirschowitz, um berlinense baixinho e afável. O pai de Erich era comerciante de couro e, com um olho no aumento dos negócios e outro no crescente antissemitismo em Berlim, tinha enviado Erich a Londres para montar uma firma de importação e exportação de couro. Em julho de 1935, Elsie e Erich se casaram. Como as famílias não queriam chamar atenção, foi uma festa menor que a do casamento de Bella, dois anos antes. Poucos foram os convidados ao apartamento na Kaiserallee, e não saiu notícia nos jornais. Passaram a lua de mel na Suíça e em certo ponto da estrada tiveram que contornar uma cidadezinha devido a um cartaz colocado na periferia: *Juden sind hier unerwünscht* (Judeus são indesejáveis aqui). Poucas semanas depois do casamento, Erich voltou a Londres e Elsie iria se encontrar lá com ele quando as coisas acalmassem em Berlim.

Por volta dessa ocasião, um enfurecido oficial nazista esmurrou a porta da clínica do dr. Alexander na Achenbachstrasse, gritando que Alfred havia feito um aborto ilegal em sua irmã. Com a consciência tranquila e indignado diante da acusação, o dr. Alexander atirou o homem escada abaixo. Em seguida, dando-se conta do perigo em que se colocara, foi imediatamente à delegacia policial mais próxima, na esperança de evitar alguma queixa. Disseram que ele não era membro do Partido Nazista e, portanto, não poderiam ajudá-lo. Nesse momento, o médico finalmente encarou a realidade de que o tempo estava se esgotando. Mas ainda assim hesitou.

No final de 1935, os pais de Henny partiram para sua Suíça – foi recomendado ar puro para a saúde debilitada do pai. Paul viajou com eles e, ao chegarem a Basileia, iniciou um curso na escola técnica. Foi a primeira vez que os gêmeos se separaram.

Em janeiro de 1936, o dr. Alexander estava em Londres em visita a Bella e ao netinho quando Henny recebeu um telefonema do coronel Otto Meyer, que havia demonstrado tanta coragem ao dispersar os nazistas da porta dos Alexander no boicote aos judeus em 1933.

– Eles vão buscá-lo aí – disse Meyer a Henny. – Faça com que ele se esconda imediatamente. – E contou que tinha visto o nome do médico no alto da lista de judeus a serem presos pela Gestapo nos dias seguintes. Quando Henny respondeu que Alfred estava na Inglaterra, Otto recomendou que ele ficasse por lá. Henny mandou ao marido um recado para que não voltasse.

Finalmente, o dr. Alexander teve a triste compreensão de que não tinha escolha. Procurou Edmund Dreyfus, velho amigo da família, banqueiro inglês e protegido de Lucien Picard, seu sogro. Dreyfus concordou imediatamente em dar respaldo à garantia exigida pela Inglaterra de qualquer refugiado em busca de asilo temporário. Parecia que, por enquanto, o médco poderia permanecer em Londres, apesar de extremamente angustiado por deixar o país que tanto amava e deprimido ao pensar na necessidade de se requalificar como profissional. Acima de tudo, se preocupava porque, se seu nome estava no topo da lista da Gestapo, sua família também deveria estar. Ele respondeu a Henny que ficaria em Londres, e que a família em Berlim começasse a planejar se reunir a ele.

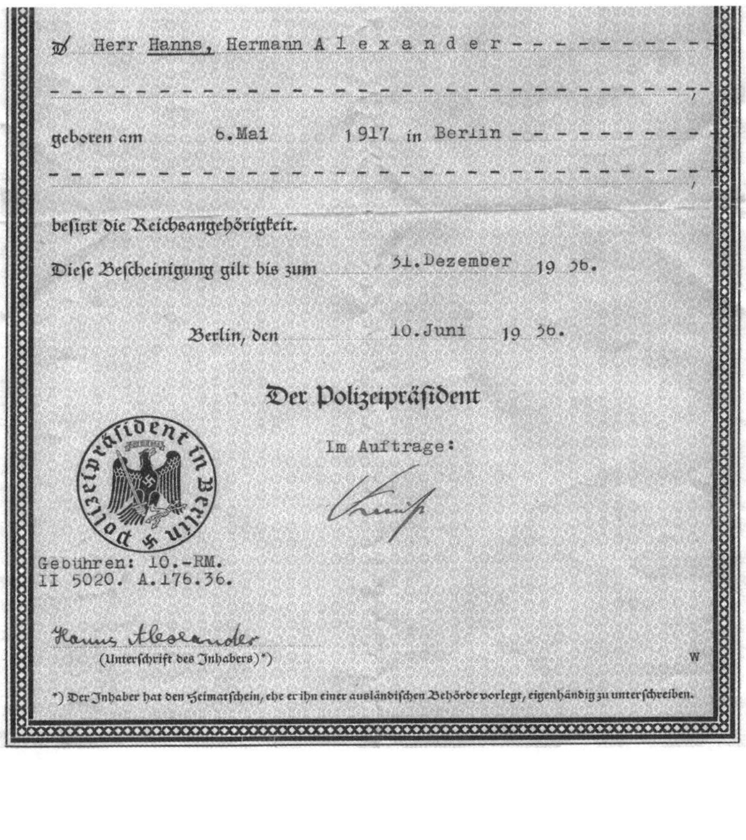
Herr Hanns, Hermann Alexander

geboren am 6.Mai 1917 in Berlin

besitzt die Reichsangehörigkeit.

Diese Bescheinigung gilt bis zum 31.Dezember 1936.

Berlin, den 10.Juni 1936.

Der Polizeipräsident

Im Auftrage:

Polizeipräsident in Berlin

Gebühren: 10.-RM.
II 5020. A.176.36.

Hanns Alexander
(Unterschrift des Inhabers)*)

W

*) Der Inhaber hat den Heimatschein, ehe er ihn einer ausländischen Behörde vorlegt, eigenhändig zu unterschreiben.

A vida de Hanns na Alemanha chegara ao término. Apesar da apreensão por ter que começar uma vida nova em outro país, estava animado com a aventura e se concentrou rapidamente nas questões práticas para organizar sua partida para a Inglaterra. O primeiro passo era conseguir uma certidão de saída emitida pelo chefe de polícia de Berlim, o *Polizeipräsident*, sem a qual não poderia obter um visto de entrada. Não era tão difícil assim. As autoridades ainda estavam muito interessadas em deixar que os judeus saíssem do país. Hanns pegou o bonde para a delegacia no centro de Berlim e, após pagar 10 marcos, recebeu uma certidão válida por seis meses.

Durante toda a primavera de 1936, Hanns tentou obter o visto da Inglaterra, em vão. O governo inglês, temeroso da reação da população diante de uma onda de judeus refugiados da Alemanha, barrou a imigração. E como Hanns já tinha idade para trabalhar, não era mais dependente, não podia se apoiar no fato de que seu pai e sua irmã já estavam em Londres. Precisava encontrar um meio de partir, e sem demora.

Nos últimos seis meses, a condição dos judeus em Berlim havia piorado. Amigos de Hanns foram expulsos de universidades. Muitos dos amigos de seu pai, advogados, contadores, funcionários públicos, tinham perdido o emprego em consequência da promulgação da lei que proibia aos judeus terem cargos governamentais ou exercerem uma profissão. Hanns já não podia ler o boletim informativo da sinagoga – um dos últimos meios de obter notícias não censuradas – em decorrência de outra lei para calar a imprensa religiosa. Depois, em seguida a um pronunciamento de Hitler num dos comícios em Nuremberg, foi promulgada a Lei de Cidadania do Reich, destituindo Hanns e sua família da cidadania alemã. Daí por diante, eram considerados na Alemanha meros "indivíduos" separados do restante da nação.

Entretanto, à medida que a primavera dava lugar ao verão, Hanns notava uma mudança na retórica do regime nazista. Havia cada vez menos boicotes e comícios, nenhuma outra lei contra os judeus fora promulgada e até alguns letreiros "Judeus são indesejáveis aqui" tinham sido retirados das vitrines. Hanns entendeu que Hitler vinha tentando dar uma impressão positiva à mídia estrangeira, que já chegava a Berlim para as Olimpíadas, programadas para começar em 1º de agosto de 1936.

Sabendo que talvez essa fosse a única oportunidade de obter o visto antes que o antissemitismo voltasse a atacar, Hanns redobrou seu empenho. Em maio, procurou Franz Perl, seu chefe no banco, dizendo que precisava sair do país o mais cedo possível. Perl concordou em lhe dar uma recomendação para um banco em Londres. No dia seguinte, Hanns acordou cedo para ir ao Serviço Britânico de Passaportes, na Tiergartenstrasse 17, a 15 minutos a pé do apartamento da família. Lá, encontrou uma fila enorme de pessoas, algumas esperando desde as quatro da madrugada. Muitos aguardavam em silêncio, rosto erguido, com os documentos nas mãos, enquanto outros choravam abertamente, aterrorizados ao pensar que poderiam ser recusados pelos burocratas. Saber que o primeiro-secretário da embaixada britânica era paciente de seu pai lhe dava alguma esperança, mas em vista da quantidade de gente à espera ali fora, na fila, não tinha a menor garantia de obter o visto. A porta se abriu às nove horas. Quando chegou a sua vez, Hanns entrou no pequeno escritório e preencheu o requerimento. Ao contrário do que imaginava, após alguns minutos de espera e sem maiores confusões, ele saiu com o visto carimbado em seu passaporte.

Em seguida, Hanns foi à embaixada francesa pedir permissão para cruzar a França a caminho da Inglaterra, mas a permissão foi negada. O tempo se esgotava. Hanns escreveu pedindo ajuda a Paul, que estava na Suíça. Dias depois, Paul respondeu que Hanns o encontrasse na Suíça, onde almoçariam juntos antes de Hanns pegar um voo direto para Londres. Elsie havia conseguido uma passagem para Amsterdã e partiria em breve, pois fora relativamente fácil para ela obter permissão de se reunir ao marido, que já estava em Londres e com uma atividade comercial. Assim, faltava apenas Henny achar um meio de sair de Berlim.

Mas não seria tão fácil para ela. Pessoas com posses ou rendimentos significativos eram obrigadas a pagar o caríssimo *Reichsfluchtsteuer*, a Taxa de Fuga do Reich, para conseguir o visto de saída. Henny teria que ficar em Berlim até vender a clínica do marido. Ninguém queria deixar Henny sozinha, mas não havia escolha. Todos sabiam que a rapidez era essencial, dado que o olhar do mundo deixaria a Alemanha tão logo as Olimpíadas terminassem, em meados de agosto.

Na manhã de 29 de maio de 1936, Hanns disse adeus à mãe e saiu do prédio pela última vez, cruzando a enorme porta de frente para a Kaiserallee. Ia cheio de sentimentos conflitantes, preocupado com Henny, ansioso para finalmente estar a caminho, nervoso ao pensar no que viria pela frente. Tomou o S-Bahn para a estação de Potsdam e comprou uma passagem de trem para a Suíça. Foi uma viagem de 800 quilômetros, levando-o a passar pela casa de campo da família em Glienicke, por Munique, onde seu pai estudara medicina, e pela aldeia rural de Geislingen, no sudoeste da Alemanha, onde parou para se despedir de sua muito amada ex-babá, Anna. No dia seguinte, prosseguiu a viagem, via Baden-Baden, até a fronteira com a Suíça.

Já era tarde quando chegou à estação de Basileia, em 30 de maio de 1936. Mas ainda faltava escapar. Embora em solo suíço, a estação era dirigida pela rede ferroviária alemã e controlada pelo governo alemão. Hanns pegou sua mala no compartimento de bagagem, desceu na plataforma e seguiu para a alfândega, entrando numa fila comprida de homens, mulheres e crianças. Eram judeus em sua maioria, exaustos devido às longas horas passadas nos trens e à angústia de tirar a família de suas raízes.

Quando chegou sua vez, Hanns mostrou o passaporte com as palavras "Deutscher Reich Reisepass" datilografadas em negrito sobre a capa verde-oliva. O funcionário da alfândega olhou o documento, comparou o rosto do homem à sua frente com a foto do menino de 15 anos no passaporte, deu uma olhada no visto inglês, carimbou o passaporte e fez sinal para que ele passasse. Quando Paul viu Hanns passando pelo controle de passaportes, correu para o irmão e, com uma alta risada, deu-lhe um tremendo abraço.

Hanns havia deixado o país em que nascera. Tinha 19 anos e apenas uma passagem de trem e 10 marcos no bolso – todo o dinheiro que o governo alemão lhe permitira trazer.

Em 2 de junho de 1936, Hanns chegou ao aeroporto de Croydon, no sul de Londres. Entregou o passaporte alemão ao funcionário, que o carimbou com as seguintes palavras:

> Permissão para desembarque em Croydon em 2 de junho de 1936 sob a condição de que o portador se apresente imediatamente à polícia e não permaneça por mais de seis meses no Reino Unido.

Bella, que estava esperando por ele, levou-o para almoçar no Aerodrome Hotel, em Croydon. Após a refeição, pegaram um táxi para o apartamento dela, em Olympia, onde Hanns foi recebido pelo pai, pelo cunhado e, pela primeira vez, pelo sobrinho de 3 anos de idade, Peter. Apesar da aguda certeza de que a família estava agora separada, com Henny em Berlim, Elsie em Amsterdã, Paul e seus avós em Basle, era muito bom estar com pelo menos uma parte dos parentes em Londres.

Registration Certificate No. 594942.
Issued at Bow Street W.C.2.
on 3rd June 1936.
Name (Surname first in Roman Capitals) ALEXANDER Hans
Alias Hermann
Left Thumb Print (if unable to sign name in English Characters).
Metropolitan Police Aliens Registration Office 3/6/36.
Signature of Holder Hanns H. Alexander

Nationality German.
Born on 6/5/1917 in Wilmersdorf
Previous Nationality (if any)
Profession or Occupation Volunteer Clerk
Single or Married Single
Address of Residence Walsingham Mansions Fulham Road W6.
Arrived in United Kingdom on 2/6/1936.
Address of last Residence outside U.K. 15 Aschenbachstrasse, Berlin
Government Service
Passport or other papers as to Nationality and Identity German Nº 713 Reg 136/32 Wilmersdorf on 29/10/32

Nas semanas seguintes, Hanns tratou de começar a reconstruir a vida. Enquanto procurava acomodações apropriadas para uma temporada mais longa, hospedou-se no Regent Palace Hotel, perto de Piccadilly Circus, e registrou-se no Centro de Registro de Estrangeiros na Bow Street, recebendo o número 594942. Ter o registro de estrangeiro significava que ele não podia ter um trabalho remunerado, não podia votar nem receber benefícios do governo. Por ter nacionalidade alemã, seus movimentos seriam monitorados pelo serviço de segurança nacional, e daí a seis meses ele precisaria solicitar renovação do visto.

Dias depois, Hanns tomou um ônibus no centro da cidade e foi ao Japhet & Co., o pequeno banco de propriedade da família do marido de Bella, onde iniciaria seu estágio. Foi recebido por um gerente, que falou rapidamente sobre os objetivos do banco, os funcionários e as tarefas que se esperava de Hanns. Conhecendo apenas o inglês aprendido na escola, ele não entendeu nada dos detalhes, e viu que, se pretendia viver no novo ambiente, precisava de ajuda para aprimorar a linguagem.

Numa carta à mãe, enviada quatro semanas depois da chegada à Inglaterra, Hanns deu detalhes de sua nova vida. Agradeceu os presentes que ela lhe mandara: dinheiro, que "irei diligentemente tentar esticar", e duas latas de compota de cerejas do pomar da família em Glienicke, que ele ainda não abrira "por serem muito preciosas". Escreveu que andava ocupado encontrando os velhos amigos e conhecidos de Berlim, inclusive Loewenstein, o menino que ele tinha "amarrado na árvore" na festa de aniversário na casa do lago, e de quem continuava "não gostando". No sábado anterior, Hanns tinha passado o dia com seu pai na ilha de Wight, que ele descreveu como "celestial". E embora desejasse que os fins de semana fossem mais longos, o trabalho no banco era "ainda divertido". Em geral, estava indo bem, principalmente porque tinha encontrado um restaurante para jantar no centro de Londres, o Lyons Corner House, que tinha comida barata, toalhas de mesa e água gelada grátis. Tranquilizando sua mãe, acrescentou que "de minha parte, estou mais feliz do que nunca".

No início de julho de 1936, Hanns recebeu resposta à carta. A venda não era tão fácil quanto Henny esperava. Segundo as leis nazistas, ela não podia vender para um judeu e era improvável vender para um simpatizante nazista, que certamente não estaria muito disposto a assumir uma clínica com equipe e pacientes judeus. Henny havia até encontrado um comprador, mas o negócio fora desfeito na última hora.

Ela passou o resto do verão tentando a venda, mas, quando outro comprador apareceu e se foi, sua situação ficou precária. Por fim, no começo de agosto, Henny encontrou um casal, ela judia e ele católico, querendo comprar a clínica, se bem que por um preço muito abaixo do valor real. Não tendo alternativa, ela concordou e, juntando com o dinheiro que já possuía, pagou a Taxa de Fuga do Reich e poucos dias depois embarcou num trem para Londres.

Em setembro de 1936, no Ano-Novo judaico, o restante da família Alexander havia chegado a Londres. Primeiro Elsie, via Amsterdã, e depois Paul, vindo da Suíça. A única a permanecer na Alemanha foi a tia-avó de Hanns, Cäcilie Bing, que se recusou a partir. Tia Bing era adepta da "moda antiga" e tinha fama de severidade com crianças. Era uma das poucas pessoas em que Hanns e Paul nunca pregaram peças, embora rissem às escondidas de sua fala ciciosa. Ela continuou morando em sua bem equipada suíte no Hotel Excelsior, em Frankfurt.

Agora que a família estava reunida, o médico e esposa se mudaram para um apartamento de dois quartos em Kensington, na zona oeste de Londres. Embora considerassem o apartamento mais que suficiente, nem se comparava à residência que tinham na Kaiserallee, com seu enorme número de cômodos. Henny mandou pedir a Hilde, sua cozinheira em Berlim, que embalasse e despachasse toda a mobília e objetos para a Inglaterra, o que ainda era possível em 1936, quando os nazistas estavam interessados em que o maior número possível de judeus saísse da Alemanha.

Hilde cumpriu a ordem à risca e embalou literalmente tudo em caixotes – todos os livros, todos os lençóis, todos os móveis. Até as cestas de papéis foram enviadas, ainda contendo o lixo. Num dos caixotes, enfiada entre as roupas e enrolada em toalhas e colchas, a família encontrou a Torá Alexander. Provavelmente, Hilde descobriu-a guardada no armário da biblioteca do médico. Incluiu a sobrecapa em veludo vermelho, os dois sininhos de prata e a placa com a inscrição do nome Moses Alexander, objetos estes tão antigos quanto o próprio rolo de pergaminho.

Impossibilitados de trazer dinheiro para a Inglaterra, todos os membros da família tiveram que começar do zero. Naquele outono, o dr. Alexander, já com 58 anos, pegou um trem para Edimburgo a fim de iniciar seus estudos de requalificação em medicina. Bella e Elsie tinham a vantagem de ter maridos com empreendimentos lucrativos, mas Hanns e Paul começaram a vida em Londres numa situação próxima à linha de pobreza.

Paul se matriculou no Kensington Secretarial College para estudar inglês, mas estava mais interessado em conversar com as moças, que compunham a grande maioria dos alunos. Depois passou a fazer um estágio com Laszlo Hoening, um decorador muito em moda, dono de uma galeria na South Audley Street, 54, em Mayfair. Bella, que morava em Londres desde 1933 e portanto conhecia bem a cidade, dava orientações e conselhos aos irmãos e cuidava do filho pequeno enquanto Harold, seu marido, ampliava o negócio de corretor de ações. Elsie e Erich foram morar num pequeno apartamento no norte de Londres. Ela se ressentia da mudança de circunstâncias, de sua impossibilidade de estudar numa universidade e, para completar, dos vizinhos que escarneciam de seu forte sotaque alemão. A solução que achou foi usar seus caríssimos casacos de peles sempre que tinha oportunidade.

Enquanto isso, Hanns se adaptava rapidamente. Tinha dado as costas ao passado e não ficava remoendo tudo o que havia perdido, a casa, o prestígio, a criadagem. Talvez porque, sendo mais novo que Elsie, não tivera uma vida independente em Berlim, ou talvez simplesmente porque era mais otimista, mais apto a lidar com mudanças e deslocamentos. Fosse qual fosse o motivo, Hanns se acostumou com mais facilidade.

Hanns e Paul eram agora homens feitos, e bonitos. Tinham 1,80m de altura, bastos cabelos castanhos ondulados bem cortados e penteados para trás, deixando a testa à mostra. Para muita gente, eram indistinguíveis um do outro, mas quem os conhecia bem via as diferenças. Paul tinha uma postura ligeiramente inclinada para a frente quando estava em pé, como se estivesse antecipando o futuro. Seu queixo era mais pontudo e, quando ria, tinha covinhas nas bochechas. Parecia ser o mais descontraído dos dois, mais afável e despreocupado. Hanns, em contraste, mantinha uma postura ereta, era tenso e pensativo. Tinha o queixo quadrado e, quando ria, abria um pouco demais a boca, mostrando os dois dentes da frente excessivamente grandes, a principal característica que o diferenciava dos astros de cinema da época.

Uma vez por semana, Hanns saía do trabalho no centro da cidade e ia de ônibus a um prédio em Victoria. Ali, subia uma longa escada até o quarto andar e batia à porta de uma certa Mrs. Frank. Momentos depois, Frankie, como a solteirona alemã de 65 anos era chamada por Hanns, abria a porta e o recebia no apartamentinho que dava para o parque St. James e tinha um cheiro um pouco forte demais de cebola em conserva. Ela lhe ensinava os fundamentos da língua inglesa, regada a chá morno e biscoitos velhos. Num sotaque alemão difícil de entender até mesmo para Hanns, ela explicava também as bases do modo de vida inglês, como ir para o trabalho (chapéu-coco, guarda-chuva, pasta), o que servir a convidados num jantar (rosbife e pudim Yorkshire, e não íscas de fígado, nem língua de boi), e como se comportar com estrangeiros (empertigado e um pouco distanciado).

O inglês de Hanns melhorou rapidamente e, mesmo mantendo um leve sotaque alemão, já era capaz de viver as diversas situações do cotidiano, desde usar o jargão de trabalho até negociar o aluguel com a proprietária, sem se sentir constrangido.

Frankie era uma professora rígida e exigente, mas Hanns não desistia. Outra jovem alemã passou a ter aulas com ela – uma morena de 17 anos e longas pernas, chamada Anneliese Graetz. Ann, como gostava de ser chamada, também fugira recentemente da Alemanha nazista, chegando a Londres com seu irmão Wolfgang, de 14 anos. Seus pais, Paul e Käte Graez, tinham ficado em Berlim. Seu pai acreditava que tinha a responsabilidade de continuar a operar uma das maiores processadoras de cereais da Alemanha. Ann ficava extremamente preocupada com eles, mas, enquanto aguardava notícias, ia aprendendo, assim como Hanns, a se comportar na sociedade britânica.

Não demorou para que Hanns e Ann começassem a frequentar juntos chás dançantes e passear pelos parques de Londres. Ele levou-a para jantar em seu restaurante predileto, Lyons Corner House, onde lhe mostrou entusiasticamente as toalhas de mesa e a água gelada. Ann apresentou Hanns a Wolfgang, que estudava na escola St. Paul. Nas noites de sexta-feira, iam ao apartamento da mãe de Hanns para o Shabbat – o dr. Alexander ainda estava em Edimburgo –, onde costumavam encontrar Paul, Bella, Elsie e Erich. Além dos assuntos costumeiros da família, tomavam conhecimento das últimas notícias de Berlim.

Enquanto os Alexander faziam o melhor possível das estranhezas dessa vida nova, a situação na Alemanha piorava. Em 9 de novembro de 1938, mais de 250 sinagogas e sete mil lojas e pontos comerciais foram atacados, no que veio a se chamar *Kristallnacht*, a noite dos vidros quebrados. Uma dessas foi a sinagoga da Fasanenstrasse, onde Hanns e a família haviam celebrado *Simchat Torah*. Os simpatizantes dos nazistas saíram quebrando tudo em seu caminho e, por ordem de Joseph Goebbels, atearam fogo à sinagoga. Bombeiros e moradores acorreram ao local, olhando as chamas se elevarem. Eram os mesmos homens e mulheres que os Alexander tinham considerado amigos e vizinhos, cujos filhos frequentavam a mesma escola do bairro. Muitos tinham sido até pacientes do dr. Alexander. A sólida Neue Synagogue, na Oranienburgerstrasse, de domo dourado, onde Hanns fizera o *bar mitzvá*, também foi atacada, todas as Torás e móveis queimados. A sinagoga também teria sido totalmente queimada se não fosse a ação de Otto Bellgardt, um policial que sacou o revólver e ordenou que a turba se afastasse. O fato de a Neue Synagogue não ter aceito a Torá Alexander por empréstimo, em 1906, acabou sendo a salvação do livro.

Os ataques na *Kristallnacht* não se limitaram a prédios conhecidos e amados pelos Alexander. A família da namorada de Hanns também foi atingida naquela noite de terror. Na manhã seguinte aos incêndios nas sinagogas, em 10 de novembro de 1938, bandidos armados chegaram bem cedo na casa dos pais de Ann em Berlim e prenderam seu pai. Ele foi levado para a rua, onde encontrou um grupo de mais de mil judeus, foram forçados a andar até uma estação de trem e transportados para o campo de Sachsenhausen, nos arredores da cidade. Ao chegarem, mandaram o pai de Ann tirar as roupas, rasparam sua cabeça e lhe deram um uniforme listrado de preto e branco estampado com seu número de prisioneiro: 010065. Ali ele testemunhou e sofreu o horror e a violência dos campos de concentração, ainda não conhecidos pelo mundo. Contudo, Paul Graetz teve sorte. Dezoito dias após sua chegada, disseram a ele e a centenas de prisioneiros que podiam ir embora, com uma única condição: assim que chegassem em casa, iriam arrumar as malas e deixar o país. Ao sair do campo, lhe entregaram um documento de saída com sua fotografia, data de nascimento, endereço e a assinatura de um dos guardas superiores: Rudolf Höss.

Tão logo o pai de Ann chegou em casa, transferiu o dinheiro que lhe restava para o governo alemão, como pagamento da taxa de fuga, conseguiu o visto do consulado inglês e comprou uma passagem de trem para Londres.

Durante o inverno, Hanns e Ann continuaram a sair juntos, mas, à medida que a primavera se aproximava, foram se distanciando e acabaram concordando em parar de se encontrar. Ann tentou seguir em frente, indo a concertos com outros homens, enquanto Hanns se preocupava com a contínua perseguição aos judeus, que agora se alastrava pela Europa continental.

Entre 1934 e 1939, mais de setenta mil judeus fugiram dos países controlados pelos nazistas – Alemanha, Áustria, Tchecoslováquia e Polônia – para a Grã-Bretanha. Entre eles iam milhares de crianças desacompanhadas, que chegavam à Inglaterra pelo *Kindertransport*, o Movimento para Crianças Refugiadas, uma missão de última hora que salvou quase dez mil crianças judias. Os refugiados judeus eram recebidos com uma mistura de aceitação irritada, por alguns, e hostilidade aberta, por outros. Na tentativa de melhorar a assimilação, a comunidade judaica nativa da Inglaterra distribuiu panfletos aos recém-chegados, inclusive Hanns, com recomendações quanto ao modo de se comportar. Eram conselhos estranhos para eles. Diziam para "não criticar qualquer norma governamental" porque "não é assim que se faz aqui", e "não falar que isso ou aquilo era muito melhor na Alemanha" porque, "embora seja verdade em alguns pontos, nem se compara à solidariedade e à liberdade que é dada a vocês na Inglaterra".

À medida que mais e mais judeus chegavam a Londres, tornou-se óbvio que necessitavam de uma sinagoga própria. Não apenas porque falavam alemão, ou porque se sentiam deslocados participando dos cultos praticados pelos judeus-ingleses. Era mais porque sentiam falta do estilo e maneirismos de suas próprias cerimônias. Em Berlim, as sinagogas se baseavam na tradição liberal e usavam quase inteiramente os antigos textos hebreus cantados, em vez de somente lidos em voz alta, como faziam os judeus-ingleses ortodoxos e liberais nas sinagogas londrinas.

Mas uma nova sinagoga precisava superar dois problemas: não dispor de um local para fazerem as orações e não ter uma Torá. O primeiro problema foi resolvido por uma fundadora, a sra. Gluckman, que ofereceu sua sala de jantar, em Belsize Park. O segundo foi resolvido pelo pai de Hanns, que emprestou a Torá Alexander. Pouco depois, já não havia espaço para acomodar todos os que desejavam comparecer. Assim, em março de 1939 foi introduzido um culto para os refugiados alemães nas noites de sexta-feira, numa sinagoga em St. John's Wood. Em junho de 1939, esse grupo formou a Nova Associação Judaica Liberal, mais tarde conhecida como Sinagoga de Belsize Square. O pai de Hanns foi um dos membros fundadores, e a Torá da família foi entregue à sinagoga como empréstimo semipermanente.

Um mês depois, em 24 de julho de 1939, os Alexander souberam que não poderiam mais voltar ao país natal. Os nomes de Hanns, Paul, Bella, Elsie, Henny e Alfred Alexander foram publicados na *Reich Gazette* como parte da *Ausbürgerungslisten*, a lista daqueles (na maioria judeus) cuja nacionalidade alemã tinha sido oficialmente revogada. Além disso, os nazistas declaravam que todas as posses prévias dos Alexander passavam a ser propriedade do Estado. O governo alemão agora considerava a família apátrida.

Apesar do inquietante caráter definitivo dessa declaração, Hanns não ficou surpreso nem decepcionado, pois a cada notícia assustadora que chegava, sua afeição pelo povo alemão diminuía na mesma proporção em que aumentava sua decisão de construir uma vida nova na Inglaterra.

Cinco semanas depois, em 1º de setembro de 1939, os tanques Panzer de Hitler troavam na Polônia, causando indignação em todo o mundo.

Bekanntmachung

Auf Grund des § 2 des Gesetzes über den Widerruf von Einbürgerungen und die Aberkennung der deutschen Staatsangehörigkeit vom 14. Juli 1933 (RGBl. I S. 480) **erkläre ich** im Einvernehmen mit dem Herrn Reichsminister des Auswärtigen folgende Personen **der deutschen Staatsangehörigkeit für verlustig:**

1. **Alexander,** Alfred John, geb. am 7. 3. 1880 in Bamberg,
2. **Alexander,** Henriette, geb. Picard, geb. am 11. 12. 1888 in Frankfurt a. M.,
3. **Alexander,** Paul Alfred, geb. am 6. 5. 1917 in Berlin-Wilmersdorf,
4. **Alexander,** Hans, geb. am 6. 5. 1917 in Berlin-Wilmersdorf,

Anúncio oficial que cassava a nacionalidade alemã dos Alexander

O primeiro-ministro britânico, Neville Chamberlain, sentou-se diante do microfone na Sala do Gabinete em sua residência oficial na Downing Street, 10, trajado a rigor, com colarinho engomado, fraque e gravata-borboleta, para comunicar que a diplomacia havia fracassado. A Inglaterra agora estava em guerra com a Alemanha.

Quando soube que o país adotivo estava em guerra com o país natal, Hanns teve um impulso imediato de agir. Talvez fosse um desejo de aventura, talvez de vingança. Ou talvez fosse por lealdade à Inglaterra, que o tinha acolhido, e ele se sentia no dever de ir à luta, como lhe dissera recentemente seu cunhado Harold. Fosse qual fosse a causa, Hanns sabia que era impossível não fazer nada.

No dia seguinte, saiu de casa determinado a se alistar.

7

RUDOLF
OŚWIĘCIM, SILÉSIA DO NORTE
1939

Rudolf estava trabalhando em Sachsenhausen quando estourou a guerra. Acompanhou fervorosamente os dramáticos eventos, como a invasão da Polônia, a retórica belicosa transmitida todas as noites pelo rádio, as marchas nacionalistas orquestradas em Berlim, mas a guerra fez pouca diferença em sua vida. Como ajudante de campo de presos políticos, não houve mudança em suas tarefas e responsabilidades diárias: os suprimentos continuavam chegando sem problemas, as vias de transporte operavam normalmente de e para Berlim e não havia empecilhos de tempos de guerra interrompendo a rotina.

A única diferença à vista foi uma mudança na população do campo. Nas primeiras semanas de setembro de 1939, mais de cinco mil comunistas de Berlim tinham sido presos pela polícia secreta, a Gestapo, e enviados para Sachsenhausen como medida de segurança nacional. Pouco depois chegaram novecentos judeus, empresários e profissionais que haviam se recusado ou não tinham conseguido sair do país. Em novembro de 1939, em seguida às manifestações antigermânicas em Praga, 1.200 estudantes universitários tchecos foram enviados para o campo. No fim do ano, a população de Sachsenhausen tinha aumentado para 11 mil prisioneiros.

Apesar dessa afluência repentina, a vida no campo prosseguia como nos meses anteriores. De maior impacto para Rudolf foi a rápida mudança de liderança. No final de 1939, Himmler tinha substituído o Kommandant Baranowski por Walter Eisfeld, de 35 anos, ex-membro da Liga dos Artamanen. Eisfeld não durou muito tempo no cargo. Na visita oficial, em janeiro de 1940, Himmler considerou os guardas mal disciplinados e logo depois Eisfeld foi dispensado, sendo substituído por Hans Loritz, um oficial experiente que havia sido supervisor de Rudolf em Dachau. Rudolf foi beneficiado por essa rotatividade de lideranças, sendo nomeado o segundo em comando no campo.

Entretanto, Rudolf sofreu repressões sob a nova administração, pois Loritz tratou de impor imediatamente o regime brutal que instituíra em Dachau. Pior ainda, Loritz guardava rancor de Rudolf por tê-lo deixado para ir trabalhar sob a chefia de Baranowski. Em consequência disso, Rudolf ficou marginalizado e a frustração não tardou a se fazer sentir.

Richard Glücks

Mas em abril de 1940 Rudolf recebeu um telefonema de Richard Glücks, recentemente nomeado inspetor-chefe dos campos de concentração. Um homem pesado, com a cabeça parecendo pequena demais para o corpo, e o cérebro que funcionava com a mesma languidez de seus pés enormes, Glücks era valorizado por sua lealdade. Era tido como um homem que fazia o que lhe mandavam fazer. Glücks disse que Himmler queria que Rudolf montasse um novo campo na Silésia do Norte (área do Sul da Polônia anexada pela Alemanha em setembro de 1939), perto da cidadezinha de Oświęcim, chamada de Auschwitz pelos alemães, e precisava de alguém para supervisionar o local, construir as instalações e assumir a direção do campo. Estavam procurando um Kommandant enérgico e eficiente.

Rudolf ficou receoso. Sabia que Glücks o via com desconfiança, em parte devido ao seu zeloso empenho em executar todas as tarefas de que era encarregado, e em parte porque tinha ciúmes das boas relações de Rudolf com Himmler. No entanto, aceitou a proposta. Finalmente teria uma oportunidade para administrar as coisas em seus próprios termos, trabalhar com afinco e provar seu valor.

Numa noite fria e úmida, o novo Kommandant desembarcou do trem em Oświęcim. Era uma vila de 15 mil habitantes, mais da metade judeus, cerca de 60 quilômetros a oeste de Cracóvia e perto o suficiente da fronteira alemã pré-1939 para ficar sob o firme controle militar do Reich. Carregando sua mala, Rudolf atravessou os trilhos da ferrovia, a caminho do seu novo quartel-general, um hotelzinho no lado oposto à estação.

No dia seguinte, 1º de maio de 1940, Rudolf foi inspecionar o local escolhido por Himmler para assentar o campo. Era um terreno pedregoso, a uns 100 metros do estreito rio Sola, rodeado por campos pantanosos e mal cultivados, pontilhados por alguns precários chalés de camponeses. Só existiam no terreno uns poucos alojamentos de tijolos construídos para trabalhadores sazonais. Os prédios estavam em péssimo estado: as telhas vermelhas deixavam entrar a chuva, quase todas as janelas estavam quebradas, a madeira do piso estava corroída, o que restava do encanamento não funcionava e as poucas portas remanescentes descaíam tortas das dobradiças. Seria uma tarefa monumental. A força de trabalho de Rudolf consistia em trinta criminosos profissionais e um punhado de guardas trazidos de Sachsenhausen e Dachau.

Um desses guardas era Josef Kramer. Não tendo mais que instrução primária, Kramer tinha se filiado ao Partido Nazista em 1931 e, após ter sido aceito na SS, teve treinamento de guarda de campo junto com Rudolf, em Dachau. Medindo 1,95m, era um homem de forte compleição, cuja massa física intimidava. Tinha os cabelos castanho-escuros penteados para trás, deixando à mostra a testa alta. Um profundo vinco vertical dividia suas hirsutas sobrancelhas negras, e uma cicatriz de 10 centímetros em forma de lua crescente pairava logo acima de seus lábios finos. Kramer fora mandado para Auschwitz para trabalhar como ajudante de Rudolf.

Outro guarda era Franz Hössler, de 34 anos, ex-fotógrafo e ex-empregado de armazém, que, como Rudolf, crescera na conservadora região sudoeste da Alemanha. Também como Rudolf e Kramer, Hössler tinha trabalhado em

Dachau antes de ser transferido para Auschwitz. Hössler ficou encarregado da cozinha.

O campo em Auschwitz fora inicialmente designado para colocar em quarentena prisioneiros poloneses sofrendo de tifo. Agora, porém, Berlim queria usar o local para receber presos políticos poloneses detidos pelo governo-geral da Polônia, o corpo de ocupação colocado pelos alemães para governar o país. Em junho, chegaram os primeiros presos, 728 detentos de uma prisão em Tarnow. A primeira ordem de serviço foi reconstruir os velhos barracões para alojar os dez mil internos que chegariam até o fim do ano. Era necessário preparar acomodações, garantir suprimento de água, instalar cercas, abrir estradas, construir escritórios e cozinhas.

O principal obstáculo enfrentado por Rudolf foi a falta de material de construção, que não foi enviado. Os prisioneiros eram obrigados a demolir as construções das redondezas para trazer tijolos, madeira e pedras. Roubavam arame farpado de depósitos e placas blindadas de antigas casamatas. Contando com poucos veículos e ferramentas, os presos tinham que carregar tudo para o campo.

Rudolf ficou abismado, não só com as condições do campo e a falta de apoio de Berlim, mas também, à exceção de alguns homens eficientes como Josef Kramer, com a má qualidade e o tamanho reduzido de sua equipe. Ele os considerava teimosos, mal-intencionados e preguiçosos. As repetidas solicitações a Richard Glücks para arrumar mais homens eram ignoradas. Em dado momento, Rudolf decidiu que resolveria tudo sozinho. Assim, em vez de fazer contato com políticos ou planejar o desenvolvimento do campo, percorria centenas de quilômetros até a fronteira polonesa para comprar chaleiras para a cozinha, ou ia à região Oeste da Tchecoslováquia para comprar estrados e sacos de palha para as camas. Mais determinado do que nunca, Rudolf reconhecia que era uma pessoa diferente.

> Até então, eu via apenas o lado bom dos homens, principalmente dos meus camaradas, até ficar convencido do contrário. Muitas vezes minha inocente confiança me prejudicou. Mas em Auschwitz, onde descobri que meus supostos colegas de trabalho estavam sempre me enganando, eu me decepcionava todo dia, e mudei. Tornei-me desconfiado, não via nada além de fraudes em toda parte e pensava o pior dos outros. Em

cada homem que chegava ao campo eu procurava imediatamente o que ele tinha de mau. Em resultado, feri os sentimentos de muitos homens bons e decentes, e rejeitei a amizade deles. Não conseguia mais confiar nem ter fé em ninguém.

No outono de 1940, a construção do campo ficou pronta. Agora havia 22 blocos de tijolos, alinhados em fileiras perfeitas, com uma encruzilhada de pistas pavimentadas de pedras. A maioria dos prédios servia de alojamentos para os milhares de prisioneiros que tinham chegado durante o verão. Os restantes tinham usos específicos: o bloco 9 funcionava como enfermaria, o bloco 11 se destinava a detenção e punição, o bloco 20 foi isolado para quarentena de prisioneiros com doenças contagiosas. Rudolf escolheu um grande prédio com fachada de pedra, ao lado do bloco 4, para instalar seus escritórios. O campo foi cercado por uma fileira dupla de cercas de seis metros de altura, encimadas por arame farpado, e um posto de guarda a cada setenta e poucos metros. Havia uma única entrada com um grande portão duplo de ferro, uma cancela e um posto de guarda. Por ordem de Eicke, Rudolf colocou sobre o portão um arco de ferro forjado com as palavras: *Arbeit Macht Frei* (O trabalho liberta).

Algum tempo depois, Hedwig e as crianças se reuniram a Rudolf. A família se instalou numa modesta e quadrada casa de estuque de dois andares, junto ao campo, a trinta metros do rio Sola e com um caminho de terra até o novo prédio de escritórios do Kommandant.

Em novembro de 1940, Rudolf foi a Berlim para comunicar a Himmler os progressos do campo. Usando mapas e diagramas, ele apresentou um resumo das falhas, e contou ter descrito com franqueza as graves deficiências do campo naquele momento. Himmler observou que cabia a Rudolf, como Kommandant, resolver as coisas: "Como eu faria, era problema meu." Quando Rudolf levantou a questão das epidemias por falta de instalações sanitárias adequadas, Himmler o interrompeu: "Você é muito pessimista!", disse, e lembrou-lhe que estavam em guerra e devia "improvisar". Somente quando Rudolf passou a descrever o terreno, muito maior, ao lado do campo original, Himmler passou a "mostrar um vívido interesse, começou a fazer planos, emitindo uma ordem após a outra". Himmler disse que era hora de expandir as instalações e transformá-las numa estação experimental de pesquisa de técnicas e processos agrícolas. Precisavam drenar os pântanos, construir uma barragem e laboratórios, criar novos tipos de gado. Para Rudolf, o entusiasmo de Himmler foi contagioso. A conversa, que tinha começado com uma lista de queixas, terminou com Rudolf se comprometendo a fazer uma expansão maciça e irrealista do campo. Assim era sua receptividade ao poder de persuasão de Himmler.

Antes de sair, Himmler perguntou pela família de Rudolf. A pergunta o deixou emocionado e sentiu-se tratado quase como um filho predileto. Achava improvável que Himmler fizesse uma pergunta tão íntima a muita gente.

Dias depois, Rudolf mandou avisar aos habitantes da área rural perto de Auschwitz que assumiria o controle das propriedades deles. Essas terras apropriadas tinham uma área de cinco quilômetros de comprimento por seis quilômetros e meio de largura.

Os meses seguintes foram de atividade frenética, com Rudolf lutando para cumprir as ordens de Berlim, particularmente as de Himmler, a quem, acima de qualquer outro, ele não queria decepcionar.

> Desde o princípio, fiquei totalmente absorto no trabalho; na verdade, obcecado por ele. Todas as novas dificuldades só me estimulavam a me esforçar mais. Eu não queria deixar que os problemas me desanimassem; minha ambição não permitia. Concentrei-me inteiramente no trabalho.

À medida que Rudolf mergulhava no novo projeto, passava cada vez menos tempo com Hedwig e as crianças. A essa altura, Klaus tinha 10 anos, era alto para a idade e tinha o queixo proeminente do pai. As duas meninas, Heideraud com 8 anos e Brigitte com 7 (Rudolf as chamava carinhosamente de Kindi e Puppi), eram muito bonitas, ambas com longos cabelos louros, sorriso largo e silhueta esguia. E Hans-Jürgen, o caçula, com 3 anos e apelidado de Burling, era um menininho rechonchudo com forte preferência por doces.

A *villa* Höss, como era conhecida, tinha um grande jardim por onde as crianças corriam de bicicleta, com canteiros de flores, horta, estufa e um telheiro cheio de vasos e ferramentas. O jardim era cercado por um muro alto de concreto com telhas vermelhas em cima, o que dava privacidade e proteção à família. Da janela do quarto de Rudolf e Hedwig via-se todo o campo, desde os barracões dos prisioneiros, os postos de guarda, que eram pequenas torres apoiadas em plataformas de madeira a intervalos regulares, marcando o perímetro do campo, até o pátio onde ficava o antigo crematório, construído na época em que o local era ocupado pela guarnição polonesa.

A família gostava de fotografar suas atividades na *villa*. Uma foto mostra Hans-Jürgen com um amplo sorriso, sentado num enorme avião de brinquedo construído pelos prisioneiros. Em outra, as meninas estão flertando com dois belos jovens soldados de guarda perto do portão do jardim. Há uma foto de Brigitte e Hans-Jürgen nus, sentados na borda de um laguinho, olhando felizes para a câmera. Outra mostra a família almoçando numa mesa de piquenique no jardim, todos felizes e relaxados. Outra ainda mostra as crianças e o pai olhando para o lago do jardim, tentando vislumbrar algum peixe, e dois homens andando ao fundo vestidos com o uniforme listrado de preto e branco da prisão.

As crianças transformaram a *villa* num abrigo de animais de estimação. Klaus cuidava de dois dálmatas e de um cão de caça, Heideraud brincava com suas duas tartarugas, Jumbo e Dilla, que ficavam andando pelo pátio, e Brigitte levava seus ratinhos brancos até o rio Sola, atrás da casa, deixando-os brincar no capim da margem até que mãe a chamasse para casa. Havia também uma colmeia no fundo do jardim, onde Rudolf ensinava as crianças a tirar o mel sem irritar as abelhas. Brigitte gostava de colher as frutinhas maduras no pé de framboesa escorado numa treliça. Esgueirava-se pelo jardim para furtar as framboesas, torcendo para que a mãe não a visse das janelas de cima.

Ao chegar, Hedwig utilizou dois presos políticos para ajudar nas tarefas domésticas, mas achou que não trabalhavam muito e os substituiu por duas senhoras, testemunhas de Jeová. Hedwig ficou encantada com as duas prisioneiras, e disse a Rudolf que elas cuidavam da casa melhor do que ela jamais cuidara. As duas também tomavam conta das crianças, levando-as para passear, cuidando da alimentação e brincando com elas no jardim e nas margens do rio Sola. Além delas, Hedwig tinha um jardineiro, cozinheira, governanta, alfaiate, pintor, costureira, barbeiro e um motorista sempre a postos para incumbências, como buscar mercadorias na cidade e levá-la às compras. Os criados de Hedwig a chamavam de Anjo de Auschwitz.

Um dia as crianças pediram à costureira, Janina Szczurek, que lhes fizesse faixas de braço como as dos prisioneiros do outro lado do muro do jardim. Klaus, o mais velho, escolheu uma faixa de *Kapo*, os outros colocaram triângulos de várias cores, estrelas amarelas, triângulos verdes, cor-de-rosa, como os usados pelos prisioneiros, e foram brincar de prisioneiros no jardim, com Klaus dando as ordens. A diversão terminou abruptamente, quando o pai chegou. Disse-lhes que não aprovava aquela brincadeira, rasgou as faixas e triângulos e os mandou para dentro de casa. A costureira não foi punida, mas levou uma severa advertência.

Hedwig esperava que sua equipe "organizasse" as refeições, contando principalmente com Stanislaw Dubiel, um prisioneiro político polonês que trabalhava como jardineiro da casa. Bastava Hedwig mencionar calmamente que qualquer coisa faltava na despensa que Dubiel entendia a mensagem e localizava o que quer que fosse em algum lugar do campo. Os desejos dela abrangiam artigos banais, como açúcar, creme, pão, farinha, couro, que Dubiel trazia das cozinhas e curtumes do campo, até coisas mais exóticas, como roupas íntimas femininas, peças artísticas, móveis, que ele surrupiava dos bens saqueados dos presos recém-chegados. O jardineiro também era encarregado de descobrir sementes de plantas exóticas para as estufas de Hedwig. Stanislaw Dubiel falou sem rodeios da riqueza da família: "Nada faltava naquela casa, e nada poderia faltar, considerando a imensa quantidade de todo tipo de coisas acumuladas no campo."

Hedwig tinha necessidade da equipe, pois Rudolf lhe dissera que devia estar preparada para receber pessoas importantes que vinham, às vezes sem avisar, de Berlim, Munique e Varsóvia. Ela devia saber que seus convidados incluiriam Richard Glücks, chefe da Inspetoria dos Campos de Concentração, Hans Frank, governador-geral da Polônia, Adolf Eichmann, encarregado do transporte dos judeus para os campos, e o mais notável de todos, Heinrich Himmler, para quem Hedwig precisava se esforçar ao máximo na apresentação de seus pratos favoritos, pois ele tinha dor de estômago crônica e era muito meticuloso quanto ao que comia. As crianças o chamavam de Tio Heiner. Com maior frequência, ela poderia receber os oficiais superiores do campo, inclusive o médico Josef Mengele, e o ajudante de Rudolf, Josef Kramer. Para receber bem esses ilustres senhores, Hedwig achou que a casa precisava de melhorias, e Rudolf prometeu fazer tudo o que pudesse.

O hóspede mais frequente era o irmão de Hedwig, Fritz Hensel, que às vezes passava semanas na casa. Rudolf o levou para conhecer o campo, exibindo tudo o que havia conseguido. Fritz podia andar sozinho pelo campo, e pintava quadros, tomando como modelos os prédios e os prisioneiros. Numa dessas visitas, Fritz estava na *villa* tomando vinho com Rudolf, e perguntou por que Rudolf usava o termo *Untermensch*, sub-humanos, para se referir aos prisioneiros. Rudolf respondeu: "Veja por si mesmo. Não são como você e eu. São diferentes. Têm aparência diferente. Não se comportam como seres humanos. Têm números nos braços. Estão aqui para morrer."

* * *

O trabalho não dava folga. Os dias de Rudolf eram cheios de reuniões com oficiais, inspeções dos progressos no campo, recepção de visitas de dignitários do partido, chamadas telefônicas de Berlim – geralmente em altas horas da noite – e planos de expansão. Descobriu que era mais eficaz fazer ele mesmo o trabalho do que delegar para a equipe, atitude que Glücks criticava. Para impressionar os subordinados, ele acordava antes e ia dormir depois deles. No pouco tempo livre que lhe restava, Rudolf ia ao estábulo perto de casa, pegava seu cavalo e cavalgava pelas campinas ao redor de Auschwitz.

Quando a pressão de Berlim aumentou, Rudolf precisou mudar.

> Eu me recolhia cada vez mais em mim mesmo. Fiquei intratável e visivelmente endurecido. Minha família sofria, principalmente minha esposa, pois frequentemente eu era uma companhia insuportável.

Às vezes ele e Hedwig conseguiam sair de carro para assistir a um filme ou a uma peça na cidade. Mas essas diversões eram raras e Rudolf se perguntava como teria sido sua vida se tivesse permanecido na fazenda na Pomerânia. Não gostava de companhia e se tornava cada vez mais taciturno. Ciente dessa tendência, Rudolf começou, deliberadamente, a beber mais – nunca sozinho, nem o suficiente para se embebedar –, na esperança de que a bebida o ajudasse a ficar mais comunicativo, mais agradável, talvez até engraçado. Mas no fundo ele se sentia cada vez mais só.

> Minha esposa vivia tentando me tirar do casulo no qual me retraí. Ela convidava amigos de fora para nos visitar, esperando que, na companhia de meus camaradas, eu me abriria com eles, e organizava eventos sociais fora do campo com o mesmo objetivo, embora ela gostasse tão pouco daquele tipo de vida social quanto eu. Às vezes eu era induzido, por algum tempo, a sair dessa introversão deliberada, mas novos desapontamentos sempre me faziam recuar rapidamente para trás de uma parede de vidro.

Toda semana Rudolf cortava o cabelo com Jozef Paczynski, um prisioneiro político polonês de 21 anos, pequenino, tatuado no braço com um dos primeiros números, o 121. Toda semana, um guarda da SS escoltava Jozef do seu bloco de alojamento até a *villa*, onde era recebido por Hedwig. Ela o conduzia através da bem mobiliada sala de estar e subiam a escada estreita até um pequeno banheiro no primeiro andar. O Kommandant vinha, se sentava, acendia um charuto e ficava lendo o jornal. Jamais dizia uma palavra ao barbeiro.

Outro prisioneiro, Lee Abraham Biderman, que trabalhava na *villa* lustrando os móveis, arrumando as camas e limpando o chão, contou que o Kommandant tinha a "fala mansa" e, ao contrário dos guardas, "não latia", nem "usava vulgaridades". Os outros oficiais sempre batiam os calcanhares e saudavam quando o Kommandant passava. Felix Samelson, que trabalhava como alfaiate nos barracões da SS, tinha autorização para ir à cozinha da SS em troca de seu trabalho. Pegava leite e arroz, o que não era permitido aos presos comuns. Um dia, um *Kapo* o viu dando esses alimentos proibidos para a irmã e começou a bater nele com tamanha violência que Samelson temeu por sua vida. Nesse exato momento, Rudolf chegou e o *Kapo* interrompeu a surra. Rudolf perguntou ao prisioneiro: "O que você fez?" Samelson contou que estava dando comida ganha com seu trabalho de alfaiate, e Rudolf disse: "*Ach, verschwinde!*" Suma daqui. E assim sua vida foi salva.

Outros prisioneiros, porém, tinham lembranças menos favoráveis de Rudolf. Sara Juskowitz considerava o Kommandant "cruel"; durante a inspeção, "estava sempre gritando que 'o trabalho adoça a vida'". Sidney Bloom, também presente nessas inspeções – em que Rudolf fazia sermões tão longos que ficou conhecido como "O Pregador" –, lembrou que certa vez foram obrigados a ficar em pé durante três horas no pátio gelado enquanto 15 prisioneiros poloneses e russos eram trazidos para fora e enforcados por possuírem um rádio. Outro prisioneiro, Michael Vogel, que assistiu a muitos dos enforcamentos ocorridos no campo, descreveu o Kommandant como "o animal de maior sangue-frio que já vimos", e que "matar não significava nada para ele". George Klein, também prisioneiro, recordou um dia em que viu Rudolf a cavalo num terreno descampado, ao lado de uma metralhadora montada numa carroça puxada por um cavalo. Um homem subiu na carroça e abriu fogo contra uma multidão de mais de quinhentas prisioneiras que estavam de pé no terreno, com a cabeça coberta por lençóis. Klein não soube explicar por que elas estavam ali. Minutos depois, estavam todas mortas. Rudolf foi embora sem dizer uma palavra, aparentemente satisfeito com o serviço.

Rudolf Höss (segundo à direita) e Heinrich Himmler (segundo à esquerda) em Auschwitz

Era um dia quente de primavera, 1º de março de 1941, quando um comboio de Mercedes-Benz azuis conversíveis estacionou diante do escritório do Kommandant em Auschwitz. Do veículo principal saiu a imponente figura de Heinrich Himmler, com calça de lã cinzenta de caimento largo nas coxas e enfiada firmemente dentro das botas pretas de cano alto, cinturão preto apertado sobre o paletó militar e a gola ostentando três folhas de carvalho prateadas, indicando seu posto ímpar de Reichsführer. Como sempre, usava o quepe pontudo, sob o qual brilhavam seus característicos óculos de aro metálico.

Himmler viera para uma inspeção formal, acompanhado por uma turma de companheiros, governadores e oficiais do alto escalão da SS de Berlim, líderes políticos da Silésia e empresários aliados, da IG Farben. Também fazia parte da comitiva Richard Glücks, chefe direto de Rudolf, que vinha tentando tirá-lo do cargo desde que ele fora nomeado Kommandant de Auschwitz. Glücks tinha chegado mais cedo naquela manhã e avisado a Rudolf que não falasse nada negativo a respeito do campo.

Após servir um pequeno lanche em seu escritório, Rudolf fez um relato geral das melhorias feitas no campo desde seu último encontro com Himmler.

Usou mapas e diagramas para mostrar os edifícios restaurados, os que ainda seriam construídos e os planos de expansão. Respondeu com facilidade às questões colocadas pelo grupo e os convidou a um *tour* pelo campo.

O Kommandant sentou-se no banco de trás do carro com Himmler e Ernst Schmauser, chefe de um distrito local, que Rudolf sabia ser discreto. Na privacidade do veículo, Rudolf desfiou uma lista de queixas, desde a falta de recursos, a enormidade da tarefa, a ameaça de doenças devido à falta de instalações sanitárias, a superpopulação, a falta de água e até, pior ainda, à falta de apoio de Richard Glücks. Himmler não teve paciência para as lamentações de Rudolf.

— Senhores — disse Himmler, sorrindo —, essa [extensão de Auschwitz] será construída. Minhas razões são mais importantes do que seus argumentos contra elas.

Enquanto o carro sacolejava pelas ruas pedregosas do campo, Himmler observou que, em tempos de guerra, Rudolf também precisava se adaptar. Se os soldados na frente de batalha podiam dar conta, um Kommandant também podia. Ele tinha grandes planos para Auschwitz. Rudolf iria construir um outro campo, com capacidade para mais de 100 mil prisioneiros. Seria chamado Birkenau, ou Auschwitz II, a cinco quilômetros do campo atual. Disse ainda que queria construir uma fábrica de borracha sintética perto de Birkenau para a enorme indústria química IG Farben, que teria mais 10 mil trabalhadores prisioneiros. Nenhum dos campos jamais tinha abrigado quantidades tão enormes de presos, e Rudolf ficou ao mesmo tempo honrado e assustado com tamanha responsabilidade.

Quando Ernst Schmauser observou que havia falta de suprimentos e material de construção, Himmler replicou: "A expansão do campo precisa ser acelerada de qualquer maneira. Vocês terão que improvisar enquanto tocam as obras. Qualquer epidemia deve ser mantida aqui dentro, e tratada sem piedade. Eu *não* concordo com vocês acerca dos problemas de Auschwitz."

Mais tarde, quando o *tour* terminou e seus acompanhantes partiram, Himmler foi à casa de Rudolf. As crianças tinham tomado banho e vestiam as melhores roupas, Klaus e Hans-Jürgen de ternos escuros, as meninas com vestidos brancos de festa e cabelos trançados para trás. Na sala de visitas, os meninos cumprimentaram o tio Heiner com um aceno de cabeça, e as meninas, com mesuras. Tiraram fotos no colo de Himmler, que depois foram ampliadas e penduradas na parede da sala.

Atendendo à preocupação de Hedwig quanto à *villa* ser muito pequena e com decoração fora de moda para receber dignitários, Himmler disse a Rudolf que remodelasse e aumentasse a casa como lhe aprouvesse. Após um drinque rápido, Himmler se despediu, entrou no Mercedes e iniciou a longa viagem de volta a Berlim. Na despedida, as crianças ficaram na frente dos pais, acenando adeus.

As queixas de Rudolf eram pertinentes. A situação de Auschwitz tinha decaído drasticamente. À medida que o número de prisioneiros aumentava, a comida escasseava, as condições básicas de vida se deterioravam e os surtos de tifo eram frequentes. Da mesma forma, à medida que crescia a desproporção entre guardas e prisioneiros, aumentavam os ataques indiscriminados. Para controlar os prisioneiros, os guardas e os Kapos retomaram a "atitude de ódio", que tanto desagradara a Rudolf em Dachau, mas que agora ele tendia a aplicar. Muitos espancamentos terminavam em morte. Era um aviso para que os outros não desobedecessem às ordens.

Entretanto, os espancamentos não eram a principal causa de morte em Auschwitz nessa época. Em julho de 1941, Rudolf supervisionou a introdução do programa de "eutanásia" adulta. Por ordem de Berlim, detalhada por Enno Lolling, médico-chefe da Inspetoria dos Campos de Concentração, os médicos do campo selecionariam os presos supostamente incapazes de sobreviver para matá-los com uma injeção. Seguindo essa orientação, os médicos percorriam os barracões, indicando aos guardas os prisioneiros que deviam ser levados ao centro médico: doentes mentais incuráveis, tuberculosos e aqueles considerados fracos demais para suportar as duras condições do campo. Os presos selecionados eram escoltados até o centro médico, no bloco 20, onde eram chamados, um por um, para a "sala de exames". Lá a vítima era atada à mesa de cirurgia, o médico fazia algumas perguntas sobre sua idade, histórico de vida e de saúde, e então, enquanto dois prisioneiros seguravam-lhe as mãos e um terceiro lhe cobria os olhos, uma ordenança lhe aplicava uma injeção de fenol diretamente no coração, causando a morte imediata. Assim foram assassinados milhares de prisioneiros nos primeiros anos de Auschwitz, inclusive centenas de crianças. Rudolf não só estava a par desses assassinatos, como recebia relatórios diários do número de mortos e da quantidade de material médico usado nos procedimentos.

Em sua visita ao campo, Glücks lembrara a Rudolf que Himmler não queria nem ouvir falar de fugas de Auschwitz. Então Rudolf implementou uma política draconiana: para cada prisioneiro que tentasse escapar, os guardas escolheriam dez do mesmo barracão, que seriam levados aos porões do bloco 11 e deixados lá para morrer de fome. Em consequência disso, o número de presos que tentavam fugir de Auschwitz era baixo; apenas dois tentaram escapar em 1940, 17 em 1941 e 173 em 1942.

Rudolf adotou assim o regulamento brutal que havia recusado em Dachau e Sachsenhausen.

Logo em seguida à eclosão da guerra, em setembro de 1939, a Alemanha tinha obtido vitórias rápidas e significativas. As tropas de Hitler tinham avançado para o Norte e o Leste, ocupando a maior parte da Polônia, toda a Dinamarca e a Noruega, e seguido para o Oeste, chegando à França, Bélgica, Luxemburgo e Holanda. Em março de 1941, Itália, Hungria, Iugoslávia, Bulgária e Romênia uniram forças com a Alemanha, ao passo que Espanha, Portugal e Suíça ficaram neutros.

A Grã-Bretanha permaneceu sozinha. Foi a última potência europeia a resistir à colonização alemã do continente. O plano de Hitler para invadir a Inglaterra, na Operação Leão do Mar, foi adiado em vista do fracasso das ações aéreas da Alemanha na Batalha da Inglaterra, no verão e outono de 1940. Pouco depois, os aviões da Luftwaffe deram início ao bombardeio das principais cidades inglesas, na chamada *Blitz*. A Inglaterra retaliou bombardeando cidades alemãs, inclusive Berlim. No entanto, apesar desses reveses, na primavera de 1941 o domínio global pelas potências do Eixo parecia irrefreável.

Mas em junho de 1941, numa das mais críticas decisões da guerra, desafiando claramente o pacto de não agressão Molotov-Ribbentrop de 1939 com a União Soviética, Hitler enviou quase quatro milhões de soldados do Eixo para atacar Moscou, Leningrado e a Ucrânia. Foi o começo da Operação Barbarossa, que traria enormes perdas aos exércitos alemão e soviético, bem como à população civil. Seria também um fator decisivo no resultado final da guerra e no destino de Auschwitz.

Segundo Rudolf, ele foi nesse mesmo verão a Berlim para uma histórica reunião com Himmler no seu escritório, um edifício de pedra branca que ocupava um quarteirão inteiro na Prinz Albrechtstrasse, 8, a pouca distância da Postdamer Platz. O prédio abrigava o quartel-general da SS, a Gestapo e o Escritório Central de Segurança do Reich e ganhou notoriedade pelas torturas que ocorriam na "prisão domiciliar" dos seus porões.

Ao contrário dos encontros anteriores, essa reunião com Himmler foi curta e objetiva. Ninguém mais estava presente. Sentado à escrivaninha, Himmler disse sem preâmbulos:

– O *Führer* ordenou a Solução Final da questão judaica, e nós, a SS, é que vamos colocá-la em prática. Os judeus são os eternos inimigos do povo alemão e têm que ser varridos da face da Terra. Durante essa guerra, todos os que capturarmos serão exterminados, sem exceção. Se não conseguirmos destruir as bases biológicas judaicas agora, um dia os judeus destruirão o povo alemão.

Himmler continuou a dar instruções: como Auschwitz estava situada ao lado de uma grande ferrovia, e mesmo assim isolada numa área rural longe de olhares curiosos, fora escolhido para essa importante missão. Ele queria ver os planos da construção dentro de quatro semanas, disse, e, embora não soubesse ao certo quantas pessoas seriam mandadas para o campo, provavelmente seriam milhões. Explicou que, normalmente, não teria falado com subalternos, mas julgara necessário se comunicar diretamente com Rudolf porque aquela operação era crucial. Tinha pensado em dar a ordem a um oficial mais graduado, mas isso poderia criar alguma tensão com Rudolf, o Kommandant de Auschwitz, que ele escolhera porque tinha confiança absoluta na sua capacidade e discrição. Encerrando a reunião, o *Reichsführer* disse que aquele era um *Geheime Reichssache*, um assunto secreto do Reich e, como tal, ele não devia comentá-lo com ninguém, nem mesmo com Hedwig. Rudolf receberia maiores instruções do encarregado das deportações dos judeus, Adolf Eichmann.

Rudolf se lembrava dessa reunião com total clareza:

> No verão de 1941, quando [Himmler] me deu pessoalmente ordem de preparar Auschwitz para ser um local de extermínio em massa, e que eu deveria levar a cabo as execuções, eu não fazia a menor ideia da extensão e dos efeitos da matança. Certamente, era uma ordem insólita e monstruosa. Mas o raciocínio por trás do processo de extermínio me

> pareceu correto. Não pensei mais que isso na ocasião. Tinha recebido uma ordem e precisava cumpri-la. Não podia me permitir questionar se era ou não necessária essa matança em massa dos judeus.

Rudolf voltou para a Alta Silésia do Norte encarregado da missão, mas não tinha uma noção clara de como atingir o objetivo. Sabia que não era possível matar tantos prisioneiros com injeções de fenol ou a tiros. Não apenas porque as balas eram caras, mas, tendo supervisionado muitas execuções em Sachsenhausen, aprendera que elas tinham um impacto emocional no esquadrão de tiro, resultando em excesso de bebida e aumento de suicídios e, portanto, não poderiam ser usadas em larga escala.

Parte da solução foi encontrada dois meses depois, quando seu suplente, Karl Fritzch, de 39 anos, lhe falou sobre uma experiência recente. Fritzch havia jogado Zyklon B granulado – usado para exterminar os ratos do campo – numa pequena cela do bloco 11, onde estavam prisioneiros russos. Minutos depois, os russos tinham morrido. Mas havia dois problemas, disse ele. Primeiro, poucos prisioneiros seriam mortos de cada vez e, segundo, era preciso carregar os corpos em carrinhos de mão, o que perturbava os outros prisioneiros. Rudolf sugeriu que mais prisioneiros podiam ser mortos se usassem o antigo crematório do outro lado dos blocos, adjacente à *villa* onde morava. Seria também uma solução *in loco* para o problema de dar fim aos corpos.

Dias depois foi providenciado um teste maior, com novecentos presos políticos russos. Jozef Paczynski, barbeiro polonês de Rudolf Höss, estava trabalhando no bloco 4, junto ao crematório, e ao ouvir uma comoção lá fora, correu ao sótão para ver o que acontecia. Subiu num caixote, levantou uma telha e olhou para baixo. No outro lado da alta cerca de madeira que circundava o crematório, guardas da SS ordenavam educadamente a cerca de quinhentas pessoas que tirassem as roupas, deixassem-nas empilhadas e se dirigissem ao crematório. Era assustadoramente calmo. As pessoas foram empurradas para dentro do crematório e as portas foram trancadas. Um guarda da SS, usando máscara de gás, subiu pela lateral do prédio, jogou um pó por uma abertura no telhado e fechou-a rapidamente. Mesmo através das grossas paredes de concreto, Paczynski ouviu uma gritaria terrível. Os guardas ligaram o motor de dois caminhões, tentando abafar os gritos, mas Paczynski continuava a ouvi-los. Aos poucos, os gritos foram cessando. Uma hora depois os guardas abriram as portas, esperaram o local ficar mais arejado e entraram. Como não viu nenhum corpo sendo removido do prédio, Paczynski supôs que tinham sido atirados nas fornalhas que rugiam a poucos metros da sala da matança. Estarrecido, estonteado com a cena, desceu do caixote e voltou ao trabalho na sala de baixo.

Rudolf também assistiu a essa experiência. "Senti-me inquieto, com uma espécie de arrepio de aversão, embora tivesse imaginado que a morte por gás seria muito pior do que foi."

Crematório II, Auschwitz-Birkenau

Rudolf e seus homens tinham achado um método rápido e barato de matar centenas de pessoas de uma só vez, e o mais importante, se comparado a outras formas de execução, como o fuzilamento, mantinha os guardas isolados das vítimas.

Contudo, havia ainda um problema. O antigo crematório ficava a poucos metros de dois blocos de prisioneiros. As execuções por gás poderiam ser facilmente percebidas por eles. Novamente, a solução pareceu óbvia a Rudolf. Matariam os prisioneiros no recém-construído campo de Birkenau, numa das duas casas de tijolos da fazenda – a "casinha branca" e a "casinha vermelha" –, longe dos barracões principais. Mandou que as paredes internas fossem demolidas e as paredes externas cobertas de cimento, deixando-as à prova de vazamentos e prontas para uso.

Rudolf havia "solucionado" o problema colocado por Himmler, de descobrir uma técnica para assassinar centenas de milhares, talvez milhões, de pessoas. Mais tarde, ele escreveu:

Agora minha mente estava sossegada.

8

HANNS
LONDRES, INGLATERRA
1939

Em 4 de setembro de 1939, Hanns e Paul Alexander tomaram o ônibus 7 para o escritório de recrutamento da Real Força Aérea, em Acton, na zona oeste de Londres.

Os gêmeos tinham 22 anos. Entraram na fila de voluntários, foram chamados e submetidos a um rápido exame médico, ao fim do qual lhes pediram uma amostra de urina, a fim de verificarem se não estavam intoxicados e inaptos para assinar os papéis de alistamento. Não percebendo que tinham o mesmo sobrenome, a enfermeira confundiu os frascos dos dois, e precisaram voltar ao toalete. Cumprida essa etapa, foram chamados separadamente para uma entrevista com o oficial militar, que fez perguntas sobre a história deles e verificou os detalhes pessoais. No fim da manhã, Hanns e Paul foram liberados para ir embora e aguardar ordens.

Numa carta para sua irmã Elsie, escrita dias depois, na véspera do Ano-Novo judaico, Hanns explicou sua decisão de pegar em armas contra a Alemanha: "Estou certo de que todos estamos felizes ao ver que ainda existe alguma justiça no mundo, embora pareça ser uma justiça só pela força." Ele compreendia agudamente o significado dos tempos que estava vivendo, mas mantinha a esperança no futuro: "Esse Ano-Novo é provavelmente mais importante para os judeus em geral, e para nós em particular, do que qualquer outro Ano-Novo desde Moisés. Desejo-lhe a força espiritual, que os judeus sempre mostraram em tempos difíceis, para chegar ao melhor desfecho das coisas. Que os seres humanos neste mundo se tornem humanos no verdadeiro sentido da palavra", escreveu.

A disposição de Hanns de lutar por seu país adotivo não foi aceita imediatamente. O governo britânico não sabia bem como lidar com alistamentos de refugiados alemães recém-chegados. Oficialmente, eram bem-vindos todos os voluntários aptos para o serviço militar, mas havia receio de aceitar homens que poderiam se ligar a sabotagem ou espionagem. Somente três meses depois, em dezembro de 1939, os gêmeos receberam uma notificação sobre o alistamento. Hanns e Paul tinham ordem de se apresentar imediatamente ao Corpo de Pioneiros Militar Auxiliar, do qual fariam parte. Hanns recebeu o número 264280, e Paul, 264281.

O Corpo de Pioneiros Militar Auxiliar fora criado em 17 de outubro de 1939 para recrutar refugiados da Alemanha e de outros países que desejavam combater Hitler. Esses homens corriam um alto risco, pois, se fossem apanhados pelo *Reich*, seriam considerados traidores e fuzilados. Mesmo assim, dos mais de setenta mil refugiados alemães e austríacos chegados à Inglaterra entre 1933 e 1939, aproximadamente um em cada sete se alistou nos Pioneiros.

Na manhã de 24 de janeiro de 1940, Hanns e Paul se despediram dos pais e viajaram de trem para o Campo Kitchener, a três quilômetros da costa sul, perto da cidade de Sandwich. O Campo Kitchener tinha sido usado como base militar na Primeira Guerra Mundial e, desde o ano anterior, como ponto de trânsito de judeus-alemães aguardando permissão para viajar para a América e a Palestina. Instalados em barracões dilapidados que deixavam entrar a neve pelos buracos do telhado, os pioneiros faziam chacota, chamando o lugar de "Anglo-Sachsenhausen", em referência ao campo de concentração onde alguns deles tinham ficado presos. Os banheiros eram igualmente precários, instalados numa longa fileira de cabines unidas por um rego de água corrente que passava por todas elas. Uma brincadeira comum era atear fogo a um jornal e colocá-lo a flutuar corrente abaixo, queimando o traseiro dos incautos.

Ao chegar ao campo, os gêmeos foram examinados por médicos, para ver se não tinham piolhos nem tifo, e receberam uniformes cáqui. Hanns, Paul e mais cinquenta recrutas alemães e austríacos agora formavam a primeira unidade de estrangeiros inimigos vindos de Londres, a Companhia 93.

No final da tarde, Hanns enviou um bilhete rápido a seus pais. Foi escrito em papel timbrado do Corpo de Pioneiros, com o emblema de coroa, picareta, pá e espingarda no alto da página, sob o qual vinha impresso o lema do Corpo: *Labor Omnia Vincit* (O Trabalho Tudo Vence), de assustadora semelhança com o slogan *Arbeit Macht Frei* (O Trabalho Liberta) pendurado sobre os portões de Auschwitz. Ele escreveu: "Comida muito boa, almoço farto. Vamos engordar

com facilidade. Acabei de experimentar o uniforme. Serve perfeitamente. Até agora, nada a reclamar." Acrescentou que não teriam licença de fim de semana até completarem um mês de serviço, mas podiam sair após cumprir as tarefas, por volta das 5:30 da tarde. Pediu que mandassem tabaco para seu cachimbo Dunhill, pois preferia guardar o dinheiro para beber nos pubs, e finalizou dizendo que "Nunca me senti tão feliz, em nenhum outro lugar. Nenhuma preocupação".

No dia seguinte, a Companhia 93 formou fileiras no pátio de chão de terra em frente aos alojamentos, onde um sargento atarracado e de barba preta, vindo de Viena, lhes disse para jurar lealdade, em alemão, ao rei da Inglaterra. Essa exigência estava em conformidade com a tradição britânica, de que os soldados fizessem o juramento em seu próprio idioma para evitar a potencial injustiça de alistamento sem o verdadeiro consentimento deles. Mas Hanns e seu irmão ficaram indignados e insistiram em jurar em inglês. Lord Reading, comandante dos Pioneiros, concordou com eles e foi a Londres para convencer seus superiores de que seria melhor atender ao desejo dos refugiados. Assim, no dia seguinte os recrutas fizeram o juramento de lealdade na língua adotada, e assinaram o seguinte documento de renúncia:

> Eu declaro que entendo os riscos... a que eu e meus parentes podemos estar expostos devido a meu serviço no Exército Britânico fora do Reino

Unido. Não obstante, declaro que estou disposto a servir em qualquer cenário de guerra.

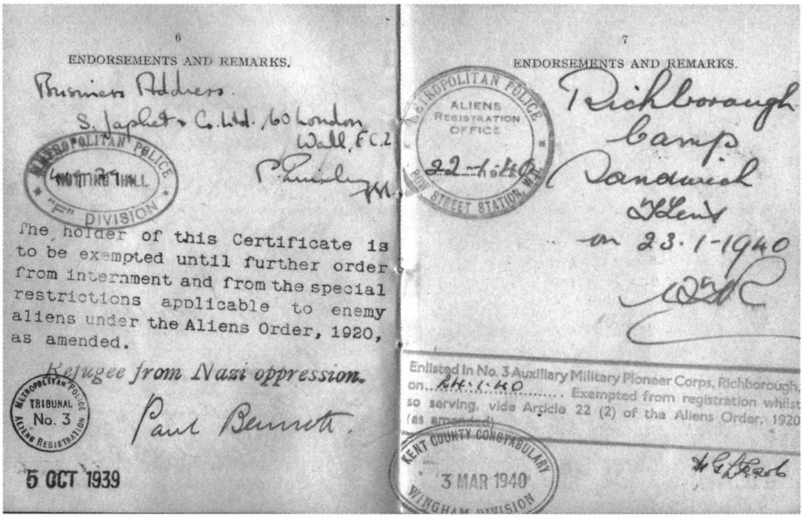

6

ENDORSEMENTS AND REMARKS.

Business Address.

S. Japhet & Co. Ltd. 60 London Wall, E.C.2

METROPOLITAN POLICE NOTTING HILL "F" DIVISION

The holder of this Certificate is to be exempted until further order from internment and from the special restrictions applicable to enemy aliens under the Aliens Order, 1920, as amended.

Refugee from Nazi oppression.

Paul Bennett

METROPOLITAN POLICE TRIBUNAL No. 3 ALIENS REGISTRATION

5 OCT 1939

7

ENDORSEMENTS AND REMARKS.

METROPOLITAN POLICE ALIENS REGISTRATION OFFICE 22-1-40 BOW STREET STATION

Richborough Camp Sandwich Kent on 23.1-1940

Enlisted in No. 3 Auxiliary Military Pioneer Corps, Richborough, on 24.1.40 .... Exempted from registration whilst so serving, vide Article 22 (2) of the Aliens Order, 1920 (as amended)

KENT COUNTY CONSTABULARY 3 MAR 1940 WINGHAM DIVISION

Mas, apesar da certeza comunicada aos pais, a designação para um exército de refugiados irritava Hanns. Ele morava e trabalhava em Londres havia quatro anos e achava que devia lealdade ao país adotivo, mesmo tendo uma mistura de sentimentos em relação à nova pátria. Em carta a Elsie, que tinha saudades da vida na Alemanha, ele concordava que ainda não se sentia tão à vontade na Inglaterra quanto na terra natal: "Não pense que Londres é um lugar paradisíaco. Eu também não acho." Contudo, se sentia ligado ao país: "Temos sorte e somos muito afortunados de pelo menos estarmos morando no mesmo país, entre pessoas que nos respeitam e talvez até se sintam um pouquinho como nós, nestes tempos intranquilos para elas também." Igualável à lealdade à Inglaterra, porém, era a raiva que sentia de sua terra natal: "Embora nos digam para não odiar, acho que podemos ter algum rancor do povo que só quer viver, mas não 'deixar viver'." Se ele tinha motivos para odiar os alemães tanto quanto qualquer britânico, ou até mais, por que não confiavam nele para pertencer às forças regulares ao exército? No entanto, agora que estava alistado, teria que fazer o que lhe mandassem.

Seis companhias se formaram no Campo Kitchener, somando cerca de trezentos homens. Receberam treinamento básico, como correr em volta do campo e marchar em formação (chamada de "malhação na praça" pelos homens), aprenderam os comandos elementares e também a polir as botas. Não havia treinamento com rifles nem revólveres porque o Corpo de Pioneiros não era considerado confiável para usar armas. Somente os oficiais britânicos andavam armados, por isso o total de armas da companhia era de cinco rifles .303 e cinco revólveres Smith & Weston 9mm.

No dia seguinte à conquista da Holanda pela Alemanha, 11 de maio de 1940, a companhia de Hanns chegou a Bruz, na França, fazendo parte da Força Expedicionária Britânica. Passaram ali quatro semanas executando trabalhos braçais, cavando trincheiras, descarregando trens, construindo estradas e, em vista da falta de armas, torcendo para não serem envolvidos em qualquer ação.

Em junho, as forças alemãs invadiram o Oeste da França, encurralando os britânicos no porto francês de Dunquerque e forçando a evacuação de mais de trezentos mil soldados aliados por uma flotilha de barcos públicos e particulares. Uma das últimas unidades a ser resgatada foi a de Hanns, que ficou esperando no viçoso gramado de uma pista de corrida em St. Malo, num dia quente do verão. Muitos tiraram o casaco e cochilavam na grama enquanto outros jogavam cartas à sombra de salgueiros podados. Ouvindo o tiroteio da linha de frente alemã a cinco quilômetros de distância, Hanns ficava cada vez mais nervoso, com medo de nunca mais voltar à Inglaterra. Para piorar a situação, tinha seu nome e local de nascimento escritos em seus documentos de identificação: *Hanns Herman Alexander, nascido em Berlim, 1917.* Sabia que, se o capturassem, seria fuzilado. Hanns e alguns companheiros acenderam uma fogueira e queimaram todos os documentos. Agora não tinham mais identidade.

Quando finalmente chegou a vez de partirem, as tropas alemãs já estavam ocupando os subúrbios da cidade. Os Pioneiros marcharam para o barco sob uma chuva de legumes podres atirados pelos residentes de St. Malo, enraivecidos por terem sido abandonados aos alemães. A Companhia 93 zarpou naquela noite num mar absolutamente calmo. Tiveram sorte, pois o barco estava tão lotado de soldados que o deque balouçava a poucos centímetros acima da linha da água. Sentados de pernas cruzadas no teto da cabine, os gêmeos cearam fatias de rosbife e uma garrafa de vinho tinto que haviam "liberado" de uma loja, comemorando a partida de última hora.

Chegando à Inglaterra, toda a Companhia 93 embarcou num trem para Alexandra Palace, local do seu novo acampamento, no norte de Londres. Dias depois, Hanns perguntou ao oficial comandante, Lorde Reading, se poderia mudar seu nome para algo que soasse menos germânico. Não queria solicitar oficialmente, numa petição direta ao governo, pois os alemães poderiam estar monitorando os jornais britânicos que publicavam essas mudanças, mas queria que seus documentos militares refletissem sua nova identidade. Reading achou a ideia sensata e dentro de poucos dias obteve autorização de Londres. Hanns recebeu seus novos documentos com o nome de Howard Hervey Alexander, sendo que o nome do meio não foi escolhido por alguma afinidade com nomes ingleses incomuns, mas porque ele não sabia soletrar "Harvey".

Hanns não encarou essa mudança como significativa. Mudar o nome foi um ato de autopreservação. Sua família continuou a chamá-lo de Hanns, e daí por diante sempre assinou H. H. Alexander, que servia para as duas identidades. Mas a mudança causou alguma confusão e, a partir de então, ele passou a ser chamado por vários nomes, sendo "Hanns", "Howard" e "Alex" os mais frequentes. Paul preferiu manter o nome, argumentando que "Paul Alexander" soava bastante inglês.

No começo de julho de 1940, Hanns e Paul, ainda servindo na mesma unidade, tiveram uma licença e tomaram um trem para a vila de Chalfont St. Peter, em Buckinghamshire, para visitar sua irmã Bella. Era um claro dia de verão e a família almoçou ao ar livre, em mesas de cavaletes armadas sob uma árvore. Depois do almoço, os dois filhos de Bella – Peter, de 7 anos, e Tony, de 4 – mostraram aos tios um buraco no jardim. Era um poço de dois metros de profundidade escavado para funcionar como um abrigo antiaéreo Anderson. O governo britânico havia advertido a nação sobre a probabilidade de ataques aéreos, e Bella decidiu que era hora de preparar um abrigo para a família. Os homens que trabalhavam no abrigo tinham ido passar o fim de semana em casa. Hanns e Paul, vendo uma oportunidade de pregar uma peça, agarraram os meninos, colocaram no buraco e deixaram os dois lá. No princípio, Peter e Tony acharam engraçado, mas, quando tentaram sair, viram que o buraco era fundo demais. Pediram socorro, mas ninguém os acudiu. À medida que os minutos se passavam, eles ficavam cada vez mais assustados e Tony começou a chorar. Peter, que gostava muito dos tios, também já não estava achando graça na brincadeira. Hanns e Paul só voltaram para tirá-los vinte minutos depois.

Alguns dias depois, os gêmeos retornaram à unidade, ainda acampada em Alexandra Palace. A partir de então, ficaram separados. Os ingleses temiam que os alemães estivessem prestes a invadir, e Hanns recebeu uma série de incumbências destinadas a reforçar as defesas de sua nação adotiva. Em Newbury, estocou alimentos para as tropas que se preparavam para combate. Em Cirencester, abriu uma clareira para ser usada como campo de treinamento. Em Weymouth, consertou um quebra-mar de proteção da base naval de Portland, ali perto. O trabalho era enfadonho, frustrante e exaustivo. No entanto, embora não fosse o que ele imaginava quando se alistou, pelo menos estava cumprindo seu dever, e pôde negociar sua folga para passar em casa as festas judaicas.

Enquanto isso, outros judeus-alemães na Inglaterra não tinham tanta sorte. Em maio de 1940, o governo britânico, chocado com as recentes vitórias militares da Alemanha na França, havia introduzido uma política de internamento de todos os refugiados recentes. Agora considerados espiões em potencial e "estrangeiros inimigos", esses refugiados eram presos, e a intenção do governo era enviá-los para o Caribe, o Canadá ou a Austrália. Cerca de 27 mil homens, principalmente judeus fugindo da opressão nazista, foram internados em campos especiais. O primeiro-ministro, Winston Churchill, defendia essa política dizendo que era necessário "prender todos na coleira".

Como recrutas do Exército Britânico, Hanns e Paul certamente ficaram isentos da internação. O mesmo não aconteceu com o cunhado, Erich Hirschowitz, coitado, que havia adotado o nome Harding e era também refugiado de Berlim. Em 19 de julho de 1940, Erich foi detido em seu local de trabalho e levado para a Delegacia de Polícia de Tottenham, onde, pela primeira e única vez em sua vida, passou a noite na cadeia. No dia seguinte, foi levado a seu pequeno apartamento em Londres, onde pegou alguns objetos e foi embarcado num ônibus junto com trinta outros refugiados. Cinco horas mais tarde, chegaram a Prees Heath, um campo de internação construído às pressas perto de Whitchurch, em Shropshire, perto da fronteira galesa. Esse "campo" nada mais era que um terreno desolado cercado de arame farpado. No centro havia uma dúzia de grandes barracas de lona com uma abertura só, contendo mesas e bancos compridos de madeira, escritórios, uma cozinha e banheiros. As condições em Prees Heath eram precárias, não havia água corrente e as rações eram mínimas.

Logo que chegaram, os internos foram avisados de que, se quisessem se unir ao Corpo de Pioneiros, seriam libertados. Erich sofria, pensando se deveria seguir a decisão de seus cunhados e se alistar no Exército Britânico, mas não estava convencido de que seria a melhor maneira de contribuir para o esforço de guerra. Elsie concordava, argumentando que o dever de Erich seria, no máximo, desenvolver seu comércio de couro. Em uma carta, Elsie contou como Hanns e Paul passavam o tempo nos Pioneiros:

> 20 de agosto de 1940
> Erich,
>
> Espero que você esteja bem e desejo muito tê-lo de volta. Estive com Hanns hoje à tarde. Ele anda tão ocupado que dificilmente vem nos ver. De manhã jogou dardos, e pingue-pongue à tarde. Às 5:30 ele tinha um encontro com uma moça, e às 8:00, com outra. Ele vai para Oxford hoje e amanhã tira o atraso do sono. Que vida, eles ficam totalmente entediados. Hoje ele telefonou para Paul, que está de volta com a companhia, esperando por Hanns lá, e também não sabe como preencher seus dias. Que coisa mais idiota!
>
> Muito amor, Elsie

Erich foi finalmente libertado quatro meses depois, em 9 de novembro de 1940, quando o governo entendeu ser improvável que os refugiados alemães representassem qualquer ameaça. Voltou para casa e retomou o trabalho com couro, convicto de que era mais produtivo do que servir com os Pioneiros.

Hanns julgou covarde a atitude de Erich. Mas a verdade é que ninguém naquele momento sabia se seria Erich ou Hanns e Paul que iriam contribuir mais para o esforço de guerra.

Durante 1941 e 1942, os Alexander conseguiram, de algum modo, manter contato com amigos e família na Alemanha. Recebiam notícias por cartas, ainda permitidas, ou por recados transmitidos por amigos e conhecidos recém-chegados à Inglaterra.

Uma pessoa com quem todos se preocupavam era Cäcilie Bing. Aos 69 anos, tia Bing achava que não iria dar conta de se adaptar a um país de língua inglesa. Em 11 de novembro de 1941, ela escreveu a sua prima em Nova York, relatando o destino de algumas pessoas conhecidas, confirmando quem estava vivo e perguntando sobre outros de quem não ouvira falar. Terminou a carta dizendo: "Meus olhos estão ficando cansados e minhas mãos estão tremendo, por isso preciso terminar. Espero ter notícias suas em breve. Sei que você dará toda a ajuda que puder, desejo-lhe tudo de bom... Cäcilie Bing."

A carta chegou à América e depois a Londres, apesar da censura. Foi a última vez que tiveram notícia da tia Bing. Histórias de detenções, deportações e campos de concentração nazistas tinham começado a aparecer nos jornais ingleses e americanos no início daquele ano. Hanns sabia que o pai de Ann havia passado algum tempo em Sachsenhausen e, embora os detalhes fossem imprecisos e muitas vezes contraditórios, a ideia de que tia Bing tivesse sido levada para um desses lugares era assustadora. Hanns tinha esperanças de que ela ainda estivesse viva em Frankfurt.

Hanns e Paul viram que a única maneira de serem tratados com respeito no Exército Britânico era se tornarem oficiais. No final de 1942, haviam passado dois anos no exército fazendo pouco mais que trabalhos braçais. Tinham visto tantas batalhas quanto seu cunhado Erich, que continuava a vender couro em Londres. Foi então que as petições dos gêmeos finalmente foram aceitas e eles seguiram para a Unidade de Treinamento de Aspirantes a Oficial, OCTU, em Lincolnshire.

Eles chegaram à OCTU em 3 de janeiro de 1943. As quatro primeiras semanas foram de ensino teórico. Tiveram aulas de táticas de campo, comunicações, aprenderam a dar e receber ordens e, talvez o mais importante, disciplinar aqueles sob seu comando. Depois foi a vez de "exercícios e táticas de batalha", que consistiam em correr através de rios e rastejar na lama, às vezes durante a noite, para mostrar que poderiam liderar e ao mesmo tempo suportar sofrimento físico. Hanns escreveu aos pais: "Não é bem o que desejamos, mas não adianta. Vamos tentar fazer o melhor possível, mas decidimos que não vamos nos matar; é de fato extenuante, mas se os outros, quase todos muito mais velhos, conseguem, por que não nós?"

Dois meses depois se formaram e, seguindo as normas do exército, de evitar que irmãos servissem na mesma companhia, foram novamente separados. Paul foi para o Comando Norte do Exército Britânico, e Hanns, para o Comando Sul. Agora ambos eram tenentes, felizes por finalmente terem o respeito que julgavam merecer, e usavam com orgulho suas armas. Os dois novos oficiais foram cada um para sua unidade, e ficaram aguardando ordens.

Não foi senão em 20 de julho de 1944 que Hanns, agora na Companhia 239, retornou à França, tomando parte no Desembarque na Normandia, o primeiro estágio do ataque terrestre aos alemães. Apesar de ter chegado ao solo francês seis semanas após os primeiros soldados americanos e ingleses terem lutado pelo controle das praias da Normandia, perto da vila de Arromanches, a área ainda estava em plena atividade: milhares de soldados lotavam as areias da Gold Beach, filas de homens subiam os outeiros relvados a cem metros da arrebentação levando suprimentos desembarcados no enorme porto construído ali, equipes de homens com as calças arregaçadas acima dos joelhos descarregavam tanques e veículos blindados, tropas que estavam morando na praia havia algum tempo corriam em formação ao longo da beira da água. No final da guerra, essa praia iria servir de porta de entrada para mais de 2,5 milhões de soldados.

Hanns e sua companhia receberam ordens de supervisionar um pequeno grupo de oficiais alemães capturados no dia anterior. Os prisioneiros eram mantidos num campo aberto, sem arame farpado. A única demarcação desse campo improvisado era composta por fitas brancas antiminas amarradas em árvores. E os judeus-alemães que tinham sido obrigados a deixar suas casas e agora vestiam uniformes britânicos ficaram encarregados de controlar seus opressores. Era uma situação estranha, inusitada.

Duas semanas após a chegada de Hanns à França, a companhia de Paul desembarcou na praia. Paul começou imediatamente a procurar pelo irmão, gêmeo idêntico. Caminhou sem rumo certo, até que um recruta se aproximou e o saudou.

– Você me viu por aqui agora há pouco? – perguntou Paul.

– Sim, ali – disse o homem, apontando para a praia. – Cinco minutos atrás.

Paul encontrou Hanns numa revista de tropas a pouco mais de cem metros de distância.

– Qual de vocês é o meu? – gritou o major de Hanns.

– Sou eu – disse Paul, com audácia.

– Você é o meu?

– Não, sou eu – respondeu Hanns. Os gêmeos não tinham essa diversão desde os tempos de se alternar nas aulas em Berlim.

Depois de passar algumas horas juntos, Hanns e Paul tomaram caminhos separados. Paul seguiu para Caen, onde iria carregar e descarregar suprimentos de trens, e Hanns foi para as unidades médicas que funcionavam num enorme mar de tendas de lona cor de creme, chamadas de Harley Street. Ali ele foi encarregado de supervisionar o pessoal não médico, o que significava organizar os padioleiros e escalar as equipes de limpeza. O maior problema era a falta de comida e bebida. Tinham pacotes de batatas desidratadas, por exemplo, inúteis sem água potável. Tendo tantas bocas a alimentar e um caminho longo demais para a chegada de suprimentos, Arromanches era um pesadelo logístico. Os soldados tinham que dar um jeito qualquer até que chegasse outro navio de suprimentos.

Semanas depois, Hanns soube que a companhia de Paul estava lá perto e mandou dizer que se encontrassem num café na praça principal de Bayeux, uma vila perto de Arromanches. Hanns se atrasou, porém, e chegou pouco depois das sete da noite. Passou entre as mesas vazias na calçada e entrou no café, que, apesar da luz fraca, estava cheio de risadas e fumaça de cigarros. Era noite de sexta-feira e as pessoas estavam dispostas a gastar tudo o que tinham no bolso.

Não vendo Paul por ali, Hanns pediu uma cerveja e perguntou a um oficial que bebia no balcão se tinha visto alguém parecido com ele.

– Sim, vi – disse o oficial. – Ele deixou um recado. Disse que lamentava não poder esperar e o encontraria amanhã, às sete da noite.

O oficial convidou Hanns para beber com seus amigos numa mesa no canto. Hanns sentou-se junto a uma mulher chamada Jenine, uma moreninha com um vestido florido que lhe chegava logo abaixo dos joelhos.

– *Enchanté* – disse ele.

Era uma das quatro palavras em francês que ele conhecia. Jenine retribuiu o sorriso e continuou a conversar com a pessoa ao lado. Poucas horas depois o grupo saiu cambaleando para jantar na casa dela, e Hanns, que mal havia trocado uma palavra com a moça, foi convidado para passar a noite.

Na noite seguinte, Paul estava à espera na hora combinada, no bar do café, quando seu irmão entrou.

– O que houve com você ontem? – perguntou Paul.

Hanns se desculpou pelo atraso, e contou o que tinha acontecido.

– Só disse *enchanté* para uma moça e foi o bastante para dormir com ela!

– Não me admira – disse Paul, rindo. – Passei a tarde toda conversando com ela.

Isso aconteceu em setembro de 1944. Os Aliados já tinham uma posição firme no continente europeu. Antes que a guerra acabasse, precisavam tomar o resto da França, Bélgica e Holanda, e então rumar para a Alemanha, chegando a Berlim. A guerra de Hanns estava prestes a ficar muito mais séria.

9

RUDOLF
OŚWIĘCIM, POLÔNIA
1942

O primeiro trem carregado de judeus para Auschwitz chegou em janeiro de 1942. Exaustos e desorientados depois da viagem, homens, mulheres e crianças foram tirados do trem em Birkenau, de onde aqueles considerados capazes de trabalhar seguiam adiante e os demais eram escoltados por 500 metros até uma das pequenas casas de fazenda atrás do campo. Ali, ignorando o destino que os aguardava, recebiam ordens de se despir atrás de tapumes especialmente montados para isso. Numa das portas da casa estava escrito "Sala de Desinfecção", e para lá os guardas direcionavam os prisioneiros, dizendo-lhes, com ajuda de intérpretes, que se lembrassem de onde tinham deixado suas bagagens para que as localizassem depois que estivessem limpos. Nus, os presos entravam na sala de desinfecção, duzentos ou trezentos de cada vez, e a porta era trancada por fora. Guardas a postos no telhado despejavam lá dentro duas latas de Zyklon B granulado. Dez minutos depois, todos os prisioneiros estavam mortos. Uma hora mais tarde, a porta era aberta pelos *Sonderkommandos*, grupos de prisioneiros judeus obrigados a ajudar no procedimento, que arrancavam anéis e dentes de ouro dos cadáveres e empilhavam os corpos em valas fundas junto as casas. Quando havia cerca de cem corpos em cada vala, ateavam fogo às pilhas usando pedaços de pano embebidos em gasolina. À medida que as chamas subiam, adicionavam outros corpos. Enquanto queimavam, a gordura dos corpos era recolhida das beiradas da vala em baldes de metal e jogada de volta na pilha para acelerar o inferno. O fogo levava de sete a oito horas até se extinguir. Uma vez frios, os ossos remanescentes eram retirados pelos *Sonderkommandos* e esmagados com grandes pilões de madeira sobre plataformas de concreto. As cinzas resultantes eram carregadas em caminhões e jogadas no rio Vístula, poucos quilômetros adiante.

Em todo esse processo, Rudolf fazia questão de ser visto dando o exemplo. Não queria que o julgassem incapaz de cumprir aquele dever:

> Eu precisava ver tudo que estava sendo feito. Dia e noite, eu tinha que ver os corpos sendo recolhidos e queimados, os dentes sendo quebrados, os cabelos cortados, tinha que testemunhar todos os horrores, horas após hora. Tinha que ficar lá naquele fedor medonho, sinistro, enquanto as valas comuns eram cavadas e os corpos eram queimados. E também, a pedido dos médicos, tinha que olhar pelo postigo da câmara de gás para ver os internos morrendo. Tinha que fazer tudo isso porque todo mundo estava de olho em mim, e cabia a mim mostrar que eu não só dava as ordens, mas também estava preparado para estar tão presente quanto os homens que eu comandava e exigia que estivessem presentes.

E assim, sob o olhar atento de Rudolf, foi criado o mecanismo de assassinato em massa.

Em julho de 1942, por sugestão de Himmler, Rudolf foi a um campo situado perto da vila de Treblinka, quatro horas de carro a nordeste de Auschwitz. Escondido nas remotas florestas do Norte da Polônia, o campo media apenas 270 por 450 metros. Ali não havia alojamentos, nem fábricas para os prisioneiros trabalharem como escravos. O único propósito de Treblinka era o extermínio de judeus e outros considerados inimigos do Estado.

Quando Rudolf chegou, o campo tinha acabado de receber um carregamento do gueto de Varsóvia. Ele viu homens, mulheres e crianças sendo descarregados de vagões de gado e tocados por entre o que era conhecido como "o túnel", isto é, duas fileiras de guardas gritando instruções, gesticulando e dando coronhadas nos desobedientes. Os prisioneiros foram obrigados a entrar num *bunker* no fim do túnel, os guardas trancaram as portas e enfiaram um cano de escapamento de motor a diesel no interior do espaço fechado. Quando supuseram que todos os presos tinham morrido, abriram as portas para deixar sair o gás tóxico. Uma hora depois, arrastaram os corpos para fora e os jogaram em valas abertas, onde mais tarde foram queimados.

Rudolf não se impressionou com os métodos brutais empregados em Treblinka, onde oitenta mil pessoas tinham sido mortas nos últimos seis meses.

As câmaras de gás do campo eram limitadas a matar duzentas pessoas de cada vez. Não havia um método fácil para dispor dos cadáveres e o comandante do campo pouco ou nada fazia para enganar os prisioneiros, resultando em cenas angustiantes de luta e resistência. Ele viu que, para manejar a quantidade de presos que em breve chegariam a Auschwitz, precisava projetar um sistema mais eficaz, que operasse em grande escala, como uma fábrica, funcionando todos os dias, sem estressar desnecessariamente os guardas nem os outros prisioneiros do campo.

Nos meses seguintes, Rudolf e sua equipe se concentraram na melhoria dos métodos de matança. Três crematórios novos e maiores foram construídos mais perto da linha férrea. Quando ficaram prontos, Rudolf ordenou a Franz Hössler que reunisse uma equipe de *Sonderkommandos* para desenterrar as dezenas de milhares de corpos que haviam sido enterrados nas valas comuns em torno do campo Auschwitz I. Os corpos seriam transportados para Birkenau, onde seriam queimados em um dos novos crematórios. Uma vez cumprida a tarefa, os *Sonderkommandos* seriam mortos e Hössler ajudaria com a nova leva de prisioneiros.

Rudolf e seus oficiais adotaram então a rotina de separar os fortes e os fracos, os jovens e os velhos na chegada a Birkenau. Essas "seleções" seriam administradas por médicos do campo na plataforma de desembarque, assim que os prisioneiros saíssem dos trens. Quando eram desembarcados, exaustos, meio mortos de fome e aterrorizados depois dos vários dias de viagem em vagões de gado superlotados, os prisioneiros eram recebidos por guardas armados de metralhadoras apressando-os aos gritos de *Schnell! Schnell!*, com cães que avançavam arreganhando os dentes e latindo ameaçadoramente, enquanto um médico andava por entre as filas de gente, separando famílias, formando grupos de homens e mulheres, e depois grupos que iriam para trabalhos forçados nas fábricas ou para as câmaras de gás. O processo era rápido. As crianças eram arrancadas da barra da saia das mães, maridos eram afastados das esposas, irmãos separados de irmãs. Se algum prisioneiro desobedecesse, era agarrado pelos guardas, levado a pequena distância e morto a tiros.

Os prisioneiros "salvos" eram levados ao bloco Kanada, onde lhes tiravam todos os objetos, desde os essenciais, como sapatos, meias, calças, camisa, casacos, roupas íntimas, botas, até os de valor, como ouro, joias, relógios, malas, obras de arte, tudo o que pudesse ser trocado por dinheiro ou pela liberdade.

Obrigados a se despir, tinham a cabeça raspada e eram empurrados para debaixo de um chuveiro onde eram borrifados com desinfetantes químicos. Ainda nus, e já totalmente degradados, eram levados em fila para outra sala onde eram marcados no braço esquerdo, com um aparelho de uma única agulha para perfurar a pele de cada um com seu número de série. Os prisioneiros recebiam então uniformes desengonçados, de calças ralas listradas de preto e branco, uma camisa, um chapéu, e marchavam em colunas de cinco em direção a seus alojamentos, as mulheres para um lado e os homens para outro.

Os prisioneiros "selecionados" eram empurrados para fora desse bloco até as "casas de banho", onde lhes diziam que iriam tomar um banho e tirar os piolhos. Já na grande sala tétrica, mandavam que tirassem as roupas. As portas eram trancadas. O gás saía de chuveiros falsos. Assim eram mortos mais de dois mil prisioneiros de uma só vez. Uma vez concluída a matança, os *Sonderkommandos* arrastavam os corpos para fora e os jogavam nas fornalhas adjacentes. Todos os indícios de resistência eram removidos antes da chegada do grupo seguinte. Após um certo número desses ciclos de assassínio e limpeza, os próprios *Sonderkommandos* eram reunidos e obrigados a entrar na câmara de gás.

Geralmente, Rudolf deixava os oficiais subalternos cuidarem dos prisioneiros no desembarque, mas às vezes era requisitado para entrar em ação. Em 23 de outubro de 1943, quando os doentes, os velhos e os muito jovens desembarcados do último transporte do campo de concentração de Belsen eram levados para a câmara de gás, uma prisioneira, mencionada como uma jovem dançarina muito bonita de Varsóvia, resistiu às ordens. Atirou seu sapato num guarda, agarrou o revólver dele e deu-lhe um tiro no estômago. Dois terços dos presos já tinham entrado para se despir, e os que ainda estavam de fora entraram na briga. De repente os guardas e os *Sonderkommandos* se viram diante de centenas de pessoas os atacando com tudo o que pudessem pegar. Na confusão, arrancaram as luminárias que pendiam do teto e um dos guardas da SS, que viera ajudar os *Sonderkommandos*, foi esfaqueado até a morte. Foi nesse momento que Rudolf chegou, depois de chamado com urgência em seu escritório no campo principal.

Rudolf assumiu o comando imediatamente, ordenando que fechassem as portas da câmara e abrissem o gás. Dez minutos depois, Rudolf e um grupo de guardas armados entraram na sala de despir, inteiramente às escuras, levando tochas e empunhando armas, e empurraram os prisioneiros para os cantos. Um a um, foram levados para uma sala adjacente ao crematório e mortos a tiros.

De vez em quando, algum guarda incomodado com as câmaras de gás procurava Rudolf, perguntando se aquilo era mesmo necessário. Ele respondia que não tinha dúvida, sendo ordens diretas de Hitler, e era necessário matar todos os judeus, a fim de livrar a Alemanha de seus piores inimigos. Mais tarde, porém, Rudolf afirmou que tinha grandes aflições, que não podia revelar a ninguém, muito menos àqueles que trabalhavam com ele.

> Todo mundo ficava olhando para ver a impressão que cenas como essas descritas acima causavam em mim, como eu reagia a elas. Eu era observado atentamente, tudo o que eu dizia era comentado. Eu precisava exercitar um grande autocontrole para não deixar que minhas dúvidas pessoais ou meu sentimento de opressão transparecessem em minha agitação depois dessas experiências. Eu precisava parecer frio e impiedoso enquanto assistia a coisas que abalariam o coração de qualquer pessoa que tivesse algum sentimento humano. Eu não podia sequer virar de costas quando emoções humanas demais assomavam em mim. Precisava assistir, impassível, às mães entrando na câmara de gás com seus filhos rindo ou chorando.

É impossível saber se Rudolf tinha realmente essas dúvidas. Só sabemos é que ele trabalhava de forma diligente e inteligente para construir os meios de execução de massa, e esperava ansiosamente a aprovação de Himmler.

Até então, para lidar com o horror do trabalho, Rudolf vinha compartimentando sua vida. Por mais arrepiantes que fossem as experiências do dia, à noite ele era capaz de voltar ao aconchego da família. Mas qualquer alívio que essa existência dupla proporcionava evaporou quando o trabalho foi intensificado.

> Em casa, eu tinha frequentemente meus pensamentos ocupados com certos procedimentos, com as mortes. Então, eu precisava sair de casa. Não conseguia mais suportar ficar sentado confortavelmente no círculo familiar. E me vinham ideias ao ver meus filhos brincando alegremente, minha esposa radiante com o caçula. Quanto tempo mais, eu

> me perguntava, sua felicidade vai durar? Minha esposa não conseguia entender meu humor sombrio, mas o atribuía às minhas preocupações com o trabalho. Em muitas noites, parado na plataforma dos trens, ou perto das câmaras de gás, ou dos fornos, eu só conseguia pensar em minha mulher e meus filhos.

Tal como acontecia desde a infância, Rudolf encontrava consolo em seus cavalos. Quando não conseguia mais tolerar a vida, selava o cavalo e "cavalgava para banir as imagens terríveis", ou se esgueirava no estábulo à noite, encontrando "paz entre meus adorados cavalos".

A matança continuava. Entre 1940 e 1944, mais de 1,3 milhão de prisioneiros chegou a Auschwitz. Desses, 1,1 milhão morreu, sendo 1 milhão de judeus, 75 mil de etnia polonesa, 21 mil roma (ciganos) e 15 mil prisioneiros de guerra russos.

Sua atuação em Auschwitz era reconhecida em Berlim. Em 29 de julho de 1942, um capitão do gabinete do *Reichsführer* mandou um memorando para o Departamento de Pessoal da SS informando que Rudolf Höss tinha sido promovido a major da SS. Himmler estava satisfeito com o trabalho de seu *protégé*.

No final de 1942, o complexo de Auschwitz se expandira. Era constituído pelos dois primeiros campos, Auschwitz I e Auschwitz II/Birkenau, e duas novas instalações importantes. Além desses, mais de quarenta subcampos que tinham surgido em torno de Auschwitz, sendo que muitas dessas instalações-satélites eram alojamentos de prisioneiros que trabalhavam nas fábricas locais. Embora o gás fosse dominante em Birkenau, dezenas de milhares de prisioneiros encarcerados nos campos jamais viram os crematórios. Eram homens, mulheres e crianças que trabalhavam nas fábricas dos arredores e, assim como qualquer outro diretor de prisão, Rudolf achava complicado administrá-los.

Desenvolveu várias estratégias. Impôs severa disciplina em todo o campo, exigindo respeito absoluto pela autoridade, sem qualquer tolerância com desobediências. Ordenou que todos os presos trabalhassem arduamente por longas horas. Isso exauria tanto os prisioneiros que os desanimava de qualquer ideia de rebelião. Chegou a instalar um bordel, usando as prisioneiras do setor feminino do campo, acessível aos guardas e aos internos não judeus que merecessem uma recompensa.

Talvez a mais exótica das estratégias de pacificação de Rudolf tenha sido a *Lagerorchester*, a orquestra do campo. Quando esteve prisioneiro, nos anos 1920, Rudolf aprendera o valor da música clássica para acalmar a mente do criminoso mais empedernido. Aplicou a lição em Auschwitz e criou uma orquestra composta por profissionais e amadores. Os músicos recebiam instrumentos roubados de outros prisioneiros, e eram transferidos para um Bloco da Música, onde judeus e não judeus moravam juntos.

Em poucos meses a orquestra foi dividida em duas, formando uma orquestra sinfônica com oitenta músicos e uma de metais com mais de 120. A competição por um lugar nessas orquestras era acirrada, pois os músicos desfrutavam de privilégios, como maiores rações de comida e melhores dormitórios e, o mais importante, geralmente estavam a salvo das câmaras de gás.

Parado no portão da frente do campo, Rudolf fiscalizava os prisioneiros sendo escoltados, em perfeitas colunas de cinco, para o trabalho na fábrica da IG Farben, e na volta ao campo, à noite, todos vinham de cabeça baixa e mal conseguindo andar. Ao lado dele ficava a orquestra, cujo ritmo constante ajudava os presos a marchar com rapidez, no compasso da música. Apesar de pobremente vestidos e incapazes de proteger os instrumentos, os músicos tocavam canções alemãs com qualquer tempo, quer estivesse chovendo, nevando ou fazendo um calor sufocante. A orquestra tocava até durante as execuções que aconteciam domingo à noite.

Os outros campos sob o comando de Rudolf também tinham orquestras. A Orquestra de Mulheres de Birkenau não só tocava todos os dias na entrada do campo, como dava concertos ocasionais na casa da guarda da SS para os administradores e visitantes importantes. Nessas ocasiões, tocavam peças clássicas como se nada estivesse acontecendo a seu redor: árias do *Rigoletto* e de *Madame Butterfly*, a *Marcha militar* de Schubert, e os *Contos dos bosques de Viena*, de Johann Strauss.

Muitos oficiais superiores dos campos iam a esses concertos, inclusive Josef Kramer, agora promovido a chefe de Birkenau, Josef Mengele, um dos médicos do campo, Franz Hössler, chefe das unidades de *Sonderkommandos*, Irma Grese, uma loura de olhos azuis, de 20 anos, que tinha o segundo mais alto cargo na guarda feminina do campo de mulheres de Auschwitz, e Elizabeth

Volkenrath, de 23 anos, que às vezes assumia a chefia do campo de mulheres. Rudolf também comparecia a esses concertos.

Recordando tudo o que o campo tinha a oferecer, Rudolf disse: "Realmente, eu não podia dizer que a vida em Auschwitz era enfadonha."

Nesse ponto, a família de Rudolf era extremamente bem cuidada. A vida na *villa* era um "paraíso", dizia Hedwig. "Quero viver aqui até morrer." Com a aprovação de Himmler, ela coordenou a restauração da *villa*: pintura nova, cozinha modernizada, obras de arte e tapeçarias roubadas dos prisioneiros judeus penduradas nas paredes. Quase toda a mobília da casa era feita pelos prisioneiros. Não roubados eram alguns quadros pintados pelo irmão de Hedwig, Fritz Hensel, com paisagens do castelo de Oświęcim e do rio Sola. O assoalho de tacos de madeira era coberto de tapetes em cores fortes e nas janelas pendiam cortinas coloridas adornadas com rendas.

A cozinha ficava no andar térreo da *villa* Höss, com o fogão e uma despensa muito bem abastecida. Ao lado da cozinha, a sala de estar tinha um sofá, três cadeiras, duas mesas laterais e um abajur de pé. Depois ficava a sala de jantar, com uma mesa oval que podia ser estendida para caber oito pessoas, cadeiras de couro e dois aparadores com prateleiras esmaltadas. Rudolf tinha um escritório, que só podia ser acessado pela sala de estar, onde ele trabalhava numa grande escrivaninha cuja superfície era coberta de fotos da família protegidas por plástico transparente. No escritório havia duas poltronas de couro e um armário comprido e estreito, no qual Rudolf guardava livros, papéis e garrafas de vodca.

No primeiro andar havia três quartos e uma sala de brinquedos. O quarto de Rudolf e Hedwig era mobiliado com duas camas de nogueira clara, uma poltrona de couro tão grande que se podia dormir nela e um guarda-roupa para cada um. Pendurado na parede acima da cama havia um grande quadro a óleo com motivo de coroa de flores do campo. No quarto de hóspedes havia duas camas grandes de madeira escura, um armário e uma estante. As paredes eram revestidas de papel com flores lilases e folhas num tom mais escuro. O sótão fora convertido em três quartos, para que os criados pudessem dormir na casa e atender prontamente aos membros da família.

Rudolf e Hedwig tentavam manter alguma normalidade na vida dos filhos. Os quatro frequentavam a escola na cidade de Oświęcim, onde Heideraud ficou conhecida como "Rainha Nazista" devido à posição de seu pai e as riquezas que os cercavam.

O pai os levava de carro aos estábulos, onde davam maçãs para os cavalos e os acariciavam. Ele os acompanhava também aos canis, onde brincavam com os cães. Nos fins de semana, Rudolf passeava pela casa, com um charuto de aroma doce nos lábios, ouvindo música clássica no gramofone. Às vezes, todos se sentavam na sala de estar e Rudolf perguntava às crianças o que tinham feito durante o dia e sobre os eventos na escola, ou lia para elas histórias de seus livros infantis favoritos, como *João e Maria*. Em ocasiões especiais, Rudolf os levava para remar no rio Sola. No Natal, as crianças vestiam casaco, chapéu, cachecol, e, enroladas em pesados cobertores de lã, cruzavam as campinas cobertas de neve, num trenó puxado a cavalo, para ir a uma festa numa das aldeias próximas. Divertiam-se com as maravilhas das encenações da Natividade e cantavam cantigas natalinas. Na volta para casa, novamente embrulhadas nos cobertores, as crianças se aqueciam tomando uma caneca de chocolate quente, aconchegadas ao pai e à mãe.

Eram momentos felizes, de indolência, furtados à implacável pressão da programação febril do trabalho de Rudolf. No entanto, esses momentos eram raros e Rudolf lamentava não poder passar mais tempo com a família, sempre achando que havia mais trabalho a fazer. "Sempre tornei a vida mais dura para mim do que de fato era, por causa de um senso de dever muito forte."

Embora as crianças Höss talvez não notassem as câmaras de gás, a mãe sabia dos assassinatos em massa do outro lado dos muros do jardim. Rudolf recordou que certa vez ela ouviu um administrador falando sobre o programa de extermínio. Aparentemente muito abalada, Hedwig perguntou a Rudolf se o que ouvira era verdade, e ele repetiu a explicação de Himmler: os judeus eram uma ameaça à civilização, precisavam ser exterminados, e se o *Reichsführer* assim ordenara, devia ser feito.

A reação de Hedwig parece ter sido mista. Por um lado, sentia-se suficientemente confortável com o trabalho do marido para continuar morando junto ao campo de Auschwitz, a um muro de distância dos horrores do crematório. De certa forma ela concordava com a visão de Himmler, e disse uma vez, no jardim, que os judeus "devem desaparecer da face da Terra, até o último deles". Por outro lado, Rudolf afirmou que Hedwig ficou profundamente abalada quando soube dos assassinatos em massa no campo e, por isso, cortou as relações sexuais com ele. Mais provavelmente, ela as cortou porque Rudolf voltou sua atenção para outra mulher.

Na primavera de 1942, uma bela mulher chamada Eleanor Hodys foi trabalhar na *villa* Höss. Era uma prisioneira austríaca não judia, de 39 anos, que chegara a Auschwitz dois meses antes, acusada de ter falsificado uma carteira de membro do Partido Nazista. Quando Hedwig precisou de alguém para restaurar o tapete do hall, Eleanor, que era exímia costureira, foi trazida para fazer o conserto.

Ela ficou dois dias agachada, trabalhando lentamente e com o maior cuidado para fazer os reparos. Rudolf passou por ela diversas vezes. A certa altura, perguntou se o nome dela era Hodys. Ela disse que sim, e ele falou que ela não deveria estar trabalhando em sua casa porque era prisioneira política, mas já que Hedwig gostava dela, podia ficar.

Nas semanas seguintes, Eleanor ficou muito ocupada com uma série de projetos na *villa*, como consertar uma tapeçaria rasgada, um buraco numa almofada de seda, cerzir um tapete de lã do carro do Kommandant. Ela ainda dormia no campo, mas já comia na cozinha da casa com os outros ajudantes e recebia guloseimas com que os prisioneiros só podiam sonhar: tortas, bolos, carne, sopa, salada de frutas, café. Para ela, a comida era tão boa quanto a que se saboreava num bom hotel antes da guerra.

Pouco depois de começar a frequentar a *villa* Höss, Eleanor percebeu o interesse de Rudolf. As atenções não se limitavam à casa da família, pois ele logo passou a procurá-la no campo, fazia piadas e contava histórias para fazê-la rir. Apesar de ciente do perigo, ela se sentia estranhamente atraída por ele. Quando conheceu Rudolf, ela morava com três moças num dos alojamentos de tijolos vermelhos, e pouco depois passou para um quarto individual no bloco 4, com permissão para decorá-lo como quisesse. Tinha também permissão para ter cigarros, que eram estritamente proibidos aos outros prisioneiros. Tinha até o extraordinário privilégio de ocasionalmente passar a noite na cidade vizinha, com uma criada e uma cozinheira ao seu dispor.

Em maio de 1942, Eleanor se viu sozinha na *villa* com Rudolf. Ele se aproximou sem que ela notasse e beijou-a nos lábios, assustando-a tanto que ela se trancou no banheiro. Era impossível ter um relacionamento com Rudolf, pois não só era casado, como era o Kommandant. Ela decidiu nunca mais voltar à *villa* Höss.

No entanto, não bastou manter distância. Em setembro de 1942, Eleanor foi chamada de volta à *villa*, onde Hedwig dispensou formalmente seus serviços. Duas semanas depois, Eleanor foi presa e levada para o bloco 11, o temível bloco de interrogatório, por uma suposta infração cometida na casa. Após escrever a Hedwig e Rudolf alegando inocência, foi liberada temporariamente, mas logo voltou a ser detida no bloco 11. Foi colocada na cela 24, com cama, colchão, mesa e um banquinho. Tinha permissão para ler, escrever e fumar, e ficou um pouco esperançosa por ter acesso a esses pequenos luxos.

Então, nove dias antes do Natal, às 11 horas da noite, um homem entrou na cela. Deitada no escuro, ela não tinha ouvido a porta se abrir e supôs que fosse um guarda.

– O que é? – disse Eleanor, zangada.

– Pst – soou uma voz baixa, e o intruso acendeu um isqueiro, iluminando-lhe o rosto. Era Rudolf.

– O que houve? – perguntou ela, assustada.

– Você vai sair – disse ele.

Ela achou que ele tinha vindo tirá-la da cela.

– Agora? Agora mesmo?

– Shh. Fique bem quietinha, vamos conversar – ele disse, sentando-se ao pé da cama.

Rudolf subiu mais na cama e tentou beijá-la. Ela o empurrou, fazendo um som de ameaça. Rudolf lhe disse que ficasse em silêncio para não chamar atenção. Ninguém sabia que ele estava ali, pois viera escondido, por uma porta no jardim da *villa*. Tentou beijá-la novamente, com mais carinho, e ela o repeliu de novo. Rudolf recuou, dizendo que voltaria outro dia. Ela pareceu se abrandar, pedindo "Por favor, de noite, não". Tomando isso como um sinal positivo, Rudolf disse boa-noite, saiu e trancou a porta.

Dias depois Rudolf voltou à cela e conversaram durante duas horas sobre a vida e a família dela. Não falou de si mesmo. Mais uma vez, ela resistiu aos avanços, e ele saiu de mau humor. Eleanor foi transferida para outra cela, a número 6, cuja porta podia ser destrancada por dentro. Pouco depois, tiveram relações sexuais pela primeira vez.

Passados alguns dias, Rudolf voltou. Estavam deitados na cama quando soou um alarme no campo. As luzes tremulavam no hall e Rudolf escondeu-se num canto da cela atrás da porta, temeroso de ser descoberto por sua própria equipe, enquanto Eleanor escondia o uniforme dele debaixo da cama. Um guarda chegou até a porta, abriu o postigo, espiou, não viu nada suspeito, e foi embora. Quando tudo ficou em silêncio, Rudolf se vestiu rapidamente e saiu. Logo em seguida voltou, temendo esbarrar com alguém que lhe fizesse perguntas inoportunas sobre sua presença no campo àquela hora, e ficou com Eleanor até depois de uma hora da madrugada.

Esses encontros com Eleanor eram um risco tremendo para Rudolf. Não só era uma contravenção às normas da SS, mas também uma violação do juramento que fizera a si mesmo quando era um jovem soldado, na Palestina. Não obstante, continuou a visitar Eleanor na cela 6. Ao todo, tiveram quatro ou cinco encontros sexuais.

Numa dessas visitas, Rudolf perguntou o que ela faria se alguém descobrisse o caso deles. Eleanor prometeu silêncio. Ele insistiu, dizendo que, se alguma autoridade apresentasse provas, ela deveria ceder, e dizer que tivera encontros com um prisioneiro, não com o Kommandant. Ele foi além, dando-lhe lápis e papel e, sob a luz mortiça de uma lamparina, mandou que escrevesse que tinha tido um caso com um Kapo. Ela assinou, ele pôs o papel numa agenda de couro e enfiou no bolso.

Em fevereiro de 1943, ainda na cela 6, Eleanor teve um enjoo muito forte. Foi levada para exame, e o médico disse que ela estava grávida. Disse-lhe que estava com oito semanas de gravidez e perguntou quem era o pai. Recusando-se a responder, ela implorou que não contasse a ninguém e pediu-lhe ajuda. No dia seguinte, um prisioneiro entregou a ela duas pílulas pela janela da cela. Tomou uma pílula, sentiu dores terríveis no estômago, e jogou a outra fora.

Dias depois, Eleanor foi transferida para outra cela, no fundo do porão do bloco. Essa cela era pequena, escura e sem ventilação. Tendo espaço suficiente só para ficar de pé, ela achou mais fácil ficar de joelhos. Ali foi mantida nua e, se chorava, o guarda jogava água nela. Na escuridão, ela podia sentir um cadáver estendido no chão a seu lado. Não podia se lavar e tinha uma mísera ração de pão e café. A cada quatro dias, recebia uma pequena quantidade de comida cozida. Quando pediu roupas, o guarda a chamou de "vaca velha" e "cabra histérica", demonstrando surpresa por ela ainda não ter morrido.

Eleanor só foi liberada em 16 de junho de 1943. Estava com seis meses de gravidez. Por ordem de Rudolf, foi levada ao hospital, onde um médico lhe fez um aborto. Depois mandaram que trabalhasse numa cozinha do campo. Pelo resto do ano, Eleanor vivia entrando e saindo do hospital.

Pouco tempo depois, Rudolf recebeu um visitante indesejado, Maximilian von Herff, que administrava o escritório particular de Himmler. Detentor de enorme poder político, Herff foi a Auschwitz avaliar o estado do campo e, em particular, ver as melhorias feitas pelo Kommandant desde a última visita de Himmler. Rudolf não precisava ter se preocupado, pois Herff fez um relatório favorável, em 25 de julho, resumindo suas observações:

> *Camp Kommandant SS-Obersturmbannführer Höss:*
> De boa aparência militar, atlético, cavaleiro, sabe se comportar em qualquer situação, calado e simples, porém seguro de si e objetivo. Não se exibe, mas suas ações falam por ele.
>
> H. não é simplesmente um bom comandante, pois também tem feito um trabalho pioneiro na área de administração de campo de concentração, com novas ideias e novos métodos de treinamento educacional.

> É um bom organizador, bem como bom fazendeiro, e um modelo de pioneiro alemão no território leste.
>
> H. é totalmente capaz de exercer cargos de liderança na administração do campo de concentração. É especialmente eficiente quando confrontado com questões práticas.

Cinco dias após o envio do relatório de Herff a Himmler, Rudolf recebeu um telegrama de Richard Glücks autorizando o próximo carregamento de Zyklon B. O programa de extermínio deveria continuar, sem entraves.

No fim do verão de 1943, Rudolf estava no auge da carreira de Kommandant. Supervisionava uma rede de campos que alojavam mais de oitenta mil prisioneiros e contava com mais de mil guardas. Havia construído a mais eficaz máquina de matar da história da humanidade, capaz de assassinar mais de quatro mil pessoas por dia. A esposa gozava dos benefícios de sua posição, recepcionando os homens mais poderosos da terra em sua casa prodigamente modernizada.

Rudolf tinha começado a cumprir a ordem mais sagrada de Himmler, a Solução Final da questão judaica. Por enquanto, seus superiores estavam muito satisfeitos.

10

HANNS
NORMANDIA, FRANÇA
1945

Já em 1942, relatos feitos por testemunhas oculares das atrocidades na Alemanha e na Polônia vazavam para as potências Aliadas. Em 10 de agosto de 1942, um telegrama não confidencial foi envidado pelo cônsul-geral em Genebra para o Departamento de Estado dos Estados Unidos, que tinha entrado na guerra oito meses antes, e para o Ministério das Relações Exteriores de Londres:

> Foram recebidos relatórios alarmantes afirmando que no quartel-general do *Führer* foi discutido e está sendo levado em consideração um plano segundo o qual todos os judeus em países ocupados ou controlados pela Alemanha, somando três e meio a quatro milhões, deverão, após deportação e concentração no Leste, ser exterminados de uma só vez, a fim de solucionar definitivamente a Questão Judaica na Europa. Ação relatada planejada para outono, métodos em discussão inclusive ácido prússico.

A princípio, relatos da perseguição nazista contra populações civis eram entendidos como pouco mais que boatos vagos e não comprovados. Em meados de 1943, porém, eles haviam crescido tanto em volume como em credibilidade e não puderam mais ser ignorados: judeus-alemães e franceses haviam sido presos e embarcados em trens rumo ao Leste; os judeus de Varsóvia foram obrigados a viver num gueto, sujeitos a espancamentos e fome e depois transportados para campos de concentração; os judeus da Bielorrússia, Rússia e Ucrânia foram retirados das cidades, fuzilados em massa e jogados em enormes valas comuns.

Em outubro, a Inglaterra, a União Soviética e os Estados Unidos, juntamente com governos no exílio, fundaram a Comissão de Crimes de Guerra das Nações Unidas. Esse organismo iria compilar uma lista de criminosos de guerra e reunir provas, que seriam submetidas à apreciação dos Estados-membros. Uma vez cessadas as hostilidades, os suspeitos de atrocidades seriam presos e julgados. Uma declaração conjunta, assinada por Churchill, Stalin e Roosevelt, dizia: "Indubitavelmente, as três Potências Aliadas irão buscá-los até os últimos confins da Terra e entregá-los aos acusadores, a fim de que a justiça seja feita."

Após os Aliados delegarem o assunto a uma organização internacional, apenas um esforço mínimo foi feito para estabelecer uma política abrangente de crimes de guerra. Havia pouco interesse em explorar questões do pós-guerra, inclusive a perseguição ou a captura de criminosos, quando a vitória ainda não era garantida.

Mas no começo de 1944 chegou um relatório aos governos de Londres, Moscou e Washington, afirmando que milhares de judeus estavam sendo mortos por gás em campos de concentração nazistas na Polônia. Em resposta, no dia 24 de março de 1944, o presidente Roosevelt divulgou uma declaração à imprensa: "Num dos mais tenebrosos crimes da História, iniciado pelos nazistas em tempos de paz e multiplicado cem vezes em tempos de guerra, o assassinato maciço e sistemático de judeus na Europa continua sem cessar, a cada hora." E acrescentou: "Todos aqueles que, tendo conhecimento, tomarem parte na deportação de judeus para a morte na Polônia, ou de noruegueses e franceses para a morte na Alemanha, serão tão culpados quanto os executores. Todo aquele que compartilhar a culpa irá compartilhar a punição."

Contudo, os pronunciamentos públicos e a extensa cobertura da mídia pouco contribuíram para resolver as muitas questões práticas colocadas para os Aliados. O que constitui um "crime de guerra"? Quantas pessoas, em termos realistas, poderiam ser levadas à Justiça? Quais indivíduos especificamente deveriam ser o alvo? Alguns argumentavam que somente os mais altos escalões do Terceiro Reich deveriam ir a julgamento; outros diziam que isso não seria justo. Afinal, como o ministro dos Transportes poderia ser tão culpado quanto os comandantes das forças armadas? E havia a questão do que fazer com os criminosos depois de capturados: deveriam ser fuzilados ou julgados conforme as leis ocidentais? E se houvesse um julgamento, onde seria realizado? Em uma capital dos países Aliados ou no país em que os crimes foram cometidos?

Em 30 de agosto de 1944, a Comissão de Crimes de Guerra das Nações Unidas deu a primeira entrevista coletiva. A cada dia surgiam novos relatos de terror e torturas nazistas e o público clamava para saber que ação os Aliados planejavam. A entrevista foi um desastre irremediável. Um jornalista perguntou a sir Cecil Hurst, presidente da comissão, se Adolf Hitler estava na lista de criminosos de guerra. Ele tentou se esquivar da pergunta, mas houve insistência e não soube responder. Outro jornalista perguntou quantas pessoas estavam na lista. "A lista de criminosos de guerra não é muito longa", respondeu Hurst. "É escassa."

À medida que a guerra chegava ao fim, aumentavam os esforços dos Aliados para compilar a lista de criminosos de guerra. Memorandos iam e vinham entre os quartéis-generais dos Estados Unidos e da Inglaterra, por intermédio dos governos no exílio da Polônia, França e Bélgica. Finalmente, concordaram que a lista deveria incluir qualquer pessoa responsável por atos de violência cometidos desde janeiro de 1933. Era um avanço imenso em relação à limitada definição de crimes cometidos contra as Forças Aliadas, vigente no ano anterior, e poderia, se interpretada literalmente, resultar em mais de 1 milhão de pessoas acusadas na Alemanha no pós-guerra.

A fim de reduzir a lista, os Aliados criaram um banco de dados de supostos criminosos de guerra. Esse instrumento, conhecido como CROWCASS – Registro Central de Criminosos de Guerra e Suspeitos contra a Segurança –, continha três tipos de suspeitos: o primeiro, uma lista de pessoas procuradas; o segundo, de detidos por crimes específicos, e o terceiro, de prisioneiros de guerra. A primeira lista chegou a mais de cem mil nomes, mas estava desatualizada e não incluía os supostos crimes dos autores.

Foi elaborada também uma lista de prioridades, constando de 165 criminosos de guerra importantes, inclusive Adolf Hitler, Oswald Pohl e Hermann Göring. E apesar de omissões óbvias, pois faltavam nomes como os de Richard Glücks, dr. Enno Lolling e Adolf Eichmann, Rudolf Höss estava relacionado.

> HESS [*sic*] SS STUBF. 38 [nascido em 1906]; 1,80m; 78kg; castanho-claro; CO do campo de concentração de AUSCHWITZ. Criminoso de guerra.

Embora tenham soletrado mal o nome, e errado seu cargo, idade, altura e peso, Rudolf estava na lista.

No começo de 1945, porém, nem os americanos nem os ingleses estavam totalmente preparados para conduzir investigações em grande escala de crimes de guerra. Os americanos planejavam empregar menos de duzentas pessoas, entre investigadores, advogados, coletores de provas e apoio administrativo, e só uma pequena percentagem tinha alguma experiência em investigação ou falava alemão.

Os britânicos eram ainda menos ambiciosos. Pretendiam reunir três equipes de investigadores, não mais de quarenta pessoas, sendo que apenas 12 tinham experiência prévia em investigação. Mas nem esses planos modestos se concretizaram. Em abril de 1945, menos de um mês antes do fim da guerra, os ingleses avançaram para o leste através da Alemanha, tomando cidades e fábricas. Não tinham equipes de investigação de crimes de guerra para interrogar guardas capturados, muito menos para rastrear os líderes do Partido Nazista, que correram a se esconder.

A estratégia inglesa em relação aos crimes de guerra mudou radicalmente quando, em 15 de abril de 1945, suas tropas entraram no campo de concentração de Belsen. Horrorizados com o que encontraram, imediatamente despacharam relatórios para os quartéis-generais, informando detalhadamente as condições dos prisioneiros e a necessidade de investigadores para interrogar os guardas capturados. Mas os ingleses ainda estavam penando para formular uma resposta aos crimes de guerra, e não dispunham de equipes para enviar a Belsen. A solução seria encontrar 12 homens adequados – quatro investigadores, quatro intérpretes e quatro assistentes –, que agiriam como pontas de lança da reação àqueles crimes.

O primeiro passo era selecioná-los.

No começo de 1945, Hanns trabalhava como ajudante do comandante num recém-criado quartel-general dos Aliados na Normandia. Enquanto isso, a companhia de Paul estava encarregada dos prisioneiros de guerra capturados no avanço dos Aliados para o leste. Nas horas vagas, Paul pechinchava no mercado negro, comprando perfumes franceses baratos, conhaque de amoras e roupas femininas, que vendia para ganhar dinheiro, mandando o resto para as irmãs. Todas as encomendas enviadas para casa precisavam do visto do comandante da companhia e, por sorte, essa responsabilidade recaiu sobre seu irmão.

Numa carta para Elsie e Erich, Hanns falou sobre os privilégios de seu posto. Dormia numa cama no quartel e não numa tenda enlameada lá fora. Tinha que se levantar às sete da manhã e trabalhar até tarde da noite, mas passava boa parte do tempo escrevendo para casa. "Apesar de não gostarem de me ver com todas essas cartas na frente, vão ter que se acostumar." Agradeceu à família pelas lâminas de barbear enviadas e pediu pedras de isqueiro para acender o cachimbo.

Hanns aproveitou para pôr a irmã e o cunhado a par de sua situação com Ann. Haviam mantido contato logo que ele entrou para o Corpo de Pioneiros, e desde 1943 se encontravam quando ele estava de licença. Em 1945, ela queria que assumissem um compromisso sério, mas ele não estava preparado. Tinham passado menos de duas semanas juntos nos últimos dois anos e a mente dele estava mais focada na volta para casa do que em montar uma casa. Para assumir um compromisso, sugeriu que ficassem noivos, sem data marcada para o casamento, mesmo ele estando longe. "Acho que se ela continuar discutindo por muito tempo, vou ceder", escreveu ele. "Realmente gosto muito dela, mas me parece muito injusto e egoísta de minha parte."

Paul também achava que Hanns estava sendo injusto com Ann. Numa carta a Elsie, escreveu que Ann "com toda razão, a meu ver, quer saber onde se situa e pelo menos ficar noiva agora. Pessoalmente, acho que é justo com ela, e como ela será sempre autossuficiente, por que não?". E sugeriu a Elsie que seria "melhor ter uma conversa com Ann, saber direitinho o que nossos pais diriam, e dar algum conselho a Hanns".

A resposta de Elsie a Hanns, porém, trazia notícias aflitivas de casa. O dr. Alexander tinha sofrido um infarto leve. Hanns respondeu imediatamente: "Naturalmente, estou preocupado e ansioso por receber cartas. Estou em contato constante com Paul, pois a correspondência parece estar sempre correndo atrás dele por toda parte." O esforço de guerra estava chegando a um ponto crítico, e como Hanns sabia ser improvável a qualquer dos dois obter uma licença, ambos a solicitaram por doença na família. Os pedidos foram negados.

Duas semanas depois, Hanns recebeu outra carta de Elsie: o pai estava melhor e não era necessário que retornasse. Hanns respondeu, dizendo-se grato por ela e a irmã estarem na Inglaterra cuidando dos pais, mas gostaria de estar lá para ajudar. "A vida no exército já é bem dura, mas se não é possível ir para casa quando há algum problema, é horrível demais. Mas receio que nem todas as lamentações do mundo possam adiantar alguma coisa."

O susto com a saúde do pai abalou Hanns. Era um lembrete de que ele estava longe da família e não controlava a própria vida. A única esperança era que a guerra acabasse logo, o que era improvável. "Suponho que seja possível, mas não imagino Jerry [depreciativo de alemães] propondo um armistício. Se ainda tivermos que lutar para reaver cada cidade, vai levar um tempo dos diabos." Acima de tudo, ele queria voltar para a Inglaterra, arrumar um emprego e resolver as coisas com Ann. "Pessoalmente, não me importaria se me mandassem para casa amanhã; para mim, chega."

Outra preocupação de Hanns era seu futuro a longo prazo. Ainda oficialmente sem pátria, estava ansioso para saber se a Inglaterra ofereceria cidadania a ele e ao irmão. Numa carta aos pais, ele relatou uma conversa com o oficial responsável pelo bem-estar dos soldados do Corpo de Pioneiros. Hanns havia feito "algumas perguntas cuja resposta todos os homens queriam saber". Eles teriam naturalização quando voltassem, depois de estarem na ativa? Que providências estavam sendo tomadas para os membros do Corpo de Pioneiros depois da guerra? As famílias deles poderiam permanecer na Inglaterra? Hanns não ficou aliviado quando o oficial respondeu que não tinham tomado providência nenhuma e que "não há nada com que se preocupar". Hanns escreveu: "Não adianta dizer que não existe problema judaico na Inglaterra. Existe, e muitos."

No final de abril de 1945, porém, o problema pessoal de Hanns passou para segundo plano. Ele recebeu ordem de se apresentar no quartel-general britânico em Uccle, subúrbio de Bruxelas. Os ingleses tinham selecionado os integrantes da primeira equipe de investigação de crimes de guerra, e na lista constava o nome Howard Hervey Alexander.

11

RUDOLF
BERLIM, ALEMANHA
1943

Na primavera de 1943, Heinrich Himmler estava preocupado com a corrupção endêmica nos campos de concentração, principalmente com o ouro escorrendo para mãos individuais – algo expressamente proibido pelo *Reichsführer* –, em vez de ser enviado para os cofres do país. A fim de determinar a extensão do problema, ele designou o juiz da SS Konrad Morgen para investigar os campos.

Konrad Morgen era uma escolha estranha. Aos 33 anos, filho de um maquinista, formado em direito em Frankfurt, sua cidade natal, Morgen era pacifista e livre-pensador. No início da guerra, fora nomeado juiz da SS, mas sua determinação de buscar a verdade não tardou a lhe trazer inimigos poderosos e, em 1942, depois de uma longa investigação de corrupção criminal dentro da SS, foi removido e enviado para a frente de batalha no Leste. Sua tenacidade lhe valeu o apelido de Juiz Cão de Caça.

Morgen visitou imediatamente os campos de Dachau, Sachsenhausen e Buchenwald. Em poucas semanas havia levantado provas suficientes para que se instaurassem processos criminais contra mais de oitocentos membros da SS, e tinha prendido o Kommandant de Buchenwald, Karl Koch. Estava claro que Himmler era sincero quanto a acabar com a corrupção nos campos, e seu indicado levava o trabalho a sério.

Ao receber as ordens de Himmler, Morgen desconhecia a existência das câmaras de gás em Auschwitz e em outros campos. Ficou sabendo logo depois de ir a Treblinka, onde o Kommandant Christian Wirth lhe contou que milhares de judeus eram mortos a gás toda semana por ordem expressa de Himmler. A alta pilha de relógios de pulso e moedas estrangeiras bastou para convencer o jovem juiz da história do Kommandant. Ao final do encontro, Wirth sugeriu que Morgen investigasse um campo de extermínio perto da cidade de Auschwitz, comandado por um certo Rudolf Höss, que Wirth descreveu como o "discípulo sem talento" de Himmler.

A princípio, Morgen não encontrou um motivo para ir a Auschwitz. Entretanto, semanas após seu retorno de Treblinka, a Alfândega de Berlim interceptou uma caixa com dois quilos de ouro odontológico mandado para casa por um médico de Auschwitz. Foi o bastante para Morgen.

No fim do verão de 1943, Morgen chegou à estação de Oświęcim e foi levado de carro diretamente ao campo para falar com Rudolf. O juiz apresentou suas credenciais e, estranhamente, dado o sigilo reinante no campo, teve o acesso permitido a todas as instalações. Rudolf não teve escolha, pois Morgen tinha o respaldo de Himmler. Ofereceu-se para ajudar na investigação e pôs à disposição dele um oficial subalterno para mostrar o campo.

Logo depois, Morgen estava num carro junto à plataforma da estação, perto da entrada do campo, no momento da chegada de um carregamento de prisioneiros. Viu o guarda mandar os presos saírem do trem e um médico andando de um lado a outro examinado a fileira, "selecionando" metodicamente os doentes, os velhos e as crianças para a câmara de gás. As vítimas subiram em caminhões, que Morgen e seu motorista seguiram, saindo do campo e tomando uma estrada estreita. Poucos quilômetros depois, os caminhões pararam e os prisioneiros foram descarregados e mandados entrar em prédios compridos que pareciam grandes salas de banho. Morgen ficou chocado quando o motorista contou que eram câmaras de gás ligadas aos crematórios. O motorista continuou explicando que, uma vez completado o efeito do gás, os *Sonderkommandos* entravam nas câmaras e, antes de arrastar os corpos para o crematório, arrancavam os dentes de ouro das vítimas.

Morgen foi então conduzido à casa da guarda da SS em Auschwitz-Birkenau. Ficou pasmo ao ver guardas recostados preguiçosamente em sofás, com o olhar parado, como se estivessem drogados. Num canto da casa, quatro ou cinco lindas jovens judias cozinhavam panquecas de batata num fogão, e serviam aos guardas, como escravas. Num dos armários, Morgen descobriu joias de ouro, anéis de pérola e dinheiro estrangeiro.

Nos dias seguintes, o juiz percorreu o campo, conversando com guardas, oficiais e médicos. Soube que, além da execução em massa organizada, dezenas de outros prisioneiros eram rotineira e extraoficialmente mortos, a maioria deles poloneses e russos fuzilados no paredão entre os blocos 11 e 12. Descobriu também que Maximilian Graebner, chefe do Departamento Político de Auschwitz, que supervisionava a disciplina, tinha sido o responsável pelas mortes não autorizadas de mais de dois mil prisioneiros.

Morgen voltou ao campo principal, onde tornou a se encontrar com Rudolf. Perguntou sobre as instalações de extermínio, e como a notícia de execuções em massa não tinha se espalhado em Berlim ou em outros países. Rudolf disse que o sigilo era crucial para a direção do campo, e revelou uma de suas artimanhas: os prisioneiros judeus com boas relações em outros países eram obrigados a escrever para amigos e conhecidos dizendo que estavam vivos e que as condições em Auschwitz nada tinham de más. Sobre a corrupção e a imoralidade no campo, disse que, embora estivesse ciente de alguns problemas, estes se restringiam ao pessoal subalterno.

De volta a Berlim, Morgen apresentou suas descobertas a dois dos membros do mais alto escalão da SS, ambos com acesso direto a Himmler: Ernst Kaltenbrunner, chefe do Escritório Central de Segurança do Reich, e Oswald Pohl, chefe de Richard Glücks, que chefiava o Escritório Central Econômico-Administrativo e era responsável por todos os campos de concentração. Relatou-lhes as histórias revoltantes que ouvira de Wirth em Treblinka e as cenas terríveis que testemunhara em Auschwitz. Os superiores fingiram estar chocados e fizeram promessas vagas de maiores apurações. Percebendo a futilidade de qualquer tentativa de interromper a matança, Morgen buscou uma estratégia legal, fazendo um relatório focalizado na corrupção epidêmica entre os guardas e nas execuções não autorizadas que tinha descoberto em Auschwitz.

Himmler ficou aborrecido com as notícias de Morgen e deu ordem ao juiz da SS para prender os envolvidos nas execuções não autorizadas e no contrabando de ouro. Enquanto isso, Martin Bormann, que ouvira falar do relatório, escreveu a Himmler instando para que protegesse Rudolf. Ele não tinha esquecido que Rudolf assumira sua culpa no assassinato de Walter Kadow nos anos 1920. Logo depois Himmler telefonou para Rudolf. Foi uma conversa tensa.

Referindo-se ao relatório de Morgen, Himmler disse a Rudolf que seu comando em Auschwitz não era mais sustentável. A reação inicial de Rudolf foi negativa. "A princípio achei doloroso romper com Auschwitz, pela razão mesma de que todos os meus problemas, as deficiências do campo e as muitas dificuldades que enfrentei me aproximaram muito de lá." Preocupava-se também com Hedwig, que ficaria arrasada tendo que deixar sua luxuosa *villa*. Recentemente, ela dera à luz o quinto bebê, em 20 de setembro de 1943, uma filha que chamaram de Annagret. Depois ele entendeu que uma mudança poderia até lhe fazer bem, pois "após nove anos trabalhando em campos de concentração, três e meio deles em Auschwitz, já era bastante para mim".

Rudolf pediu permissão para lutar na frente de batalha do Leste, mas Himmler recusou. Queria que Rudolf continuasse trabalhando no sistema de campos de concentração. Seria um desperdício enviar um oficial tão experiente para a linha de frente. Finalmente, chegaram a um acordo. Rudolf assumiria um cargo burocrático na Inspetoria de Campos de Concentração, baseada em Sachsenhausen, e Hedwig e a família continuariam a morar na *villa* em Auschwitz. Embora não muito entusiasmado com o trabalho em escritório, e certamente não querendo ficar longe de Hedwig e das crianças, acabou entendendo que tinha sorte de escapar a um destino muito pior: prisão, tortura e, possivelmente, execução.

Konrad Morgen continuou seu trabalho de detetive, esperando que, com a partida iminente de Rudolf Höss, diminuíssem as execuções em massa. Se tivesse tempo, com um pouco mais de trabalho investigativo ele poderia até levar o futuro ex-Kommandant a julgamento. Já que Himmler seguira as recomendações do relatório de Morgen sobre Auschwitz, não havia motivo para crer que não o faria novamente.

Em 1º de dezembro de 1943, Rudolf voltou a Sachsenhausen, o campo nos arredores de Berlim, onde assumiu seu novo cargo de chefe do *Amtsgruppe D1* (Primeira Divisão do Departamento D), da Inspetoria de Campos de Concentração.

Rudolf retornou responsável pela supervisão dos armazéns, da segurança, dos transportes motorizados, de armas e punição de prisioneiros (inclusive execuções) de todos os campos de concentração, incluindo Auschwitz, Belsen, Dachau e Sachsenhausen. Trabalharia sob a chefia direta de Richard Glücks, que havia sido tão sem préstimo nos seus primeiros dias em Auschwitz. Glücks resistiu à volta de Rudolf a Berlim, mas seus protestos foram rejeitados por Oswald Pohl, chefe da *SS-Wirtschafts-Verwaltungshauptam* (Departamento Central de Economia e Administração da SS). Rudolf estava agora a apenas três passos do próprio *Reichsführer*.

Os escritórios altamente secretos da *Amtsgruppe D1* funcionavam no prédio T, assim chamado devido à sua forma, fora dos muros de Sachsenhausen. Então com 54 anos, Richard Glücks chefiava a organização desde 1939. Era um homem que via o lado bom da vida, fazendo piada até com os piores exemplos de brutalidade, e, segundo Rudolf, era incapaz de se lembrar de detalhes ou tomar decisões. Glücks trabalhava no segundo andar do prédio T; de uma enorme sala individual com pé-direito alto, chão de mármore vermelho e duas varandas com ampla vista da cidade de Oranienburg, administrava a extensa rede de campos de concentração nazistas.

Num ato de mesquinharia burocrática, Glücks instalou Rudolf numa salinha sem vista no final do corredor do segundo andar. Era o mais distante possível dele trabalhando no mesmo prédio. Esse escritório de Rudolf era infinitamente pior do que o complexo administrativo que tivera em Auschwitz. Do outro lado do corredor trabalhava a equipe logo abaixo de Rudolf, composta por Wehner, Sug, Pallaach e Unger, que juntos operavam o *Amtsgruppe D1*. Dois andares acima, ficava o escritório de Gerhard Maurer, suplente de Glücks, que chefiava a segunda divisão do *Amtsgruppe D1*, supervisionando a organização dos trabalhos forçados nos campos. Maurer tinha uma grande dose de energia e o olhar atento para detalhes. Cada vez que Rudolf queria contornar Glücks, mandava uma mensagem para Maurer, que, por sua vez, a encaminhava para Oswald Pohl. Ainda no mesmo andar de Maurer e Glücks, na sala 95, ficava Enno Lolling, que chefiava a terceira divisão do *Amtsgruppe D1*, responsável pelas organizações clínicas e unidades médicas, inclusive as experiências médicas realizadas nos campos. Foi Lolling quem, em 1941, ordenou que os prisioneiros fracos, principalmente as crianças e os doentes mentais incuráveis, fossem submetidos à "eutanásia" por injeção de fenol diretamente no coração. Foi também Lolling que, dias depois de Rudolf se instalar no prédio T, enviou uma coleção de peles de prisioneiros tatuadas a seus superiores, como presente de "agradecimento" por uma promoção recente. Lolling contava apenas 55 anos, mas tinha a aparência de um velho, depois de anos de abuso de morfina e álcool.

As reuniões do departamento aconteciam numa grande sala de conferências no segundo andar, perto do escritório de Glücks. A sala tinha janelas em três lados, paredes revestidas de lambris decorados com um motivo quadrado semelhante aos desenhos que adornavam o teto rebaixado verde e branco. Ali, em torno de uma mesa em forma de U, a Solução Final foi planejada em detalhes e foram tomadas decisões que determinariam o destino de milhões.

A aversão de Rudolf por Glücks cresceu com a proximidade. Ele via o superior como um burocrata fracote, um homem que se recusava a fazer qualquer coisa sem permissão prévia. Glücks não gostava de visitar os campos e, se obrigado a ir, ficava no escritório falando sobre qualquer coisa, menos sobre as questões que preocupavam os Kommandants:

> Ele não sabia o que fazer diante das situações mais difíceis em todos os campos, e geralmente deixava o problema para os comandantes resolverem. "Não me faça tantas perguntas!" era a resposta mais comum nas reuniões com os comandantes. "Você sabe muito mais sobre isso do que eu!"

Glücks ficava desorientado quando Himmler o chamava, e evitava ir ao encontro dele. Nos dias anteriores a reuniões com o chefe da SS, ficava desatento e não comunicativo. Era obsessivo com fugas de prisioneiros, que precisavam ser comunicadas pessoalmente a Himmler. Todas as manhãs, perguntava a Rudolf: "Quantos fugiram dos campos?" Da mesma forma, a resposta a qualquer solicitação de Rudolf era "Faça o que você quiser, desde que não chegue aos ouvidos de Himmler".

Apesar da profusão de documentos dos diversos campos de concentração arquivados em seu escritório, Rudolf logo descobriu que era importante discernir o que de fato acontecia em cada um deles. Eram longas listas de alimentos consumidos, cobertores despachados, número de guardas efetivos e transportes que chegavam todo dia. Mas havia pouca informação quanto às atividades diárias dos guardas, a saúde dos prisioneiros e as condições de higiene nos campos.

Oswald Pohl sugeriu que Rudolf os visitasse, o que seus predecessores evitavam a todo custo, para verificar as condições. Rudolf passou as primeiras semanas de 1944 num grande *tour* pela Alemanha e Polônia, e o que ele via o inquietava cada vez mais. Os campos estavam superlotados e careciam de instalações sanitárias básicas. Os prisioneiros eram obrigados a trabalhar horas a fio em condições extremamente duras, com pouca água e comida. Mais de 10 mil internos judeus tinham morrido ou sido mortos numa marcha forçada saindo de Auschwitz para trabalhar em fábricas de munição regionais. Rudolf concluiu que os dirigentes dos campos não utilizavam o trabalho forçado com eficácia no apoio ao esforço de guerra.

De volta a Berlim, expediu uma série de ordens para melhorar a eficiência dos campos.

Enquanto Rudolf labutava na Inspetoria de Campos de Concentração, seus superiores se esforçavam para acelerar a liquidação dos judeus europeus.

Em 20 de março de 1944, no dia seguinte à invasão da Hungria pelo exército alemão, Adolf Eichmann chegou à capital, Budapeste. Numa reunião com os líderes húngaros, foi discutida a rápida deportação de oitocentos mil judeus.

O plano era que o governo húngaro, contando com a ação da polícia, arrebanhasse os judeus nos três meses seguintes, começando pela zona rural e chegando depois às cidades. Os prisioneiros seriam então embarcados em trens, 65 judeus por vagão, 45 vagões de gado por trem, quatro trens por dia, totalizando 12 mil judeus por dia. Os trens percorreriam 500 quilômetros para o norte, passando pela Tchecoslováquia e Polônia, até chegarem a Auschwitz.

Para administrar essa afluência maciça, era preciso aumentar as instalações em Auschwitz, treinar as equipes e tornar todo o processo ainda mais eficaz. Era preciso encontrar alguém para dirigir esse enorme empreendimento logístico, alguém com experiência e em quem pudessem confiar.

Em 6 de maio de 1944, Rudolf recebeu um telegrama de Heinz Karl Fanzlau, chefe do Departamento de Pessoal da Inspetoria dos Campos de Concentração. Trazia ordens para que Rudolf, mesmo mantendo seu posto de chefe da *Amtsgruppe D1*, partisse imediatamente para Auschwitz, a fim de "manejar os recém-chegados", o que era um eufemismo para "supervisionar o extermínio em massa dos judeus-húngaros".

Rudolf chegou a Auschwitz em 8 de maio de 1944. Sua primeira parada foi para visitar Hedwig e as crianças, que ainda moravam na *villa*. A última vez que vira Annagret fora seis meses antes, quando ela estava com dois meses de idade. Hedwig não estava satisfeita com a longa ausência de Rudolf, e disse várias vezes: "Não pense só no dever, pense na família também." Mas dessa vez não foi diferente. Rudolf não teve tempo de brincar com os filhos, não foram remar no rio Sola nem brincar com os bichinhos no jardim, pois os trens logo iriam partir de Budapeste para a Polônia.

Rudolf tratou de preparar logo o campo para a chegada dos judeus-húngaros. Achou que Arthur Liebehenschel, seu substituto como Kommandant de Auschwitz, tinha sido negligente e impôs rapidamente regras e regulamentos severos às equipes. Liebehenschel, por sua vez, já tinha saído de Auschwitz para assumir o comando de um campo de extermínio em Madjanek. Rudolf ordenou um inventário de Auschwitz, ordenou grandes reparos nos crematórios e que se cavassem mais valas comuns onde queimar os corpos. Foi concluída a construção de extensões de trilhos até perto dos crematórios e os guardas deveriam manter desimpedido o curto caminho dos prisioneiros até as câmaras de gás. Em poucos dias, o campo estava pronto para receber os transportes.

Mulheres e crianças judias em Auschwitz-Birkenau, maio de 1944

Em 15 de maio de 1944, os primeiros trens da Hungria chegaram em Auschwitz. Em 8 de julho, mais de 437 mil judeus-húngaros haviam sido deportados, em 151 trens. Desses trens, 136 foram para Auschwitz, onde 90% dos prisioneiros foram exterminados logo na chegada. As "seleções" foram supervisionadas pelos médicos do campo, Josef Mengele e Kritz Klein. Como os crematórios não comportavam a quantidade de prisioneiros, os corpos excedentes eram arrastados para as valas recém-cavadas, encharcados de gasolina e queimados. A fumaça preta das piras podia ser vista a quilômetros de distância.

Esse programa de extermínio ganhou o codinome de "Aktion Höss", dado pelos alemães, pois foi Rudolf quem fiscalizou o assassinato em massa de mais de quatrocentos mil judeus-húngaros em Auschwitz. Em 29 de julho, figuras importantes do governo nazista se reuniram em Solahütte, um recanto a poucos quilômetros do campo, para comemorar o sucesso da operação de Rudolf.

Fileira da frente (da esquerda para a direita): Karl Höcker, Otto Moll, Rudolf Höss, Richard Baer, Josef Kramer, Franz Hössler e Josef Mengele, julho de 1944

No final do mês, Rudolf foi chamado de volta a Berlim para reassumir a chefia do *Amtsgruppe D1*. Agora que Auschwitz voltara a operar normalmente, Richard Baer, que tinha trabalhado como assistente de Oswald Pohl, assumiu o comando de Auschwitz I.

Rudolf passou a última metade de 1944 visitando os campos sob sua supervisão, observando como as condições pioravam à medida que o governo alemão apertava o cinto nas últimas investidas para vencer a guerra. Um dos campos visitados foi Belsen, até 1943 usado como local de detenção de prisioneiros de guerra. Depois Himmler ordenou que fosse utilizado para processar a *Austauschjuden* – um sistema aleatório no qual judeus muito ricos, a maioria da Holanda, eram libertados em troca de grandes somas de dinheiro ou trocados por cidadãos alemães presos em outros países. Em comparação com outros campos de concentração, as condições em Belsen eram bastante razoáveis, pelo menos até 1944, quando passou a ser um centro de detenção de doentes e moribundos. Nessa época havia mais de 15 mil judeus internos trazidos de toda a Europa, o dobro da capacidade projetada para o campo.

Na ocasião da visita, no outono de 1944, Rudolf viu que o campo tinha se deteriorado consideravelmente:

> O campo estava num estado deplorável. Os barracões dos internos, os prédios da equipe e até os alojamentos dos guardas estavam muito dilapidados. O saneamento era muito pior que em Auschwitz. Apesar de tudo a que eu tinha me acostumado em Auschwitz, até eu só posso descrever as condições aqui como terríveis.

Voltando a Berlim, Rudolf convenceu Glücks a substituir o Kommandant de Belsen por Josef Kramer, seu antigo ajudante em Auschwitz, esperando que um novo líder melhorasse as condições do campo.

Ao viajar pelo país, passando por Hamburgo, Dresden e Frankfurt, Rudolf viu muitas grandes cidades alemãs em ruínas, após meses de bombardeios aéreos pelos Aliados. Dezenas de milhares de civis tinham sido mortos, muitos mais estavam feridos e milhões tinham ficado sem teto. Os ataques eram sentidos também em Berlim, que sofria os intensos bombardeios noturnos dos Aliados:

> Não havia só os danos físicos – a vida nas grandes cidades estava em grande desordem –, mas os efeitos psicológicos também eram extensos. Os rostos e o comportamento das pessoas nos abrigos antiaéreos públicos, ou nos de prédios de apartamentos, refletiam sua aflição e o medo da morte, mesmo que tentassem escondê-lo, enquanto os bombardeios iam se aproximando cada vez mais. As pessoas ficavam muito juntas, buscando proteção das outras quando o prédio sacudia ou desabava.

Com a vida na Alemanha cada vez mais perigosa, Rudolf decidiu que a família devia ir para Berlim. Se o pior acontecesse e ele precisasse fugir depressa, estariam juntos.

Alfred e Henry Alexander com Bella, Hanns, Paul e Elsie, 1917

Hanns e Paul, *circa* 1920

A sinagoga da Fasanenstrasse após "A noite dos vidros quebrados" ou Kristallnacht, 1938 (Yad Vashem)

Paul e Hanns com seus uniformes do Corpo de Pioneiros Britânico, acompanhados da mãe, Henny, 1940.

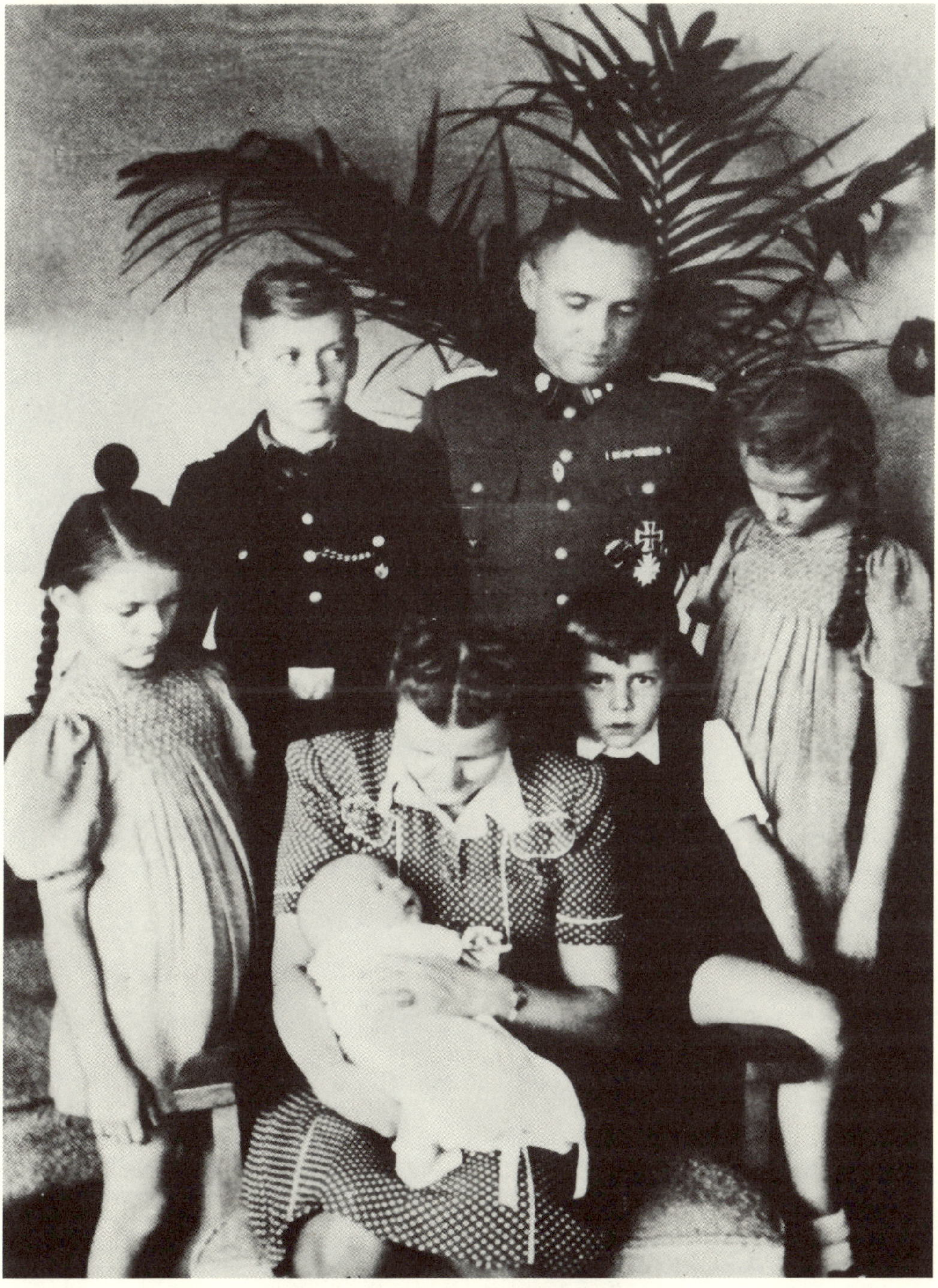

Rudolf Höss posando para uma foto com a família na *villa* de Auschwitz, 1943.
Da esquerda para a direita: Inge-Brigit, Hedwig e Annagret, Hans-Jürgen,
Heideraud, Rudolf e Klaus.
(Institut für Zeitgeschichte, München/Rainer Höss)

Seleção de judeus húngaros em Auschwitz/Birkenau, maio de 1944
(United States Holocaust Memorial Museum/Yad Vashem)

Heinrich Himmler e Rudolf Höss durante uma inspeção de Auschwitz, 1942
(Yad Vashem)

Hanns Alexander, 1945

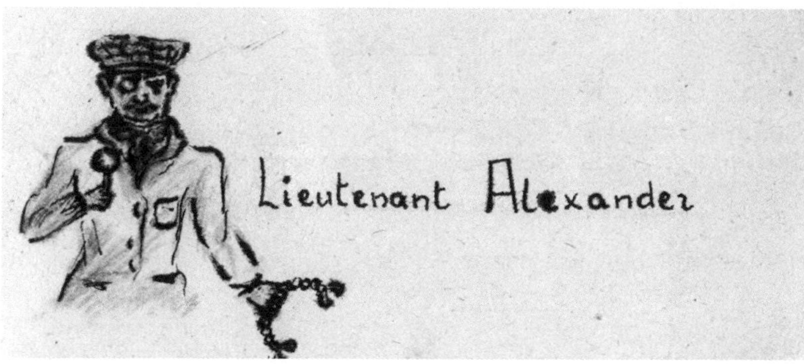

Desenho de Hanns, o investigador de crimes de guerra, 1945.

Celeiro em Gottrupel onde Rudolf Höss esteve escondido. Foto tirada *circa* 1909 (Geminde Handewitt/Jan Kirschner)

Rudolf Höss na prisão britânica, março de 1946 (Yad Vashem)

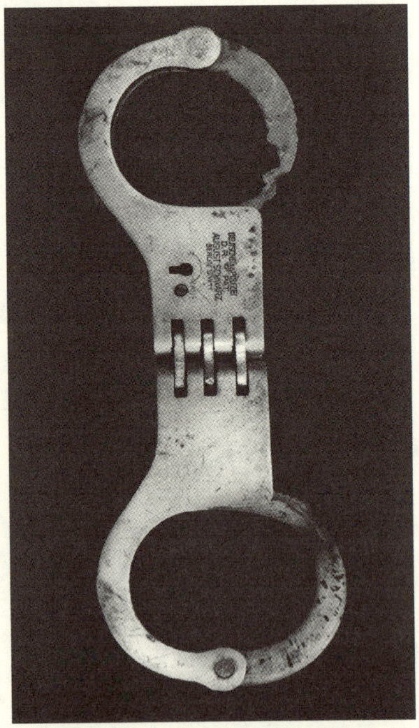

Algemas usadas por Rudolf Höss quando da sua prisão (Intelligence Corps Museum, Chicksands)

Execução de Rudolf Höss, Auschwitz, abril de 1947
(Polish Press Agency)

Dia do casamento de Hanns e Ann, Londres, abril de 1946
(Paul Graetz e Alfred Alexander, atrás)

Leitura da Torá Alexander na sinagoga Belsize, em Londres, 2001
Paul lendo (esquerda) e Hanns olhando (direita)

No começo de janeiro de 1945, Rudolf recebeu ordem de voltar à Silésia do Norte e passar aos responsáveis por Auschwitz instruções para a chegada iminente do Exército Vermelho. Não conseguiu: ao alcançar os subúrbios de Cracóvia, as forças soviéticas tinham cortado o acesso ao campo. Antes da chegada dos soviéticos, e por ordem direta de Berlim, os guardas tinham destruído todas as evidências de genocídio, explodindo os crematórios, demolindo as câmaras de gás, espalhando as portas por um terreno ali perto e queimando todos os documentos do bloco da administração. Todos os prisioneiros, muitos dos quais mal conseguiam andar, foram obrigados a sair de Auschwitz para as gélidas campinas polonesas, iniciando uma marcha forçada para longe do Exército Vermelho. Foi com essa cena que Rudolf se deparou, a poucos quilômetros de Auschwitz:

> Vi colunas de prisioneiros caminhando com dificuldade através da neve alta, sem comida nenhuma. Muitos dos oficiais não comissionados conduzindo aquelas procissões de mortos-vivos já não sabiam que direção tomar... Era fácil seguir aquela trilha de sofrimento humano, pois a cada centena de metros se encontrava um prisioneiro caído ou morto a tiros... Os mortos à beira da estrada não eram só prisioneiros, mas também refugiados, mulheres e crianças. Perto de uma aldeia, vi uma mulher sentada num toco de árvore embalando uma criança e cantando. A criança tinha morrido pouco antes e a mulher, enlouquecido.

Mais de sessenta mil homens, mulheres e crianças foram obrigados a uma caminhada de 60 quilômetros até os trens que esperavam por eles em Loslau. Vestiam apenas calça e camisa ralas. A maioria não tinha sapatos nem meias. Enfraquecidos por anos de fome e trabalho forçado, foram empurrados a ponta de fuzil, se arrastando pelos montes de neve, por estradas congeladas e tempestades de inverno. Mais de 15 mil prisioneiros de Auschwitz morreram nessa marcha forçada.

Os poucos que tiveram a sorte de sobreviver foram enfiados em vagões de gado, onde passaram quatro dias sem comida nem aquecimento, viajando para o que lhes disseram ser um "campo de convalescença". Como não tinham cobertas para se proteger da temperatura congelante, tentavam se aquecer soprando nos corpos gelados uns dos outros e cantando canções para levantar o moral. Depois de quatro dias medonhos, o trem parou e os prisioneiros foram obrigados a andar durante horas na terra árida, até o campo de Belsen.

Em meados de março de 1945, Rudolf voltou a Belsen com Pohl. Seria sua última visita ao campo. Àquela altura a população tinha aumentado para cinquenta mil, sete vezes a capacidade do campo, com umas quinhentas morrendo a cada dia. Kramer mostrara não ter competência, ou vontade, para melhorar as condições. Os suprimentos de comida e água, já escassos, ficavam esgotados dias a fio. O esgoto corria a céu aberto em valões cavados no terreno adjacente. Belsen atingira um ponto de horror total: o tifo e outras doenças infecciosas tinham se alastrado rapidamente, a fome grassava e milhares de cadáveres eram largados no chão. Um em cada dez prisioneiros recorria ao canibalismo, cortando e comendo a carne dos mortos espalhados pelo campo. "Kramer foi incapaz de fazer qualquer coisa a respeito", disse Rudolf. "Até Pohl ficou abalado ao ver o estado do lugar."

Quando Rudolf retornou a Berlim, foi recebido com notícias chocantes: a guerra tinha chegado às portas da capital. O Exército Vermelho, depois de avançar pela Polônia e a Silésia, tomando Varsóvia e Cracóvia, estava concentrado na margem leste do rio Oder, a menos de 60 quilômetros dos limites de Berlim. As forças soviéticas compreendiam mais de dois milhões de homens, cem mil veículos e seis mil tanques. Ao mesmo tempo, Berlim continuava a sofrer o ininterrupto bombardeio das forças aéreas inglesa e americana, com milhares de bombas devastando a cidade. Estava claro para todo mundo que a guerra tinha atingido uma conjuntura crítica.

Ao se encontrar com Rudolf, Hedwig perguntou-lhe sobre o futuro deles: "Como vamos vencer a guerra? Ainda temos algum recurso que possa decidir a nosso favor?"

Rudolf sabia que o fim estava próximo, mas, mesmo assim, foi incapaz de responder com franqueza. Disse que ainda havia esperança, embora soubesse que não. Em suas viagens, tinha visto as fábricas de armas inoperantes, a loucura das evacuações dos campos e o moral das tropas despencando.

O tempo tinha se esgotado. Rudolf começou a fazer preparativos para a família partir às pressas de Berlim.

12

HANNS
BRUXELAS, BÉLGICA
1945

O tenente Hanns Alexander chegou à estação Bruxelles-Nord em 8 de maio de 1945. De uniforme cáqui e quepe arrebitado, carregando uma mochila, atravessou a rua movimentada e se registrou no Grand Hotel. Levava no bolso uma foto de Ann.

Hanns tinha ordem de comparecer ao quartel-general britânico em Uccle, subúrbio de Bruxelas. Entretanto, os moradores da capital belga não estavam num estado de espírito propício a deixar passar incólume um jovem oficial inglês arrumadinho, pois ele tinha chegado no Dia da Vitória na Europa. A cidade fervilhava de celebração nacional. Donos de loja colocaram o retrato do rei Leopoldo nas vitrines, a bandeira belga tremulava nas sacadas, e mercearias, alfaiatarias, chapelarias, confeitarias, todas exibiam nas vitrines suas mercadorias em arranjos de vermelho, amarelo e preto, as cores da bandeira nacional. Em meio àquela euforia, Hanns era empurrado para bares, pagavam-lhe rodadas de cerveja, moças beijavam-lhe os lábios.

A vitória trouxe a Hanns grande satisfação, mas não alívio; continuava na ativa e não sabia quando iria voltar para casa.

Hanns levou três dias para chegar a Uccle. Disseram-lhe que estava escalado para fazer parte do Corpo de Intérpretes, e que participaria do interrogatório de oficiais da SS capturados num campo de concentração recém-liberado.

Naquela manhã, Hanns estava animado quando ele e seu motorista subiram no caminhãozinho do exército. Ao partirem, o ajudante lhe disse, meio de brincadeira: "Evite a polícia militar. Cada vez que encontram a gente, querem dar uma vacina contra tifo." Sem jamais ter ouvido falar de Belsen, que havia sido liberado pelos ingleses apenas três semanas antes, Hanns não tinha a menor ideia do que ele estava falando.

Percorreram 500 quilômetros para o norte, atravessando a Bélgica e a Holanda, e então rumaram para o Leste, até a fronteira alemã. Ao longo da estrada, viam os despojos de cinco anos de guerra: tanques queimados, caminhões capotados, prédios detonados. Passaram por locais de batalhas pesadas. Havia poucos civis, pois grande parte da área tinha sido evacuada durante a batalha de Aachen, vencida pelas tropas americanas poucos meses antes.

Operação de remoção no campo de concentração de Belsen, abril-maio de 1945

Os que ainda residiam lá tinham pendurado bandeiras brancas na frente de casa para indicar cooperação. A primeira cidade grande a que chegaram foi Colônia, mas tendo sofrido mais de duzentos ataques aéreos, inclusive um com mais de mil bombardeiros, pouco restava dela. As pontes tinham caído, os prédios estavam em ruínas, as ruas cheias de entulho. Contornaram a cidade e seguiram em frente, vendo cenas semelhantes ao passar por Düsseldorf e Dortmund. Os únicos veículos nas estradas eram militares, indo reabastecer as forças posicionadas na vanguarda. Era a primeira vez que Hanns ia ao país natal desde 1936. A destruição gerava desorientação e horror.

No fim da tarde de 12 de maio de 1945, chegaram ao portão de arame farpado de Belsen. Dentro do campo, cadáveres jaziam empilhados uns por cima dos outros. Escavadeiras tinham começado a remover os corpos, colocando-os em valas comuns. Os prisioneiros vivos estavam tão esqueléticos que as costelas saltavam para fora do peito. Mães se agarravam a crianças mortas, sobreviventes de cabeça raspada, em uniformes listrados de preto e branco, olhavam para o nada em decrépitos barracões de madeira, avisos pintados alertando para o perigo de tifo estavam por toda parte. Não havia água, comida ou abrigo, e tampouco qualquer suprimento médico adequado.

A primeira impressão de Hanns foi visceral:

> Tinha sido aberto dias antes. Ainda não estava desobstruído. Ficou fechado para que o tifo não se espalhasse pela Alemanha inteira. Os guardas da SS não estavam mais lá, mas havia húngaros que não eram muito melhores que os nazistas. Antes de começar a interpretar, havia a questão de limpar o campo. Todos fizeram o que podiam. Havia corpos mortos andando, corpos mortos deitados, gente que achava que estava

viva, mas não estava. Era uma visão terrível. Cada vez que alguém entrava ou saía do campo, era borrifado com DDT.

A primeira tarefa de Hanns foi ajudar a enterrar os cadáveres espalhados pelo chão de Belsen. Ajudado por soldados, um segurando as pernas, outro agarrando os braços, Hanns carregou centenas de corpos para a vala comum. Ia e voltava o dia inteiro, os braços doendo com o esforço, o cheiro horroroso. Quando uma vala estava cheia, um rabino do exército britânico se adiantava e, com Hanns, guardas e prisioneiros judeus ao lado, lia a oração judaica para os mortos. Depois iam para a próxima vala, até que esta também estivesse cheia, e assim continuaram até remover todos os cadáveres.

Os soldados ingleses ficaram profundamente chocados com o que encontraram em Belsen, mas a reação de Hanns foi diferente. Aquela atrocidade tinha ocorrido em seu país de nascimento, e a maioria das vítimas era de judeus, seu povo. Ele entendia o alemão que os prisioneiros falavam, eram pessoas com quem compartilhava o histórico e o contexto. A história deles poderia facilmente ter sido a sua. Para Hanns, ali era seu lar, e não haveria trégua. Foi como se Belsen tivesse ligado um botão dentro dele. Já não era mais um jovem egoísta e despreocupado. Foi invadido por uma raiva quase incontrolável. E encontrou um propósito.

Pela primeira vez na vida, Hanns se sentiu compelido a agir. Na primeira semana, uma enfermeira da Cruz Vermelha se aproximou dele pedindo para ajudar uma menina de 5 anos que afirmava que a mãe tinha sido embarcada logo antes da liberação do campo, e tinha certeza de que ela ainda estava viva. Hanns sabia que encontrar a mãe da menina no meio de milhões de pessoas perdidas pela Europa era praticamente impossível. No entanto, concordou em ajudar. Saiu perguntando e descobriu que alguns internos tinham sido evacuados de Belsen e levados para um campo em Wolfsburg, perto de Hanover.

Hanns levou a criança e a enfermeira a Wolfsburg. Chegando lá, pegou emprestado um caminhão blindado do comando britânico e disse à enfermeira que subisse no teto. Hanns dirigiu pelo campo enquanto a enfermeira, agarrando-se ao teto do veículo e com um megafone na mão, gritava em alemão que a mãe da menina aparecesse. Passados muitos minutos, ouviram um berro estridente vindo da multidão e uma mulher apareceu correndo para o caminhão. Segundos depois, mãe e filha estavam abraçadas.

Em 16 de maio, um telegrama secreto do quartel-general do Exército Britânico ordenava ao tenente-coronel Leo Glenn, em Belsen, que assumisse o comando das equipes de investigadores e intérpretes reunidos no campo. Esse comando seria chamado Equipe Número I de Investigação de Crimes de Guerra, a 1ª WCIT.

Nas três semanas desde a liberação do campo, um número limitado de depoimentos tinha sido colhido por três investigadores: major Geoffrey Smallwood, major P. I. Bell e capitão Alfred James Fox. Duas jovens ex-prisioneiras davam assistência à equipe, já que os intérpretes do Exército Britânico não haviam conseguido lidar com os horrores de Belsen e, segundo Smallwood, tinham "desmoronado e adoecido". Glenn recebeu instruções para conduzir as investigações num ritmo mais formal. Em primeiro lugar, interrogaria os ex-guardas e oficiais da SS, muitos dos quais tinham trabalhado antes em Auschwitz e estavam detidos numa prisão em Celle, aldeia medieval a 25 quilômetros do campo de Belsen.

Glenn designou Hanns como intérprete da 1ª WCIT. Depois da limpeza do campo, foi um alívio muito bem-vindo. No fim daquele dia a equipe já estava montada, com o tenente-coronel Glenn no comando e o major S. E. Champion como seu assistente. Teriam o apoio de dois ex-detetives, o tenente R. E. Robichaud e o capitão Fox, como pontas de lança na coleta de provas, e de um pequeno grupo de intérpretes, dos quais apenas um já havia chegado a Belsen, o tenente Hanns Alexander. Além desses, oito oficiais não comissionados dariam apoio, dirigindo veículos, auxiliando na administração e agindo como seguranças quando fosse preciso. Oito dias depois da rendição oficial da Alemanha, em Berlim, os 12 homens de Glenn totalizavam o corpo de investigadores de crimes de guerra inglês em ação.

Glenn foi avisado de que a equipe poderia usar quaisquer recursos disponíveis em Belsen, inclusive os escritórios dos antigos administradores. Afora os escritórios, porém, estavam por sua conta e risco, pois não havia recursos adicionais: nada de máquinas de escrever, gravadores, veículos, equipamentos de comunicação, nada disso. Teriam que improvisar ou requisitar o que pudessem da população local.

Glenn não ficou feliz com a situação. Num memorando enviado em 21 de maio de 1945 a seu chefe em Londres, o brigadeiro Scott-Barret, da Comissão de Crimes de Guerra, Glenn escreveu: "Certamente farei o melhor possível, mas devo dizer que não tenho confiança nenhuma em apresentar a resposta desejada, dado que (afora a supracitada inadequação da equipe) não apenas muitos dos cavalos se foram, como tenho dúvidas se terei a força necessária para fechar a porta do estábulo, mantendo lá os que restam."

Mesmo assim, Glenn se dispôs a motivar a equipe. O objetivo era reunir evidências a serem apresentadas num julgamento britânico de crimes de guerra que seria realizado perto de Belsen no fim do verão. Os julgamentos seguiriam os habituais procedimentos judiciários britânicos: seria estabelecido um tribunal militar nos moldes de uma corte marcial, o conselho iria representar tanto o promotor como o acusado, e o tribunal seria composto por juízes e advogados britânicos. Os julgados culpados seriam condenados à pena de prisão ou à morte por enforcamento ou fuzilamento. Essas normas seriam legitimadas pela lei britânica daí a um mês, em 18 de maio de 1945, por decreto real.

Hanns trabalharia com o capitão Fox, ex-sargento da polícia de Reading, que vinha colhendo declarações de prisioneiros de campos de concentração havia mais de três semanas. Além de datilografar as resmas de anotações feitas por Fox, ele devia acompanhá-lo quando fosse retomar esses depoimentos e providenciar os testemunhos adequados. Antes, porém, teriam que interrogar os ex-guardas e administradores da prisão que estavam em custódia.

As técnicas de interrogatório britânicas em tempos de guerra, particularmente quando se tratava de prisioneiros alemães, tinham sido desenvolvidas pelo coronel Robin "Tin Eye" Stephens. Durante a guerra, Stephens supervisionara a London Cage, onde ele e sua equipe eram responsáveis pelos interrogatórios de espiões alemães e prisioneiros de guerra. Stephen afirmava que a violência não tinha lugar na sala de interrogatório, e ao mesmo tempo incitava os interrogadores a agir como "quebradores", para dominar rapidamente o prisioneiro e desintegrar toda oposição. Ele acreditava que os atributos-chave de um "quebrador" eram entusiasmo, senso comum, viagens e experiência de perda pessoal. O mais importante era o "ódio implacável ao inimigo", pois daí derivaria "uma certa abordagem agressiva". Hanns era um "quebrador" natural.

Em 17 de maio, Hanns e o capitão Fox foram a Celle, onde lhes cederam uma salinha com uma escrivaninha e três cadeiras. Após uma curta espera, Hanns dando sua cachimbada no Dunhill e Fox estudando as perguntas que tinha preparado, o primeiro declarante foi trazido. Franz Hössler tinha trabalhado duas vezes em Auschwitz, primeiro dirigindo a grande operação de abastecimento, e depois, desde janeiro de 1944, como chefe de um subcampo de Auschwitz.

Hössler começou afirmando que queria colaborar com os interrogadores de todas as maneiras possíveis. Falando em alemão, Hanns lhe pediu uma biografia sucinta e o prisioneiro disse que tinha 39 anos e era fotógrafo de profissão. Hanns lhe perguntou o que sabia sobre as câmaras de gás, e Hössler respondeu:

> Todos no campo sabiam das câmaras de gás em Auschwitz, mas em nenhum momento tomei parte na seleção dos prisioneiros que iriam para as câmaras de gás e depois seriam cremados. Enquanto estive lá, a seleção de prisioneiros para as câmaras de gás era feita pelo dr. Klein, o dr. Mengele e outros médicos jovens cujos nomes eu não sei. Compareci a essas seleções, mas meu trabalho era meramente manter a ordem. Frequentemente, mandavam mulheres ficar nuas diante dos médicos, e as pessoas selecionadas pelos médicos eram mandadas para as câmaras de gás. Eu soube disso por conversas com os médicos. Acho que os selecionados eram principalmente aqueles que não gozavam de boa saúde e não podiam trabalhar.

Enquanto Hössler falava, Hanns tomava notas em alemão, esforçando-se para transcrever as palavras exatas que ele usava. Disseram a Hanns que, como o testemunho seria usado no tribunal, teria que ser registrado com a maior precisão possível. Hössler prosseguiu:

> Quando os transportes de prisioneiros chegavam, os prisioneiros eram retirados do trem e escoltados para o campo. Carregamentos de dois mil e três mil chegavam ao campo, e frequentemente uns oitocentos iam para as câmaras de gás. Os médicos eram sempre responsáveis por essas seleções.

À medida que o interrogatório prosseguia, Hanns sentia uma crescente hostilidade e raiva do prisioneiro. Havia artigos nos jornais e boatos circulando em Belsen, mas ali estava um dos participantes confirmando que os assassinatos aconteciam em Auschwitz numa escala colossal, impensável. Isso era ao mesmo tempo novo e chocante para Hanns. Na verdade, pode ter sido a primeira vez que alguém ouviu um testemunho tão cru de uma pessoa que estivera lá. Contudo, Hanns manteve a compostura e continuou a traduzir profissionalmente as perguntas de Fox e a repetir as respostas de Hössler.

Traduzindo para Fox, Hanns perguntou a Hössler quem comandava o campo na época:

> Enquanto eu estava em Auschwitz, o Kommandant, até junho de 1944, era Höss, e foi sucedido por Baer. Eu fiz muitas queixas a Höss a respeito do modo como as pessoas eram mandadas para as câmaras de gás, mas ele respondia que não era da minha conta.

No dia seguinte, Hanns e o capitão Fox viajaram de carro por quarenta minutos até um hospital militar em Schwarmstedt, a oeste de Belsen. Lá foram levados a uma enfermaria de segurança e apresentados a um senhor de 57 anos, Fritz Klein, um dos médicos que trabalhara em Auschwitz antes de ir para Belsen. Klein não parecia estar bem. Desde sua prisão, tinha trabalhado sem cessar na limpeza do campo, carregando corpos para as valas comuns. Hanns e o capitão Fox se sentaram perto do leito dele e o interrogatório começou. Hanns já estava se adaptando ao ritmo febril e, além de transcrever as perguntas de Fox, também fazia algumas.

Klein era romeno, formado em medicina em Budapeste. Após se alistar na SS, foi mandado para a Iugoslávia como médico de recrutamento e, em 1943, foi designado médico de campo em Auschwitz, onde supervisionou muitas "seleções". O oficial comandante do campo, disse ele, era Rudolf Höss. Explicando que era um dos oito médicos no campo, Klein contou a Hanns como eram operadas as "seleções":

> Quando os transportes chegavam a Auschwitz, era tarefa do médico identificar aqueles inaptos para trabalhar. Esses incluíam crianças, velhos e doentes. Vi as câmaras de gás e os crematórios em Auschwitz, e sabia que os que eu selecionava iriam para as câmaras de gás. Mas agia somente cumprindo ordens dadas a mim pelo dr. Wirths. Não sei dizer de quem o dr. Wirths recebia ordens e nunca vi qualquer ordem escrita com relação a matar prisioneiros com gás. Todas as ordens que eu recebia eram dadas verbalmente. Todos os médicos que mencionei previamente tomaram parte nessas seleções, e embora guardas da SS

estivessem na seleção, não tomavam parte ativa na escolha dos que eram incapazes de trabalhar.

A seguir, Hanns perguntou por que, como médico, Klein não tentara impedir as "seleções":

> Nunca protestei contra as pessoas serem mandadas para a câmara de gás, embora nunca tenha concordado. Ninguém pode protestar no exército. Não era um prazer tomar parte nessas seleções, pois eu sabia que as pessoas selecionadas iam para a câmara de gás. Mulheres que ficavam grávidas enquanto estavam no campo, e portanto inaptas para trabalhar, também eram selecionadas em triagens posteriores. Ouvi dizer que Himmler visitou o campo de Auschwitz, mas nunca o vi. Certamente era do conhecimento das autoridades mais altas que esses métodos eram usados no campo de Auschwitz.

No dia seguinte, Hanns e o capitão Fox voltaram a Celle para entrevistar a guarda Irma Grese, a segunda em importância no setor feminino do campo de Auschwitz antes de ser transferida para Belsen. Mais tarde a imprensa iria chamar Grese de "Bela Besta" por causa dos seus malares altos e seus longos cabelos louros. Os interrogadores desenvolveram um ritmo: Fox fazia uma pergunta em voz baixa, em inglês, que Hanns repetia em alemão para Grese, ela respondia, e Hanns traduzia para Fox. Grese, porém, se recusou a cooperar e negou todas as acusações. Fox e Hanns foram se irritando com as evasivas e encerraram a entrevista.

Sem treinamento em técnicas militares ou policiais, Hanns observava como Fox conduzia os interrogatórios, estruturava as perguntas de modo a permitir que os prisioneiros dessem uma resposta completa, e deixava claro que ele estava no comando. Em certo ponto, Fox explodiu com Grese, dizendo que ela estava mentindo (de fato, Fox falava alemão muito bem, não obstante um forte sotaque), perdendo o controle de tal maneira que Hanns ficou perplexo. Quando a entrevista foi concluída, ele perguntou a Fox por que tinha ficado zangado. "Não fiquei", disse o ex-policial, "o show faz parte do negócio".

Naquela tarde, Fox e Hanns entrevistaram Elisabeth Volkenrath, de 26 anos, guarda veterana em Auschwitz e mais tarde chefe do campo de mulheres em Belsen. Volkenrath vestia uma saia de lã e casaco cinzentos, blusa branca e botas pretas de cano curto. Fotos dela nessa época mostram que tinha o queixo pontudo, olhos afastados e cabelos encaracolados repartidos e presos do lado direito. Nas entrevistas anteriores com prisioneiros, Fox soube que Volkenrath era uma mulher cruel, perversa, dada a atirar em prisioneiros sem motivo aparente. Aquela diante deles era a mulher mais odiada em Belsen.

Quando todos se sentaram, Hanns perguntou a Volkenrath sobre seu histórico. Ela disse que nascera numa cidadezinha na Polônia e tinha trabalhado como cabeleireira antes da guerra. Depois alistou-se na SS e foi guarda em Ravensbrück antes de ser transferida para Auschwitz, em março de 1942. Assim como Grese, ela negou estar envolvida com as câmaras de gás, embora admitisse estar presente durante as "seleções".

No decorrer do depoimento, Hanns continuou a traduzir as palavras da guarda para o inglês, e as perguntas de Fox para o alemão. No fim do interrogatório, Hanns perguntou a Volkenrath quem era o responsável pelo que acontecia em Auschwitz:

> É minha opinião que o maior responsável pelas condições em Auschwitz era Höss, que estava no comando de todos os campos nessa área. O *Reichsführer* Himmler é certamente o responsável por todos os campos de concentração. Nunca vi qualquer ordem escrita com relação a campos de concentração.

Uma vez terminadas as entrevistas, Hanns e Fox voltaram ao pequeno escritório que a WCIT tinha instalado num dos velhos prédios perto de Belsen. As paredes estavam cheias de fotos dos guardas da SS entrevistados pelos investigadores, tendo embaixo de cada uma a etiqueta com nome, idade, cargo e sinais particulares. Também na parede havia uma lista dos criminosos publicada pela Comissão de Crimes de Guerra da ONU no fim da guerra.

Fox ensinou Hanns a preparar os depoimentos. No caso de Elisabeth Volkenrath, por exemplo, ele destacou as partes mais importantes das declarações, datilografou em inglês, e Hanns traduziu-as para o alemão. Quando todos os depoimentos estavam preparados, eles voltaram a Celle e os apresentaram aos interrogados. A Volkenrath pediram que lesse o depoimento e, depois que ela aprovou o conteúdo e assinou seu nome, Hanns escreveu embaixo:

Certifico que traduzi exatamente o depoimento acima do alemão para o inglês e que foi lido por Elisabeth Volkenrath em alemão, tendo a dita Elisabeth Volkenrath assinado em minha presença.

Assinado: H.H. Alexander

Para Hanns, as entrevistas abriram uma nova porta para a realidade dos campos de concentração nazistas. Ele tinha visto o que a fome e as condições atrozes tinham feito aos prisioneiros em Belsen. Agora tinha a confirmação de uma realidade ainda mais sinistra, a de que os velhos, doentes e crianças eram selecionados pelos médicos de Auschwitz para execução, que milhares de judeus tinham morrido nas câmaras de gás – nessa ocasião ele não podia saber que os números excediam a um milhão – e que o Kommandant na chefia desse horror era Rudolf Höss.

Àquela altura, Hanns havia desenvolvido dois lados da sua personalidade. Na superfície, continuava charmoso e jovial, pronto a contar uma piada maliciosa e a fazer rir todo mundo em volta. Esse era o Hanns, ou "Alex", conhecido dos soldados e médicos em Belsen. Mas seu outro lado, o judaico-alemão, ele revelava apenas àqueles que compartilhavam seu sofrimento, a alguns ex-prisioneiros do campo e à família. Para estes, Hanns era sério e determinado, feroz ao ponto da brutalidade com os interrogados, e cheio de ódio.

No fim de maio de 1945, Hanns tinha passado três semanas em Belsen, traduzindo as palavras ditas por guardas da SS. Era um trabalho importante, mas ele achava que qualquer conhecedor de alemão poderia fazê-lo. A maioria dos interrogados era de guardas de baixa patente, que não podiam ser culpados pelos horrores dos campos. Os poucos oficiais graduados processados já tinham prestado depoimento e passariam os próximos meses nas celas, aguardando julgamento. Mas faltavam muitos deles. Para cada guarda interrogado, outros três ou quatro estavam implicados.

Percebendo que tinha capacidade para ser mais que um intérprete, pois entendia o povo alemão, conhecia o país e sabia transitar pelas ruas, Hanns jurou caçar os criminosos de guerra ausentes, especialmente o Kommandant Höss.

Hanns foi ao escritório de Leo Glenn pedir permissão para começar a busca, mas Leo negou a autorização. Acreditava que Hanns não tinha a experiência necessária e lembrou que ainda havia muito trabalho a fazer em Belsen. Hanns fingiu concordar e se retirou, mas no dia seguinte pegou um carro e saiu do campo. Desprezando o protocolo, Hanns foi um dos primeiros homens do Exército Britânico a caçar criminosos de guerra nazistas.

Glenn tinha razão. Hanns estava totalmente despreparado para a missão que se propôs. Não tinha experiência policial nem formação de detetive, não dispunha de apoio tático, nem do serviço secreto, não tinha pistas nem indícios. Era apenas um intérprete que mal sabia procurar, quanto mais prender os homens procurados. Mas essa falta de planejamento ou de autoridade não iria detê-lo.

Percorrendo de carro o Norte da Alemanha, notou que havia poucos veículos nas ruas. Após seis anos de guerra, ainda que alguém tivesse um carro em bom estado, seria praticamente impossível encontrar gasolina, devido à escassez. As cidades por onde passava estavam silenciosas, a não ser pelo tráfego militar, e as raras lojas abertas tinham as prateleiras quase vazias, atendendo apenas às necessidades mais básicas. Os moradores com quem ele tentava falar se mostravam retraídos e relutantes em conversar com aquele detetive informal.

Numa dessas excursões, Hanns foi visitar seu irmão, então encarregado de um campo de prisioneiros de guerra ao norte de Hamburgo. Ao lado de Paul, andou por entre as fileiras de soldados alemães, examinando seus braços à procura de sinais da reveladora tatuagem do tipo de sangue, marcada em todos os membros da SS. Mas para Hanns esses homens eram todos "arraia-miúda" que não valia a pena prender.

Antes da partida de Hanns, os irmãos conversaram sobre a tia-avó, Cäcilie Bing. A família perdera contato quando ela ainda morava em Frankfurt. Paul iria em breve à cidade e prometeu averiguar o destino de Cäcilie, uma fonte de constante preocupação para os Alexander. Desde a chegada à Inglaterra, tinham insistido com ela para se reunir a eles, salientando o perigo de continuar na Alemanha. Mas em 1941, as respostas dela – sempre corajosa, resoluta, infatigável – tinham cessado abruptamente.

Depois do rápido encontro dos irmãos, cada um tomou seu caminho. Em 15 de junho, Hanns teve notícias de Paul. A viagem a Frankfurt tinha sido infrutífera. Nenhum dos amigos tivera notícias de tia Bing. O hotel em que ela estava morando não tinha registro de sua partida. A polícia não tinha indícios de seu paradeiro. Numa carta, Paul escreveu: "Não sei se Lilly (Cäcilie) ainda está viva, mas duvido que esteja morando em Frankfurt." Cinco dias depois, Henny escreveu a Paul e a Hanns que a Cruz Vermelha tinha descoberto vestígios parciais de Cäcilie Bing. Ela havia sido obrigada a sair do hotel de

Frankfurt em 20 de setembro de 1942, fora embarcada num trem com mil outros judeus para Theresienstadt, um campo de concentração na Tchecoslováquia. Não sabiam se tinha permanecido nesse campo, nem se tinha sobrevivido à guerra. Hanns respondeu imediatamente: "Lamento pela tia Bing, mas pelo que tenho visto aqui [em Belsen] ela estaria melhor mesmo em Theresienstadt. Espero que não tenha sido ruim demais nem longo demais."

Nas semanas seguintes, Hanns saía do campo sempre que não estava de serviço. Em 15 de julho de 1945 escreveu a Elsie, contando sua nova atividade e por que andava ocupado demais para escrever. "Minha maior alegria é caçar esses SS, mas ultimamente não tenho tido a sorte de pegar alguma coisa interessante." Contou que realizava essa caçada aos nazistas em seu "tempo livre" porque não tinha autorização de Leo Glenn, seu superior. "Infelizmente, meu chefe tem ideias diferentes das minhas. Ele diz que nosso trabalho é lidar com os que estão em custódia, e concordo com ele, mas se eu puder ajudar a pegar um que não esteja na cadeia, farei isso."

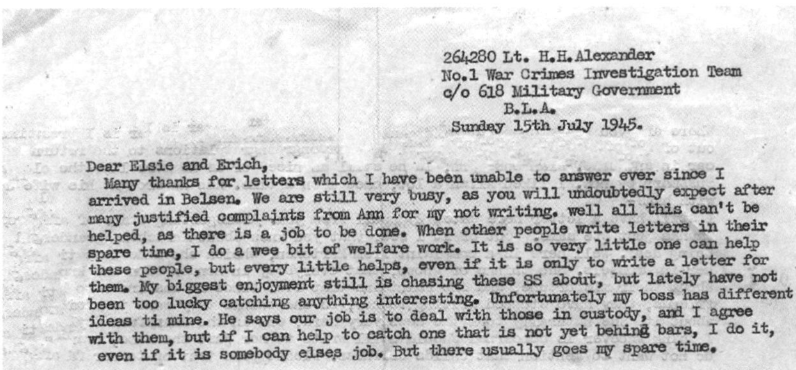
264280 Lt. H.H. Alexander
No.1 War Crimes Investigation Team
c/o 618 Military Government
B.L.A.
Sunday 15th July 1945.

Dear Elsie and Erich,
Many thanks for letters which I have been unable to answer ever since I arrived in Belsen. We are still very busy, as you will undoubtedly expect after many justified complaints from Ann for my not writing. well all this can't be helped, as there is a job to be done. When other people write letters in their spare time, I do a wee bit of welfare work. It is so very little one can help these people, but every little helps, even if it is only to write a letter for them. My biggest enjoyment still is chasing these SS about, but lately have not been too lucky catching anything interesting. Unfortunately my boss has different ideas ti mine. He says our job is to deal with those in custody, and I agree with them, but if I can help to catch one that is not yet behing bars, I do it, even if it is somebody elses job. But there usually goes my spare time.

Quatro dias depois, escreveu aos pais. Primeiro, agradeceu pelo precioso cachimbo Dunhill, que tinham mandado consertar e enviado de volta para ele. Depois deu parabéns ao pai por ter conquistado uma clientela de cirurgia, comparando-a ao trabalho que ele vinha fazendo como caçador de nazistas. "Estou muito contente com a [sua] clínica. É maravilhoso o que você fez em apenas alguns anos, em condições adversas, afinal guerra é guerra e transtornou todo mundo, de um jeito ou de outro. Mil e oitocentos [pacientes] é uma bela vitória. Eu gostaria de poder dizer que já ajudei a pendurar 1800 SS, mas acho que isso nunca irá acontecer. É incrível, mas quanto menos falar nisso, melhor. Graças a Deus, alguns morrem no meio tempo, pelo menos é uma satisfação, desses tenho certeza, mas os outros, nunca se sabe."

Durante o verão de 1945, Hanns fez curtas incursões pela zona rural, entrevistando centenas de soldados e civis alemães, mas poucos deram alguma informação útil. Apesar do insucesso, ele sentia-se impelido a continuar.

Enquanto isso, em Londres, Alfred e Henny Alexander ainda tentavam reconstruir a vida. Passadas as celebrações do Dia da Vitória, em maio de 1945, eles lutavam dia a dia, como toda a população. A comida ainda estava racionada – bacon, manteiga, geleia, ovos, chocolate –, bem como a gasolina. O doutor não podia viajar pela zona rural, como gostava de fazer, e era difícil andar pela cidade com as ruas cheias de operários de construção e o sistema de transporte público ainda inoperante, depois de anos de bombardeio. Assim, enquanto aguardava a volta dos filhos, o doutor se concentrava em sua prática médica. Alugou salas na Wimpole Street e continuou a aumentar sua clientela.

Elsie e Erich passaram a guerra fora de Londres, no campo, mantendo os filhos em segurança, longe da *Blitz*. Todos os dias Erich ia à cidade tocar o comércio de couro, que fora beneficiado com a demanda da guerra. Para Bella, porém, o fim da guerra trouxe uma tragédia. Uma semana depois do Dia da Vitória, seu marido, Harold, foi morto em Wiltshire quando seu carro foi atingido por um aeroplano que errou a pista. Bella tinha dois filhos pequenos, e agora tinha que criá-los sozinha.

Ann estava morando com os pais num pequeno apartamento em Finchley, no norte de Londres. Ocupava-se trabalhando na North London Metal Company, onde ajudava a produzir suprimentos para o esforço do pós-guerra. Era membro da Liga das Mulheres Judias, cujo objetivo era "intensificar em todas as mulheres judias a consciência judaica e aprofundar seu senso de responsabilidade para com a comunidade judaica", e passava muitos fins de semana entregando alimentos e fazendo companhia a doentes e idosos.

Hanns e Ann mantinham o relacionamento por correspondência, escrevendo em papel fino de carta ou cartões-postais. Em julho de 1945, ela tirou férias e foi com amigos para a Cornualha. Fazia calor naquele verão e ela aproveitou o tempo longe das ruas barulhentas de Londres: piqueniques calmos à beira do lago, banhos de mar, ao lado de famílias se deliciando com os dias ensolarados, compras nas coloridas butiques de St. Ives, caminhadas pela pitoresca orla margeada de rochedos. Na hora do chá, escrevia cartões-postais para Hanns, dizendo que "isso é como o fim do mundo ou a parte da Inglaterra mais perto do céu".

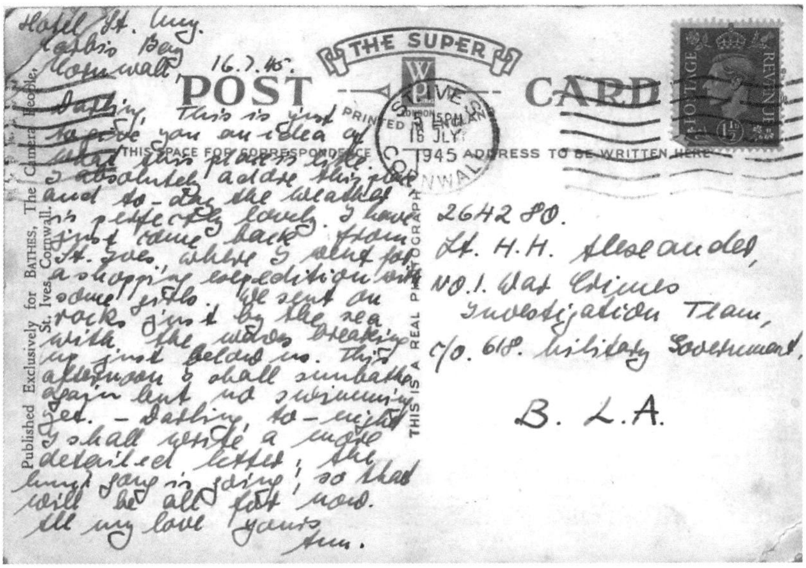

Desde que Hanns começara a trabalhar na 1ª WCIT, vivia ocupado demais para ir em casa quando estava de licença. Portanto, havia bem mais de quatro meses que Ann e ele não se viam, e Hanns tinha passado a maior parte da última licença com a família, preocupado com a saúde do pai. Ann estava ficando ansiosa quanto ao futuro, e fazia cada vez mais pressão para que Hanns se comprometesse. Mas Hanns não tinha certeza de querer se casar com Ann. Pelo menos ainda não, segundo confidenciou numa carta a Elsie:

> Por falar em problemas, parece que estão surgindo mais alguns. Ann está muito decidida a se casar na minha próxima licença, se e quando houver uma. Coitado de mim, tenho que me casar, passar a lua de mel, voltar ao continente, tudo isso em dez dias, e achar muito bom. Se eu tivesse dois minutos de folga enquanto isso, acho que deveria também arrumar, ou pelo menos tentar arrumar, um emprego. Lamento muito pela Ann, mas, como ela foi avisada, ninguém começa alguma coisa com um sujeito como eu. Recebi uma carta adorável dela há pouco tempo. Perguntou

o que eu quero e, quando lhe disse, ela teria me arrancado a cabeça fora se eu estivesse perto. Coitadinha, tentando me fazer resolver problemas daqui de Belsen. Que esperança.

Hanns

Apesar dos vários pedidos dela para que ele solicitasse uma licença, Hanns estava preocupado demais para visitar Ann naquele verão. O soldado Hanns estava tomando a precedência sobre o cidadão Hanns.

Durante o mês de agosto, Hanns e os outros membros da 1ª WCIT ficaram muito ocupados preparando declarações de testemunhas para o Julgamento de Belsen, que estava por acontecer. Seria o primeiro julgamento em que as pessoas seriam acusadas por crimes contra seus próprios conterrâneos e era visto por muitos como uma prévia dos Julgamentos de Nuremberg dos Grandes Criminosos de Guerra, previstos para começar ainda naquele ano. Em consequência, as autoridades faziam questão de que todos os documentos estivessem perfeitamente em ordem.

Josef Kramer, Belsen, 1945

A primeira incumbência de Hanns era garantir que o réu número um, Josef Kramer, corrigisse sua declaração original. Antes, em maio, o ex-ajudante de Höss tinha alegado não ter conhecimento das câmaras de gás de Auschwitz. Dado o esmagador testemunho contrário, tanto dos guardas como dos prisioneiros, Kramer indicou que estava disposto a mudar sua declaração. Em 1º de setembro, Leo Glenn pediu a Hanns que o acompanhasse a Celle para ouvirem Kramer.

Após rápidas apresentações, Hanns perguntou a Kramer sobre as câmaras de gás em Auschwitz. A resposta, mais tarde datilografada numa declaração formal, seria uma peça chave nos procedimentos do Julgamento de Belsen.

> A primeira vez que vi uma câmara de gás propriamente dita foi em Auschwitz. Era ligada ao crematório. A edificação completa, contendo o crematório e a câmara de gás, ficava situada no campo n. 2 (Birkenau), que eu comandava. Visitei o prédio na minha primeira inspeção do campo, três dias depois de chegar lá. Mas nos meus primeiros oito dias lá não estava funcionando. Depois de oito dias, chegou o primeiro transporte, do qual as vítimas da câmara de gás foram selecionadas, e ao mesmo tempo recebi uma ordem escrita de Höss, que comandava todo o Campo de Auschwitz, que, embora a câmara de gás e o crematório estivessem situados na minha parte do campo, eu não tinha qualquer jurisdição sobre ela.

Hanns então perguntou a Kramer por que Rudolf Höss não tinha interrompido a matança.

> As ordens com relação à câmara de gás eram, de fato, sempre dadas por Höss, e estou firmemente convencido de que ele recebia essas ordens de Berlim. Acredito que, se eu estivesse na posição de Höss e recebesse tais ordens, eu as teria cumprido, porque, mesmo se eu protestasse, o único resultado seria me fazerem também prisioneiro. Meus sentimentos sobre ordens com relação à câmara de gás foram ficar ligeiramente surpreso e me perguntar se tal ação era realmente correta.

Agora Hanns e Glenn podiam provar não só que Kramer tinha conhecimento das câmaras de gás de Auschwitz, mas que, se seu depoimento fosse verdadeiro, ele era moralmente alerta o bastante para questionar a operação.

Agora entendiam também a centralidade do papel de Rudolf Höss em Auschwitz. Se pudessem trazer Höss para testemunhar, poderiam estabelecer os fatos do Holocausto. Mas, antes, precisavam apanhá-lo.

Nas três semanas seguintes à liberação, Hanns acompanhou grupos de ex-prisioneiros à prisão de Celle, onde assinaram declarações identificando os Kapos de Belsen, os prisioneiros que comandavam brutalmente os outros internos. Hanns tomou o depoimento de Miklos Hirsch, por exemplo, que falou de um *Kapo* chamado Isaak Judalewsky, espancando um homem até a morte com um pedaço de pau. Outro prisioneiro, Joszef Silberstein, confirmou que Judalewsky "foi ver um prisioneiro doente no beliche de cima. Deu dois golpes violentos com a fivela do cinto na boca e no rosto dele, e o homem caiu do beliche e ficou inconsciente no chão". Quando o médico chegou, disse Silberstein, o homem estava morto.

Hanns levou a Celle várias ex-prisioneiras – Blanka Vogel, Margit Spitzer, Ilona Grosz e Helen Jakubovits –, que identificaram Maria Malzyner, uma *Kapo* conhecida pela crueldade, que Hanns prendeu dias depois. Malzyner "me bateu na cabeça com os punhos, deu vários golpes e me puxou pelos cabelos, arrancando tufos", contou Vogel. Outra mulher, Marian Tatarozuk, identificou Anton Polanski, um *Kapo* que batia cruelmente nos outros prisioneiros. E Hanns levou Alfred Kurzke ao campo de internação de Neuengamme, em Hamburgo, onde ele identificou Oscar George Helbig, administrador do campo de concentração Mittelbau-Dora, mais tarde condenado pelos americanos a vinte anos de prisão.

Por fim, na terceira semana de setembro, Leo Glenn decidiu que estavam prontos. Era hora de começar o julgamento.

O primeiro julgamento de crimes de guerra, "O Julgamento de Belsen de Josef Kramer e 44 Outros", começou em 17 de setembro de 1945 num grande salão na cidade alemã de Lüneburg. Os réus se sentaram no centro da sala: 21 mulheres e 24 homens, cada um com um número escrito num quadrado de pano branco preso no peito. O julgamento foi presidido por um major-general com o portentoso nome de Horatio Pettus Mackintosh Berney-Ficklin, acompanhado por outros quatro juízes militares. Além do público, estavam presentes representantes da imprensa mundial. O tenente Hanns Alexander e o capitão Alfred Fox se sentaram no fundo da sala, esperando para ver se seus interrogatórios seriam utilizados.

Após 45 declarações de "inocente" serem ouvidas, o promotor, coronel Thomas Backhouse, se levantou e fez um resumo das acusações: "Em Auschwitz, a promotoria dirá que houve um deliberado extermínio, a sangue-frio, de milhões... Todos os membros da gangue tomaram parte no tratamento, sabendo que causaria morte e sofrimento físico. Vamos apresentar provas de que cometeram atos deliberados de crueldade e assassinato intencional." Concluiu com a inimaginável afirmação de que "um total de pelo menos quatro milhões morreram asfixiados por gás".

Nas semanas seguintes, o mundo ficou petrificado. Declarações de testemunhas, da defesa e do conselho foram divulgados pela imprensa com detalhes impressionantes, e os grandes jornais deram manchetes de primeira página. Foi projetado um filme de curta-metragem da libertação de Auschwitz pelo Exército Vermelho e as testemunhas de acusação – homens e mulheres que haviam sido prisioneiros em Belsen e Auschwitz – prestaram depoimento. Os advogados de defesa tiveram dificuldade de contestar esses testemunhos.

Quando chegou a vez de Josef Kramer depor, o nome de Rudolf Höss foi pronunciado pela primeira vez num tribunal de crimes de guerra. Kramer disse que tinha sido ajudante do Kommandant, e que Höss era o responsável pelo campo de Auschwitz. Höss, disse ele, havia supervisionado a construção e a operação das câmaras de gás que mataram milhões de pessoas. O *The New York Times* publicou o depoimento de Kramer, citando Rudolf Höss como o "homem ausente" no Julgamento de Belsen, agora na lista dos criminosos de guerra mais procurados.

Em novembro de 1945, o Julgamento de Belsen foi encerrado. Dos 45 réus, trinta foram declarados culpados de crimes de guerra. Dezenove foram mandados para a prisão. Quanto aos outros 11, inclusive os cinco que Hanns tinha interrogado – Kramer, Klein, Hössler, Volkenrath e Grese –, o juiz declarou: "Este tribunal sentencia que sofram pena de morte por enforcamento."

Às 9:34 da manhã de 13 de dezembro, Elisabeth Volkenrath, a primeira dos condenados, foi enforcada no patíbulo do pátio da prisão de Hamlin. Os restantes foram executados no mesmo dia: Irma Grese às 10:04, gritando *Schnell!* antes do ato, Kramer e Klein lado a lado às 12:11, e Hössler às 15:37 da tarde. Às 16:16, tudo tinha terminado.

No tribunal, tornara-se mais claro para Hanns que os réus não passavam de uma gota no oceano de nazistas importantes que permaneciam à solta na Alemanha ocupada. Quando o Julgamento de Belsen estava chegando ao fim, Hanns voltou a procurar seu comandante, solicitando licença para caçar os criminosos ainda não capturados. Dessa vez o comandante aquiesceu, e sugeriu que ele começasse pesquisando nos arquivos da CROWCASS, a lista dos milhares de criminosos de guerra compilada pelos Aliados. Glenn cedeu a Hanns um carro e um motorista da frota de veículos à disposição do Grupo de Crimes de Guerra e, o mais importante, investiu-o de autoridade para ir aonde quisesse em suas investigações. Pela primeira vez, Hanns tinha o poder de efetuar prisões.

Poucas horas depois, Hanns saiu do campo. Levava no bolso uma lista de nomes, uma pistola, algemas presas no cinto e a permissão de viagem. Estabeleceu rapidamente seu *modus operandi*: primeiro escolhia um nome na lista e se dirigia ao último endereço do suspeito. Quando chegava ao local, ia à delegacia de polícia ou à prefeitura para confirmar o endereço e procurar alguma notícia de jornal ou fotos recentes. Geralmente, tudo tinha desaparecido. Hanns pedia então a quem estivesse presente – um parente, senhorio, vizinho – que procurasse obter informações. E assim foi, de cidade em cidade, percorrendo o país.

Passando pelas cidades, muitas das quais pouco tinham visto das forças de ocupação, Hanns encontrava pessoas ainda ligadas à ideologia nacional-socialista. Numa dessas ocasiões, o prefeito de Fallingbostell lhe disse que ali nunca tinha morado nenhum judeu. Hanns deixou passar a afirmação. Pouco depois, viu um cemitério judaico adjacente à estrada principal. Irritado com a mentira deslavada, deu meia-volta, prendeu o prefeito e o largou na prisão perto de Belsen.

Em novembro de 1945, um mês depois do começo da investigação, tinha conseguido rastrear apenas duas pessoas de alguma importância: um policial sênior em Hamburgo e um oficial naval de alta patente que estava escondido perto de Belsen. Mas, como nenhum deles tinha estado envolvido em campos de concentração, Hanns não considerou as capturas significativas.

Todavia, Hanns estava gostando mais dessa vida do que da que tinha levado nos meses anteriores. Saboreava a liberdade das estradas e, melhor ainda, tinha sido promovido a capitão. Não era mais um refugiado alemão que fazia traduções; era um investigador britânico de crimes de guerra, de pleno direito.

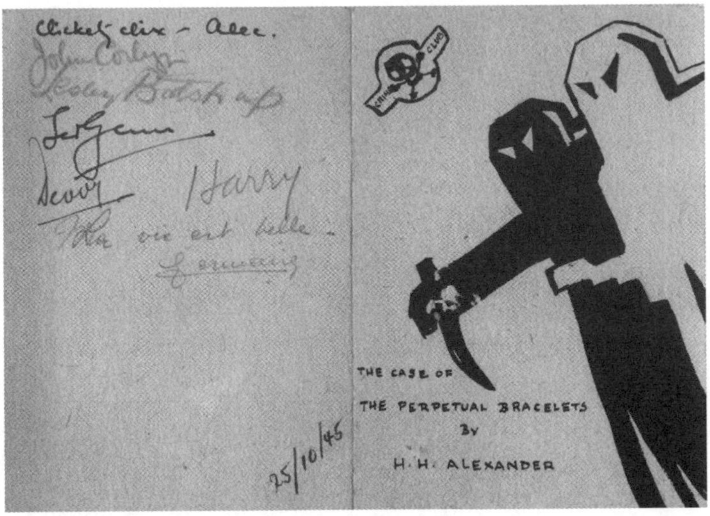

Menu de jantar da Equipe de Investigação de Crimes de Guerra, 1945

13

RUDOLF
BERLIM, ALEMANHA
1945

Em abril de 1945, Rudolf e seus colegas preparavam a fuga do prédio T. Com o Exército Vermelho se aproximando de Berlim e os tanques americanos e ingleses rolando pela Bélgica em direção à Alemanha, era evidente para todos no *Amtsgruppe D1* que a guerra estava chegando ao fim.

Agora ficava difícil para Rudolf conciliar sua crença no domínio de mil anos do Terceiro Reich com a realidade à sua volta. "Não podíamos vencer a guerra assim. Mas não podia duvidar da vitória final, eu acreditava nela, embora o bom senso me dissesse clara e distintamente que estávamos fadados a perder. Meu coração continuava com o *Führer* e sua grande ideia, que não podia ser perdida para o mundo."

Em 16 de abril de 1945, depois que algumas bombas caíram perto do prédio T, na Sachsenhausen, Himmler finalmente ordenou a destruição de todos os arquivos do *Amtsgruppe D*, documentos, filmes e outras evidências incriminadoras. Dias depois, Glücks mandou Rudolf escoltar um grupo seleto de oficiais e suas famílias, inclusive a esposa e a filha de Theodor Eicke, até o campo de Ravensbrück, 100 quilômetros ao norte de Berlim. Hedwig e as crianças, por instrução de Rudolf, já haviam fugido de Auschwitz para Ravensbrück, onde esperavam por ele.

O plano de Rudolf era seguir para o mar Báltico e depois para noroeste, rumo à fronteira da Dinamarca, bem longe da tempestade militar que envolvia rapidamente a Alemanha central. Poderia deixar a família com seu cunhado Fritz, que morava perto da cidade alemã de Flensburg. Partiram seis dias depois. Seguiram num comboio de veículos, passando de uma área de florestas a outra para se esconder dos voos rasantes dos aviões. Viajavam somente quando estava escuro, por medo de serem capturados. "Nossa fuga foi horrível", recordou Rudolf. "Viajamos à noite pelas estradas congestionadas, sem faróis, e o tempo todo eu estava ansioso para que todos se mantivessem juntos porque eu era responsável pela coluna inteira."

Durante a fuga, em 30 de abril de 1945, ouviram a notícia de que Adolf Hitler tinha cometido suicídio em seu *bunker* de Berlim pouco antes que o Exército Vermelho tomasse a cidade. Rudolf entendeu que seu trabalho para o Terceiro Reich tinha acabado. "A morte do *Führer* significava o fim do nosso mundo." Foi então que ele sugeriu a Hedwig um drástico plano de ação:

> Havia mais algum motivo para viver? Seríamos perseguidos, caçados aonde quer que fôssemos. Pensamos em tomar veneno. Eu tinha trazido algum para minha mulher, de modo que, se os russos avançassem de repente, ela e as crianças não cairiam nas mãos deles. Afinal, pelo bem das crianças, não tomamos o veneno. Por eles, iríamos enfrentar tudo o que viesse pela frente. No entanto, devíamos ter tomado, e mais tarde, muitas e muitas vezes me arrependi. Todos nós, principalmente minha mulher e filhos, teríamos sido poupados de muita coisa. E o que eles ainda teriam que enfrentar? Estávamos presos e acorrentados àquele nosso mundo, e devíamos ter morrido junto com ele.

Em Rostock, uma cidadezinha na costa do Báltico, o comboio foi parado por tanques fechando a estrada. O grupo abandonou dois caminhões, largando neles o equipamento de sinais e as bagagens que traziam, e todos se apertaram nos outros veículos. Rumaram para oeste, até chegarem a Rendsburg, uma cidade 100 quilômetros ao norte de Hamburgo, onde se encontraram com Richard Glücks, que estava doente, e sua esposa e filha, com o dr. Enno Lolling e sua esposa e filho, com o substituto de Glücks, Gerhard Maurer, e outros membros do *Amtsgruppe D*. Uma vez reunidos, Rudolf tentou arrumar acomodações para o grupo, mas não conseguiu encontrar nada que fosse ao mesmo tempo seguro e com espaço suficiente para todos. Seguiram viagem, já tarde da noite, até descobrir alguns alojamentos abandonados, 30 quilômetros ao norte, onde puderam descansar algumas horas. Na manhã seguinte, bem cedo, continuaram a jornada para a fronteira dinamarquesa. Sempre que possível, seguiam por estradas secundárias, na esperança de evitar os pontos de inspeção britânicos colocados nas rotas principais.

Enquanto seu mundo desmoronava à sua volta, Rudolf se via obrigado a reconsiderar a causa com que estivera comprometido nos últimos 25 anos. Ele ainda acreditava na visão do nacional-socialismo, na supremacia do povo alemão, na necessidade de mais terras para seus concidadãos, na ameaça latente dos "inimigos do Estado". Contudo, achava que os alemães tinham errado em começar uma "guerra terrível", que nunca deveriam ter usado seu "regime de terror" e a "propaganda altamente eficaz" para submeter a Europa Ocidental. Não que ele sentisse remorso pelos milhões que tinha assassinado; simplesmente reconhecia que os meios empregados tinham fracassado em atingir os tão desejados fins.

Em maio de 1945, Rudolf abandonou o comboio para deixar a esposa e os filhos com Fritz em St. Michaelisdonn, uma vila a poucos quilômetros da costa do Mar do Norte. Rudolf conhecia Fritz havia mais de vinte anos, desde os dias da Liga Artamanen, quando todos trabalhavam juntos na fazenda da Pomerânia. Fritz tinha encontrado uma cabana de madeira, rudimentar, mobiliada com um fogãozinho e uma velha mesa de fazenda com umas cadeiras cambaias, onde a família poderia ficar até achar uma alternativa. Hedwig e as crianças teriam que dormir no chão. Tendo perdido todos os objetos pessoais na correria da fuga para o Norte, as únicas roupas da família Höss eram as que tinham no corpo.

No dia seguinte, Rudolf e seu filho Klaus, de 15 anos, deixaram a família na cabana e foram para Flensburg. Rudolf ainda tinha esperanças de reverter o recente sucesso dos Aliados e desejava ardentemente que seu filho tomasse parte na resistência. De Flensburg foram para uma floresta a cerca de um quilômetro ao norte, onde se reuniram a Richard Glücks e aos outros membros do *Amtsgruppe D*, num encontro marcado previamente. Também à espera deles estava Heinrich Himmler, que tinha vindo de Berlim. Himmler comunicou aos ansiosos subordinados que a luta tinha acabado. Era hora de arrumar identidades falsas e desaparecer entre as pessoas comuns. Ele iria adotar uma identidade de cabo e partir para a Suécia.

Rudolf ficou chocado ao ver que Himmler tinha desistido.

> Chegamos para nos apresentar pela última vez, em Flensburg, para onde Himmler e o governo do Reich tinham ido. Continuar a luta já estava fora de questão. *Sauve qui peut* [salve-se quem puder] era a ordem do

> dia. Jamais esquecerei minha última saudação a Himmler e minha despedida dele. Ele estava sorridente, irradiando bom humor – no entanto, era o fim do mundo, do nosso mundo.

Depois do encontro, Rudolf despediu-se de Klaus, mandando o motorista levá-lo de volta para a mãe. Ele e Gerhard Maurer, agora a pé, levaram o adoentado Glücks a um hospital naval lá perto, onde o deixaram sob o nome falso de Sommerman, e depois Rudolf se separou de Maurer, que foi para o Sul tentar conseguir uma nova identidade. Dias depois, Rudolf encontrou um comandante de submarino em Flensburg, que lhe deu os documentos de um certo Franz Lang, um marinheiro que havia morrido recentemente. Agradeceu ao comandante, destruiu todos os documentos com sua verdadeira identidade e partiu para a ilha de Sylt, ao norte, na esperança de ficar escondido até achar um meio de sair da Alemanha.

A ilha de Sylt, em formato de martelo e com 50 quilômetros de comprimento, fica a noroeste da Alemanha, perto da fronteira da Dinamarca. Muito procurada nas férias de verão por turistas alemães, que adoravam os chalés de teto de palha, os brejos floridos e as praias limpas, Sylt era também o nome da Escola de Inteligência Naval. Ao chegar, no começo de maio de 1945, Rudolf apresentou seus documentos e foi aceito na escola naval sem questionamentos. Lá, em meio às florestas de pinheiros e as altas dunas de areia, ele passou quatro semanas, enquanto era negociado o Armistício entre a Alemanha e as Forças Aliadas.

Ninguém sabia o que os Aliados tinham planejado, e era grande a ansiedade na escola. O único consolo de Rudolf era visitar sua família, que estava a apenas oito quilômetros, do outro lado da baía de St. Michaelisdonn. Os dias passavam devagar. A vitória dos Aliados tinha dado lugar à resistência, que dera lugar à derrota e fuga. Para um homem que baseara sua vida inteira na lealdade e na ação, o isolamento e a inatividade o deixavam insatisfeito, confuso e perdido. Estava se acabando.

Em 23 de maio de 1945, a morte de Himmler foi anunciada no rádio. Rudolf ficou arrasado com a notícia. O *Reichsführer* mudou de ideia após deixar Rudolf e os outros na floresta de Flensburg e foi para o Sul, até ser detido pelos ingleses num ponto de inspeção perto de Lüneburg. Tendo assumido a identidade de Heinrich Hitzinger, um soldado raso falecido, Himmler havia raspado o bigode e usava um tapa-olho preto. Alguma coisa naquela figura pareceu falsa para o major Sidney Excell, chefe da inspeção. Levado pela suspeita, ele deteve Himmler e o levou para a prisão em Lüneburg. No dia seguinte, compreendendo que o disfarce não enganaria, o *Reichsführer* se identificou, dizendo "Eu sou Heinrich Himmler", e mordeu com força a ampola de cianureto escondida nos dentes de trás. Apesar dos esforços desesperados dos médicos ingleses, ele morreu em poucos minutos. A notícia foi mais um sinal de que o mundo de Rudolf estava desmoronando, e um lembrete para manter sua própria ampola de cianureto sempre à mão.

Poucas semanas depois, a Escola de Inteligência Naval de Sylt capitulou sem luta, entregou-se aos britânicos, e todo o pessoal foi levado para um campo preparado às pressas junto ao canal Kiel, ao norte de Hamburgo. Os oficiais de patente mais alta foram identificados e transportados para a prisão em Heide, a 150 quilômetros de Flensburg. Dias depois de ser levado para Heide, Rudolf solicitou libertação antecipada, dizendo que era fazendeiro e desejava trabalhar numa propriedade local. Na ocasião, o Alto-Comando Britânico fazia o possível para evitar uma fome geral na Alemanha e tinha lançado uma mobilização em massa de ex-soldados para trabalhar na lavoura, a operação Barleycorn. O disfarce de marinheiro era tão convincente que Rudolf nunca foi interpelado, e seu desejo de trabalhar a terra casava bem com a política britânica. Foi liberado e, pouco após uma solicitação à Secretaria do Trabalho, conseguiu emprego numa fazenda da região.

Em 5 de julho de 1945, Rudolf chegou a Gottrupel, a 16 quilômetros a oeste do centro de Flensburg e a 6,4 quilômetros ao sul da fronteira dinamarquesa. Gottrupel era uma aldeia de 280 habitantes, cercada por campos planos e abertos de um lado, e por um bosque do outro. Rudolf se apresentou na fazenda Hansen, situada nos limites da aldeia. Foi levado ao celeiro onde iria dormir, uma estrutura em estilo dinamarquês, térrea e comprida, toda de pedras caiadas e um telhado alto, de ardósia.

Para sorte de Rudolf, o dono da fazenda, Hans Peter Hansen, estava ausente, internado num campo americano para ex-membros da SS. Rudolf tinha liberdade para trabalhar a terra como achasse melhor. No decorrer daquele verão, ele trabalhou incansavelmente na fazenda, durante o dia, e à noite lia até tarde no celeiro. Os moradores da aldeia se sentiam tranquilos com seus modos polidos e humildes, e ficaram impressionados com sua silenciosa diligência. Ao se apresentar como o ex-marinheiro Fritz Lang, logo ganhou a confiança da comunidade e não tardou a atuar como secretário no conselho da aldeia. Ninguém suspeitava de sua identidade.

Em setembro, viajou duas vezes a Michaelisdonn para ver Hedwig. Encontraram-se nos terrenos arenosos fora da cidade. Os encontros foram breves, por temor de serem vistos pelos ingleses que patrulhavam a área. Tiveram tempo somente para Rudolf pôr Hedwig a par de seus planos, ouvir notícias dos filhos, e falarem das dificuldades cotidianas da nova vida.

Rudolf passou o resto do outono trabalhando na fazenda, estocando os grãos no celeiro, arando os campos, preparando a terra para o inverno. Dias depois do Natal de 1945, Rudolf encontrou o cunhado num bar de Flensburg. Fritz entregou-lhe uma carta e um embrulho de roupas, mandadas por Hedwig. Naquele dia, Fritz lembrou a Rudolf que ele ainda corria grande perigo, e que os ingleses estavam de olho em Hedwig e nas crianças em Michaelisdonn. Rudolf não deveria mais ter contato direto com eles, e toda comunicação teria que ser feita por intermédio dele, Fritz. Se Rudolf quisesse evitar a prisão e fugir da Alemanha, precisava ficar escondido.

14

HANNS
BELSEN, ALEMANHA
1945

No fim de 1945, o Departamento de Guerra Britânico chegou à conclusão de que precisava revigorar as equipes encarregadas de crimes de guerra. De fato, haviam conduzido um importante julgamento em Belsen e, juntamente com os americanos, os soviéticos e os franceses, estavam coordenando uma série ainda maior de julgamentos, em Nuremberg. Mas sabiam também que a grande maioria de criminosos de guerra ainda estava à solta.

Os britânicos então fundaram um novo Grupo de Crimes de Guerra, baseado em Oeynhausen, pequena cidade mercantil perto de Hamburgo que haviam requisitado em maio de 1945, expulsando os moradores alemães para alojar o quartel-general do Exército Britânico do Reno (BAOR). O grupo recebeu uma das casas tomadas, na Lettowvorbeckstrasse, 24, onde funcionava a coordenadoria de todos os investigadores.

O chefe do Grupo de Crimes de Guerra era Anthony George Somerhough, homem grande como um urso, cujo intelecto perspicaz era mascarado por um rosto jovial, e que costumava ficar acordado até tarde, fazendo omeletes para seus dedicados subordinados. O assistente de Somerhough era o coronel Gerald Draper, um advogado de Londres, baixinho, magrinho e de óculos, que tinha servido na infantaria com a Guarda Irlandesa e agora chefiava a seção jurídica do Grupo de Crimes de Guerra. O tenente-coronel Leo Glenn tinha sido transferido de volta para a Inglaterra e o tenente-coronel Thomas Humphrey Tilling chefiava agora a 1ª WCPT.

Num memorando para Somerhough, no começo de novembro de 1945, Draper resumiu a situação dos membros importantes do *Amtsgruppe D*: o dr. Enno Lolling tinha cometido suicídio, Karl Sommer estava sob custódia dos americanos em Berlim, dizia-se que Richard Glücks se matara depois de ter alta num hospital perto de Flensburg, no Norte da Alemanha (embora Draper não estivesse convencido dessa história), e Oswald Pohl, Gerhard Maurer e Rudolf Höss continuavam foragidos. Havia muito trabalho a fazer.

O capitão do grupo, Somerhough, carinhosamente apelidado de *Gruppenführer* pelos subordinados, tinha recebido ordens de Londres para que a equipe acelerasse as investigações; pelo menos quinhentas pessoas deviam ser capturadas e levadas a julgamento até o fim de abril do ano seguinte. Hanns tinha impressionado seus superiores com seu conhecimento da região e suas habilidades investigativas, duramente conquistados. Assim, em 15 de novembro de 1945, Somerhough enviou mensagem a Tilling pedindo que destacasse Hanns Alexander para buscar uma das figuras mais odiosas do Terceiro Reich, o Gauleiter de Luxemburgo, Gustav Simon.

> CONFIDENCIAL
> BOAR/15226/7/JAG
> 15 NOV 45
> CC N. 1o WCIT
> ASSUNTO – Gauleiter Gustav SIMON
>
> Foi recebida uma carta do Ministério da Justiça, Escritório Nacional de Crimes de Guerra, WIESBADEN, comunicando que o governo de Luxemburgo está muito preocupado porque o acima citado Gauleiter, antes “Chef der Zivilverwaltung in Luxembourg”, que consideram um importante criminoso de guerra, até o momento escapou à prisão.
>
> Parece ter havido alguma investigação feita pelas autoridades francesas, que parece estabelecer o fato de que Simon está escondido na zona britânica perto de Colônia (área Eifel).
>
> Embora essas pistas sejam um tanto escassas, eu gostaria de ajudar, se possível, e portanto estou escrevendo para perguntar se podem destacar o capitão Alexander para assumir essa incumbência especial, em operação conjunta com quaisquer serviços de segurança britânicos na área que estejam à disposição para dar assistência.
>
> G. SOMERHOUGH

Gustav Simon nasceu em 1900, na cidade de Saarbrücken, filho de um burocrata de ferrovia e uma dona de casa. Teve formação de professor e filiou-se

Gustav Simon, Luxemburgo, 1942

ao Partido Nazista em 1925, subindo rapidamente de escalão. Embora nunca tenha pertencido à SS, Simon era considerado um "velho guerreiro" devido à sua filiação logo no início do partido, e recebeu responsabilidades cada vez maiores. Em 1931, foi nomeado por Hitler líder regional – "Gauleiter" – de Koblenz e, depois da invasão alemã, líder regional de Luxemburgo, em 1940. Simon tinha ordem de desmantelar o aparato oficial do principado, banir o uso da língua francesa e germanizar o povo. No final de 1940, Gustav Simon instituiu um novo programa: a deportação de toda a população judaica de Luxemburgo.

No êxodo pré-ocupação, mais de mil judeus tinham fugido para a França, Portugal e Bélgica. A comunidade judaica remanescente em Luxemburgo era liderada pelo rabino dr. Robert Serebrenik, um austríaco de 38 anos que era rabino-chefe de Luxemburgo desde 1929. Nos meses que se seguiram, mais algumas centenas de judeus conseguiram escapar para países vizinhos, porém os menos afortunados foram presos pela Gestapo.

Em 16 de outubro de 1941, o primeiro grupo de judeus de Luxemburgo foi embarcado em trens para o gueto de Lódz, na Polônia (mais tarde foram para Theresienstadt, e depois para Auschwitz). No dia seguinte, 17 de outubro, Gustav Simon declarou orgulhosamente que Luxemburgo estava *Judenfrei*, livre de judeus. Ele foi o único Gauleiter nazista a afirmar que sua região estava totalmente "limpa". Dos 3.900 judeus de Luxemburgo pré-ocupação, 1.290 morreram no Holocausto.

Desde a liberação de Luxemburgo pelos americanos, em setembro de 1944, pouco se ouvira falar de Simon. Presumia-se que tinha fugido para a Alemanha. Havia rumores de que estava escondido em algum lugar perto de Colônia.

Até então as investigações britânicas de crimes de guerra tinham se limitado a interrogar guardas da SS e líderes políticos que já estavam em custódia. Isso estava prestes a mudar. Hanns foi chamado à presença do tenente-coronel Thomas Tilling. Magro, de cabelos ruivos cortados curtos, bigode fino e olhos azuis penetrantes, Tilling deu a Hanns ordem de caçar e prender Gustav Simon. Se fosse bem-sucedido na empreitada, sua missão seria o protótipo de um programa extensivo a toda a unidade, em que os investigadores iriam procurar entre a população em geral, a fim de rastrear um único criminoso de guerra. Essa estratégia foi chamada de "Operação Palheiro". A tarefa de Hanns era encontrar a agulha.

Tilling disse que Hanns faria esse trabalho sozinho e, se precisasse de ajuda, deveria contatar as forças de segurança americanas e belgas. Ambas estavam a par da missão e lhe dariam cobertura se fosse necessário. O mais importante era que Gustav Simon fosse trazido vivo.

Em 23 de novembro de 1945, o dia em que os promotores americanos concluíram os trabalhos de abertura dos Julgamentos de Nuremberg, Hanns dirigiu durante quatro horas para o sul, até a cidade alemã de Wiesbaden, para falar com o juiz Léon Hammes, representante de Luxemburgo na Comissão de Crimes de Guerra. O juiz deu a Hanns duas fotos de Simon: tinha uma aparência predatória, com olhos e boca pequenos, nariz pontudo e fenda no queixo. Seus cabelos escuros, repartidos de lado e raspados até cinco centímetros acima das orelhas, acentuavam o grande tamanho delas.

Hanns voltou a Belsen para relatar a Tilling o que ficara sabendo. Mas logo que chegou ao campo uma terrível tempestade varreu a Europa Central, atrasando a viagem em uma semana. O atraso lhe deu tempo de se abastecer com ração para dois dias, cobertas, correntes de pneus para neve, agasalhos, prancheta para anotações e kit de primeiros socorros, além da pistola e das algemas. Também da maior importância foi o mapa de papel encerado do Norte da Alemanha, que ele recebeu do Grupo de Crimes de Guerra.

Finalmente, a neve parou. Hanns e seu motorista saíram de Belsen em 1º de dezembro de 1945 e, decidido a começar pelo último endereço de Gustav Simon, percorreu as estradas cobertas de neve até Koblenz, a 500 quilômetros a sudoeste do campo. Hanns procurou o chefe de polícia, na esperança de obter pistas dos tempos em que Simon vivera na cidade, nos anos 1930. O chefe de polícia confirmou que Simon, de fato, tinha morado no número 15 da Rheinallee, mas questionou o motivo da viagem de Hanns, pois tinha lido, no jornal *Frankfurter Allgemeine Zeitung*, que Simon fora preso pouco depois do fim da guerra. Isso era novidade para Hanns. Agradeceu e correu à redação do jornal, a duas horas de viagem. Quando chegou lá, porém, disseram que o jornal nunca tinha publicado aquela notícia. Hanns aprendeu uma lição importante: doravante, trataria todos os informantes, mesmo aqueles em posição de autoridade, com maior ceticismo.

Hanns voltou a Koblenz e na delegacia policial do distrito encontrou um policial muito mais cooperativo. Ele disse que o nome de solteira da esposa de Simon era Friedel Henning e que o casal havia se divorciado em 1942. Os pais de Friedel moravam em Hermeskeil e ela e o Gauleiter tinham um filho chamado Gustav Adolf Simon, agora com 14 anos de idade.

Hanns foi para Hermeskeil, onde interrogou os sogros de Gustav Simon. O casal de idosos se mostrou muito disposto a ajudar (ao que parece, Simon tinha abandonado a filha deles), mas infelizmente não tinham visto nem tido notícias dele recentemente, e não sabiam de seu paradeiro. Todavia, disseram que a mãe de Simon ainda estava viva e podia ser encontrada na casa dela, em Friedewald, perto de Betzdorf a um dia de viagem para o Sul.

A caçada continuou. No dia seguinte, 4 de dezembro, Hanns chegou a Friedewald para conversar com a mãe de Simon. Durante a entrevista, ela permaneceu fria e áspera, negando ter informações sobre o filho e o neto. Percebendo que toda cidade alemã tinha tanto simpatizantes como adversários dos nazistas, Hanns resolveu bater à porta dos vizinhos e, após algumas tentativas, conseguiu informações úteis. Um vizinho lhe contou que o Gauleiter realmente estivera na cidade e partido para local ignorado em 27 de março de 1945, na véspera da tomada de Friedewald pelos americanos. Contou também que um jovem com mochila nas costas tinha visitado a velha senhora à noite e que esse jovem e as duas sobrinhas do Gauleiter tinham ido para Marburg. Hanns presumiu que o "jovem com mochila nas costas" era o filho de Gustav Simon.

Hanns partiu para Marburg, uma vila a uns 100 quilômetros ao norte de Frankfurt, onde conseguiu localizar duas jovens de vinte e poucos anos, sobrinhas do Gauleiter. Para seu alívio, elas pareceram colaborar, dizendo que o filho do Gauleiter estava morando em Dassel, ao sul de Hanover, e havia adotado o sobrenome de solteira da mãe, sendo agora conhecido como "Gustav Henning".

Hanns foi à prefeitura de Dessel à procura de qualquer informação sobre Gustav Henning. Para sua alegria, o prefeito lhe deu uma sacola que havia sido desenterrada num bosque nos arredores da cidade. Na sacola havia documentos pertencentes a Gustav Henning, inclusive sua carteira de identidade, um uniforme da Juventude Hitlerista, uma foto recente e papéis de propaganda do movimento de resistência Werwolf.

Julgando estar próximo à presa, Hanns se apressou a seguir para o endereço dado pelas sobrinhas, mas os ocupantes da casa lhe disseram que Gustav Henning não morava ali desde agosto, cinco meses atrás. As sobrinhas tinham lhe dado informação obsoleta. Mais uma vez, quem tentava proteger Gustav Simon havia enganado Hanns. Ficou furioso. Não só estava desesperado para apanhar o Gauleiter, como se vê pelo seu esforço obsessivo para seguir em seu encalço, como odiava a ideia de aquelas duas nazistinhas acharem que podiam fazê-lo de bobo.

Hanns voltou a Marburg em 6 de dezembro e prendeu as duas sobrinhas por obstrução da justiça. Na prisão local, elas ficaram em celas separadas e Hanns começou imediatamente os interrogatórios. Onde está Gustav Simon?

Quando foi a última vez que você viu Gustav Adolf, ou "Gustav Henning"? Por que você mentiu para mim? Hanns passou horas martelando nessas perguntas, ameaçando mandá-las para julgamento como criminosas de guerra se continuassem a se recusar a cooperar.

Finalmente, uma delas não resistiu mais. Confessou terem dado a Hanns informação desatualizada, e que Gustav Adolf estava agora morando com uma parenta chamada Alvis Scheideler, na Eschenlohe Strasse, 11, em Plettenberg, na Wesfália, cerca de 100 quilômetros ao norte da prisão de Marburg.

Sentindo que se aproximava de Simon, Hanns seguiu para Plettenbrg e, com o apoio de soldados da 3ª Brigada de Infantaria belga, foi à casa de Alvis Scheideler. Mas o filho do Gauleiter não estava lá. Hanns perguntou a Scheideler se o jovem estava morando na casa dela. Ela respondeu que estivera, mas tinha se mudado havia pouco tempo. Enfurecido, Hanns perguntou qual era o endereço atual de Gustav Adolf, com pouca esperança de ter uma resposta correta. E então se surpreendeu, pois Scheideler disse ter certeza de que o filho de Gustav Simon estava morando na Dingrinhauser Weg, 38, logo ali, virando a esquina.

Ainda desconfiado de que fosse mais uma balela, Hanns correu à Dingrinhauserweg, seguido de perto pelos soldados belgas. Era um prédio isolado, numa rua transversal longe do centro da cidade. Ele falou com a proprietária, que não só confirmou que o rapaz estava registrado como residente, mas também que estava lá em cima, no quarto dele.

Hanns e os soldados ficaram esperando no corredor, ela bateu à porta do quarto, abriu-a totalmente e apontou para um garoto carrancudo, com expressão de surpresa, vestido com roupas de viagem. Hanns entrou anunciando que era investigador britânico de crimes de guerra, pediu ao garoto que desse seu nome e documentos de identificação. Relutante, o jovem admitiu que seu nome era Gustav Adolf Simon, filho de Gustav Simon.

Numa rápida busca pelo quarto acharam um mapa de Hanover pertencente ao Arsenal Militar britânico, mas nenhuma arma foi encontrada. Hanns perguntou a Gustav Adolf sobre suas atividades desde o fim da guerra, ao que ele respondeu que estivera trabalhando e não tinha nada a ver com política. Exasperado com aquela recalcitrância, Hanns falou que a polícia tinha achado uma sacola enterrada um bosque próximo, contendo literatura do movimento de resistência Werwolf e documentos de identidade dele, Gustav Adolf. Apanhado na mentira, o garoto ficou em silêncio. Vendo aí uma vantagem, Hanns o pressionou para dizer o paradeiro do pai, mas, como se repetisse uma fala decorada, disse que seu pai não estivera em Plettenberg e que não o via desde o Domingo de Páscoa. Ademais, não sabia onde ele se encontrava, nem que identidade usava. Hanns prendeu o rapaz por posse do mapa inglês e pediu à unidade belga que o levasse para a prisão da cidade.

Pouco depois, Hanns retornou à casa de Alvis Scheideler, a única pessoa que tinha sido prestativa até então. Teve sorte. Não somente ela havia visto Gustav Simon, como tinha uma vaga ideia de onde ele estava morando, onde trabalhava e o que vestia. O Gauleiter se registrara recentemente em dois hotéis, o Harpe e o Hoppes, ambos em Plettenberg, e trabalhava como jardineiro num jardim de infância na vizinhança. Achava que ele estava usando o nome de "Volter", ou "Hofler", e tinha mudado a aparência. O homem que Hanns estava procurando tinha agora cabelos grisalhos, bigode e usava óculos.

Era tarde da noite quando Hanns, acompanhado por Scheideler, chegou ao hotel Harpe. Dando alguns marcos ao recepcionista, Hanns pediu para ver o registro de hóspedes. O homem pegou um livro encadernado em couro debaixo do balcão e o entregou a Hanns, que o abriu e procurou com o dedo os registros mais recentes, até que um lhe chamou a atenção:

> – 14.9.45. Hans Woffler, nascido em 26.9.00, nascido e domiciliado em Frankfurt, saiu do hotel em 15.9.45.
>
> – 13.11.45. Hans Woffler, nascido em 26.9.00, endereço: Steinbeck, Schusterstrasse, 1, carteira de identidade A13882, saiu do hotel em 16.11.45.

Talvez ali estivesse uma prova de que Gustav Simon estivera em Plettenberg quatro semanas antes, contradizendo a declaração do garoto. O nome não era exatamente o mesmo que Alvis Scheideler lhe dera, mas era parecido.

Depois de anotar a informação e agradecer ao recepcionista, Hanns e Scheideler viraram a esquina para chegar ao hotel Hoppes, e mais uma vez ele pediu para ver o registro. Ali também encontrou uma informação útil:

> – 12.11.45. Heinrich Woffler, nascido em 26.9.00, em Frankfurt, domiciliado em Einbeck, identidade número A13882, saiu do hotel em 13.11.45.

No dia seguinte, Hanns foi ver Gustav Adolf na prisão de Plettenberg. Diante da fúria de Hanns, o menino de 14 anos fraquejou, admitindo que seu pai realmente estivera trabalhando como jardineiro na zona britânica, e que o tinha visto recentemente em Plettenberg. Hanns estava um passo mais perto.

Agora que confirmara que Scheideler tinha falado a verdade, Hanns examinou mais detidamente o registro do hotel, e descobriu um padrão. Dois hóspedes tinham usado o mesmo sobrenome, Woffler, com dois endereços diferentes: Steinbeck e Einbeck. Hanns nunca ouvira falar de uma cidade chamada Steinbeck, e especulou se a semelhança não seria uma coincidência. Talvez, pensou ele, Woffler estivesse morando em Einbeck.

Antes do amanhecer do dia 10 de dezembro de 1945, Hanns partiu para Einbeck, 150 quilômetros ao sul de Belsen. Parou diretamente na delegacia de polícia, onde foi informado de que não havia registro de nenhum Hans Woffler ou Heinrich Woffler. Já na rua, Hanns deu uma olhada em suas anotações e, seguindo um palpite, decidiu ir ao endereço que constava nos dois hotéis. Pouco depois, estava diante do número 1 da Schusterstrasse, lendo a lista de moradores pendurada junto à porta. Satisfeito, viu o nome de Hans Woffler no topo da lista.

Tocou a campainha e a idosa proprietária, Frau Blummenberg, veio atender. A senhora reconheceu Simon na foto que Hanns lhe mostrou, mas disse que ele tinha se mudado havia dois meses. Hanns não se deixou desencorajar. Sentindo que finalmente havia alcançado o Gauleiter de Luxemburgo, perguntou o nome do homem. Ele se chama Hans Woffler, ela respondeu, e trabalhava no jardim de uma creche na periferia de Paderborn, 100 quilômetros a oeste de Einsbeck, a meio caminho entre Hamburgo e Frankfurt.

Hanns seguiu para a prefeitura de Paderborn. Um funcionário informou que, de fato, um Hans Woffler tinha se registrado lá recentemente e que estava morando com uma Frau Berhorst, em Upsprunge, 25 quilômetros ao sul de Paderborn.

Às 11 horas da noite, Hanns e alguns homens da polícia de Paderborn pararam na frente de uma casa numa rua tranquila de Upsprunge. Após uma rápida combinação de táticas – quem entraria primeiro, o que fazer se encontrassem resistência –, um dos homens pôs a porta abaixo com um pontapé e, a um dado sinal, todos entraram.

O homem de aparência idosa lá dentro pareceu chocado ao ver os soldados entrando na casa. Encolheu-se diante dos soldados, tremendo e muito nervoso. Hanns não teria reconhecido o Gauleiter se passasse por ele na rua. O homem à sua frente pouca semelhança tinha com as fotos que o juiz Hammes lhe dera. Ao contrário do homem nas fotos, que tinha as bochechas gordas de riqueza e poder, esse era encovado, após seis meses em fuga. Seus cabelos estavam longos e grisalhos, o rosto crestado pelo sol, usava óculos e tinha deixado crescer um bigode. As roupas lhe pendiam do corpo como se tivessem sido compradas para alguém maior. Mas, tendo sido avisado das transformações físicas dele por Frau Scheideler, Hanns teve a certeza de que ali, enfim, estava Gustav Simon.

Enquanto os policiais apontavam pistolas para Simon, Hanns verificou a boca e as orelhas dele à procura de pílulas de suicídio. Satisfeito ao ver que não havia ameaça imediata, exigiu que Simon lhe entregasse seus documentos, que confirmaram a falsa identidade com o nome de Woffler. Questionado sobre a autenticidade dos documentos, Simon insistiu que Woffler era seu nome verdadeiro. Mas o Gauleiter tinha cometido um erro. Dando uma rápida busca no quarto, Hanns descobriu um paletó com o nome Simon e a patente. Confrontado com a evidência, Simon confirmou, relutantemente, sua verdadeira identidade.

Hanns lhe fez uma série de perguntas à queima-roupa. Onde estivera desde que os americanos ocuparam Luxemburgo? Quem havia colaborado com ele? Qual tinha sido a última vez que tivera contato com os líderes nazistas Himmler, Pohl e Eichmann? O interrogatório não levou a nada, e além de algumas generalidades murmuradas, o prisioneiro não revelou coisa alguma.

Hanns recolheu todos os pertences de Simon, roupas, livros, material para escrever, e levou para o carro. Pagou à proprietária o resto do aluguel com dinheiro achado na carteira de Simon e disse a ela que ficasse com a grande quantidade de comida que ele tinha estocado.

Hanns levou Simon algemado para o carro, e seguiu para a prisão de Paderborn, onde ele foi entregue ao diretor. Ao sair, Hanns disse ao diretor que o prisioneiro devia ficar em observação para evitar suicídio e só poderia ser entregue a ele, Hanns, e a mais ninguém. Depois de viajar mais de 2.400 quilômetros percorrendo o país em 17 dias, Hanns finalmente tinha o Gauleiter.

Hanns e o motorista prosseguiram a viagem durante a noite, chegando a Belsen na manhã do dia 11 de dezembro. Ainda sem dormir, Hanns entrou no escritório do tenente-coronel Tilling anunciando que tinha prendido Gustav Simon. Tilling ficou radiante. Diante da fragilidade das pistas, ele achara improvável que o Gauleiter fosse apanhado, e congratulou Hanns pelo bom trabalho. Quando Hanns pediu para escoltar Simon para Luxemburgo, Tilling respondeu: "Claro. O peixe é seu, pode fritar."

A ordem de transferência emitida pelo chefe do grupo, Somerhough, chegou a Hanns em 18 de dezembro, oito dias depois da prisão do Gauleiter: o capitão Alexander deveria ir à prisão de Paderborn ao encontro da capitã Léone Muller, membro da Comissão de Crimes de Guerra de Luxemburgo, e trazer Simon. Deveria trazer também Richard Hengst, ex-prefeito de Luxemburgo, que havia comandado o país junto com Simon de 1940 a 1943. Hanns e a capitã levariam os prisioneiros para a prisão de Bonn, certificando-se de que o diretor da prisão seguiria o procedimento operacional padrão, inclusive observação por 24 horas para evitar suicídio. No dia seguinte deveriam prosseguir para Luxemburgo e entregar os dois prisioneiros às autoridades. Somerhough finalizou a ordem com uma advertência: "Dada a forte hostilidade da população com relação a Simon, é aconselhável que os prisioneiros não sejam vistos no carro ou nas ruas."

Mas as coisas não saíram como oficialmente planejadas. O relatório de Hanns diz o que aconteceu:

> SECRETO
> Relatório da Entrega de Gustav Simon e Richard Hengst
> Capt. H. H. Alexander
> Equipe de Investigação de Crimes de Guerra n.1
> 2 jan 1946
> CAMPO HOHNE (BELSEN)
>
> 1. Em 19 de dezembro de 1945, conforme instruções recebidas do setor do Juiz Representante Geral (Seção de Crimes de Guerra), fui ao quartel-general do Exército Britânico no Reno, acompanhado por Richard HENGST, ex-prefeito da cidade de Luxemburgo. Fui recebido no quartel-general pela capitã (senhorita) Muller, da Comissão de Crimes de Guerra de Luxemburgo. Seguimos para

> Paderborn com a intenção de buscar Gustav SIMON, mas ao chegar fomos informados pelo [oficial comandante] de Paderborn que SIMON havia se enforcado em 18 de dez 45, enquanto estava na prisão da Delegacia de Polícia de Paderborn. Foi sua segunda tentativa de suicídio. Fui informado de que a primeira ocorreu em 11 de dezembro, quando tentou cortar uma veia; entretanto, essa tentativa foi descoberta antes que tivesse sucesso. Antes de tentar tirar sua vida em 11 de dezembro, SIMON fez uma declaração voluntária ao policial encarregado de sua guarda, admitindo ser realmente Gustav SIMON, Gauleiter de Luxemburgo, e que o motivo de fazer aquela declaração era poupar sua família de maiores problemas. Essa declaração, juntamente com o relatório do policial, está em anexo, marcada com a letra "A". A original foi entregue às autoridades de Luxemburgo e o Anexo A é uma cópia certificada.
>
> 2. Fui informado de que SIMON se enforcou entre 11:45 e 12:15 horas de 18 de dezembro de 1945. Foi usada uma corda feita com a lona que cobria sua cama e SIMON se enforcou na coluna do beliche. A corda foi entregue a Miss Muller e levada para Luxemburgo. Foi averiguado que a prisão tomou todas as precauções necessárias contra tal tentativa, e seus suspensórios, botas etc. tinham sido retirados. Além disso, depois da primeira tentativa, a guarda foi duplicada.

Tendo um cadáver em vez de um prisioneiro, Hanns decidiu entregar o corpo "vivo ou morto". Embrulhou-o num lençol bem amarrado com um cordão e o prendeu no bagageiro fixado na traseira do carro. Atravessou toda a região da Alemanha com o "hirto", como Hanns o chamou, balançando para cima e para baixo. Chegaram à fronteira na madrugada de 20 de dezembro, onde o finado Gustav Simon e o vivo Richard Hengst foram entregues a Victor Bodson, ministro da Justiça de Luxemburgo, e ao juiz Hames. Após um breve relato dos tumultuados eventos do dia, Hengst foi deixado na cadeia e Hanns foi para o hotel. O ex-Gauleiter passou a noite na prisão.

No dia seguinte, foi dada uma entrevista coletiva no andar térreo do Ministério da Justiça, no centro da cidade de Luxemburgo. Diante das câmeras estavam Victor Bodson e o sr. Jos Thon, diretor da Comissão de Crimes de Guerra

De cpt. Alexandre am gespre'ch matt dem hèr minister Bodson a mam hèr J. Thorn.

de Luxemburgo, o capitão Alexander e a capitã Muller. A imprensa foi convidada a ir à prisão, onde o corpo foi fotografado. Gustav Simon ainda vestia o uniforme de presidiário. Sem o bigode e os óculos, tinha a cabeça inclinada para trás, expondo o pescoço não barbeado, ainda vermelho e inchado.

O *Tageblatt*, o jornal de maior tiragem de Luxemburgo, publicou a entrevista coletiva na primeira página:

> GAULEITER SIMON COMETE SUICÍDIO EM PADERBORN
> A caçada ao Gauleiter parece uma história de ficção ou de detetive, e atesta a competência do grupo do capitão Alexander. É pena que os incansáveis esforços do capitão inglês não tenham obtido o resultado esperado pelo povo de Luxemburgo: o julgamento e execução do criminoso de guerra em Luxemburgo. O capitão Alexander fez um relatório em alemão fluente de sua odisseia de 2.500 km, que começou em 23 de novembro e terminou com a prisão do Gauleiter em 10 de dezembro, às 11 horas da noite.
>
> "Desculpem", disse Alexander, "por não ter trazido o Gauleiter vivo para Luxemburgo; infelizmente, não aconteceu como eu esperava. Mas Gustav Simon teve o que merecia, a corda." Com fleugma inglesa, acrescentou: "Nos poupou um bocado de despesa."

> Não há dúvida de que o morto é o Gauleiter: um exame do corpo na prisão central de Luxemburgo, aliado aos fatos já expostos, revelaram claramente sua identidade.
>
> Apesar de nossa decepção por Gustav Simon ter cometido suicídio, o agradecimento do nosso povo vai para o capitão Alexander, que prendeu o monstro.

Todavia, houve relatos conflitantes. Alguns afirmavam que Gustav Simon estava vivo quando Hanns o pegou na prisão de Paderborn, e não tinha se enforcado como Hanns afirmou em seu relatório de campo. Hanns teria encontrado sete *partisans* de Luxemburgo, além da capitã Léone Muller, e levado Simon para uma floresta perto de Paderborn e ali ele fora executado. Dizia-se que Hanns tinha jurado nunca revelar o acontecido, acobertando o assassinato e apresentando a "versão oficial" na coletiva à imprensa em Luxemburgo.

Seja qual for a história, Hanns havia rastreado e prendido o primeiro criminoso de guerra importante. Missão cumprida – ou quase.

Depois da entrevista coletiva em Luxemburgo, Hanns foi convidado para uma recepção na esplêndida Salle dês Fêtes no Grão-Castelo Ducal, oferecida pela grã-duquesa Charlotte e família, que tinham voltado recentemente do exílio voluntário em Londres. Hanns estava ao lado da mesa de drinques, com o velho uniforme cáqui bem passado, quando a grã-duquesa em pessoa se aproximou e lhe agradeceu, em inglês perfeito, por ter apanhado Simon. Em troca, ele deu a ela uma nota de cinco libras enroladinha: ressarcimento do que o filho dela, Jean, havia pago pelas cobertas para um colega oficial, quando ambos estavam servindo na Guarda Irlandesa.

Hanns passou a semana seguinte em Luxemburgo, comemorando a prisão de Gustav Simon em altas bebedeiras com Victor Bodson. Os dois combinavam tanto no ódio aos nazistas – antes da guerra, Bodson tinha ajudado mais de cem judeus a fugir de Luxemburgo – quanto na capacidade de beber.

Durante o verão, Hanns tinha escrito regularmente para Ann, mas interrompeu a correspondência no outono, ocupado em seu papel de investigador de crimes de guerra. Ann queria uma explicação para o prolongado silêncio.

Quando Hanns voltou a Belsen, Tilling lhe entregou duas cartas. Uma, o próprio Tilling tinha recebido de Ann enquanto Hanns varria o país atrás de Gustav Simon, e a outra era a resposta dele:

18 de novembro de 1945

Prezado Ten. Cel.

Esta não é uma carta muito apropriada, e sim algumas linhas de queixas que, a remetente espera sinceramente, terão o efeito necessário. A remetente ia pedir ajuda, mas decidiu lidar pessoalmente com a questão, afinal o que está envolvido é um assunto muito pessoal, e qualquer ajuda pode piorar as coisas nesse caso.

O que a remetente está tentando assinalar é que o empenho do capitão Alexander em escrever durante as últimas semanas, para não dizer meses, foi absolutamente impressionante, e foi comentado, não só pela sua "oh, tão amada noiva", com também pela família dele. Certamente, não há razão sobre a face da Terra para que o capitão Alexander não consiga rabiscar algumas linhas dia sim, dia não. Para usar as palavras de um oficial reformado da artilharia, sempre há tempo para uma carta, e a remetente é da mesma opinião.

Por favor, veja o que pode fazer para satisfazer a remetente, ou então a abaixo-assinada terá que tomar decisões drásticas.

Sinceramente,

Ann Graetz

Dias após receber a carta de Ann, Tilling respondeu:

10 de dezembro de 1945

Prezada senhora,

Na qualidade de oficial comandante do capitão Alexander, penso que cabe a mim dar alguma explicação de sua aparente má vontade para lhe escrever.

Devido às peculiares qualidades do caráter do capitão Alexander, ele é invariavelmente escolhido para as tarefas mais arriscadas e, de fato, nesse momento está incumbido por mim de conduzir uma investigação prioritária num harém alemão. Certamente, isso significa trabalhar dia e noite sob grande pressão, mas, apesar de estar trabalhando sozinho, é esperado que, com o entusiasmo e ímpeto do capitão Alexander, a missão esteja concluída a tempo de ter um merecido descanso no Natal, a fim de que ele possa recuperar o afinco no lápis.

Em conclusão, senhora, permita-me desejar-lhe um Natal muito feliz, mas penso que devo acrescentar uma palavra de solidariedade à sua galante, mas receio que inviável, tarefa de comandar com êxito o capitão Alexander através das águas turbulentas da vida de casado.

Seu humilde criado,

T. H. Tilling (Ten.-cel.)

P.S. Na verdade, Alex não tem desculpa; portanto, se eu fosse a senhora, escreveria a próxima carta de maneira ainda mais enfática.

Depois de ler a troca de correspondência entre a namorada e o comandante, Hanns escreveu admitindo estar "muito em falta" com Ann, ou Poppit, como a chamava. Foram três páginas, escritas em papel de carta roubado de Gustav Simon. Explicou que tinha andado ocupado rastreando o Gauleiter, o que lhe tomou mais tempo do que esperava, pois seu orgulho estava em jogo "na caça ao suíno". Em tom de brincadeira, agradeceu-lhe por ter enviado a largura do dedo da aliança, mas deixou claro que não estava pronto para se comprometer, pelo menos por ora. Assegurou, porém, que permanecia leal a ela apesar da distância. "Não se preocupe, não estou aquecendo as garotas alemãs. Não tenho tido tempo de aquecer ninguém ultimamente." Disse que lhe compraria uma sombrinha na próxima vez que fosse a Bruxelas e prometeu arrumar uma licença em breve, talvez depois do Natal. "Afora isso, há poucas novidades por aqui. Muito trabalho e nenhum espírito de Natal como o que estamos acostumados na cidade nessa época do ano."

Dias depois de voltar e Luxemburgo, Hanns foi ao clube de oficiais de Belsen para o baile do feriado inglês *Boxing Day* de 1945. Homens e mulheres fardados enchiam o salão, bebendo ponche, e Hanns regalou os colegas com suas histórias. Acima do clamor natalino pairava um cálido véu de animação, pois muitos iriam logo para casa, após seis anos de guerra.

Belsen havia sido transformada, de campo de concentração alemão, em um grande espaço para pessoas desabrigadas. Os barracões originais tinham sido queimados pelos ingleses, empenhados em erradicar as doenças da área. As mais de dez mil pessoas que permaneceram no campo, quase todas judias, ficaram alojadas num conjunto de velhos prédios do exército. As condições tinham melhorado muito, mas a maioria dos sobreviventes estava desesperada para voltar para casa. Na época, era quase impossível sair do campo, quanto mais cruzar a fronteira. Belsen estava efetivamente em quarentena.

Andando pelo bar lotado naquela noite, Hanns viu uma mulher bonita sentada num canto. Tinha cabelos castanhos descendo até os ombros e diferia de muitas no bar porque não tinha se vestido para a ocasião. Hanns parece ter se impressionado pela falta de pretensão da mulher, apresentou-se e convidou-a para dançar. Enquanto volteavam pelo salão, ela disse chamar-se Anita Lasker e que de vez em quando ajudava os ingleses com traduções. Ela também era judeu-alemã, tinha sido deportada para Auschwitz e sobrevivera apenas porque tocava violoncelo na orquestra de mulheres.

Ainda dançando, Anita perguntou se Hanns podia ajudá-la e à irmã a saírem do campo. Como milhares de ex-internos ainda vivendo em Belsen, as irmãs não tinham conseguido permissão de viagem para outro país. E se Hanns pudesse levá-las até Bruxelas, de lá dariam um jeito de ir para Londres. Ele concordou e marcaram um encontro no portão principal às sete horas da manhã seguinte. Anita voltou para o alojamento e passou a noite falsificando documentos que, ela esperava, serviriam para sair do país: "A acima mencionada ex-interna do campo de concentração de Belsen está autorizada a viajar para Bruxelas a fim de proceder à sua completa repatriação. Deverá viajar sob custódia do capitão Alexander. 27-12-45."

Às sete da manhã, Anita e sua irmã esperavam nervosamente junto ao posto da guarda do portão. Levavam o violoncelo e a velha caixa da máquina de escrever cheia de pertences das duas. Os minutos passavam, o guarda levantava e baixava a cancela listrada de vermelho e branco para entrada e saída de caminhões. Prisioneiros passavam em grupos de dois ou três a caminho da tenda de alimentação, onde tomavam o café da manhã e, mais ou menos uma hora depois, caminhavam penosamente de volta aos alojamentos para encher o dia jogando baralho, escrevendo cartas ou cochilando. A cada minuto, Anita ficava mais ansiosa, e Hanns não aparecia. À medida que o tempo passava, Anita começou a achar que tinha imaginado a conversa da noite anterior. Estava a ponto de perder a esperança quando Hanns chegou num grande Mercedes-Benz verde-escuro. "Desculpe", disse ele. "Dormi demais."

As duas entraram na traseira do veículo, onde já estava Lucille Eichengreen, outra moça que Hanns tinha convidado para ir junto. Hanns e o motorista se sentaram na frente. Ninguém falou quando saíram de Belsen rumo à Holanda.

Anita Lasker (centro) em Belsen

Três horas depois chegaram à fronteira, onde um guarda holandês pediu-lhes os documentos. O que aconteceu depois é alvo de controvérsia. Segundo Anita, ela entregou seus obviamente suspeitos documentos. O guarda disse que pessoas desalojadas deveriam viajar em transportes, e não em veículos particulares, e, por um momento, pareceu que ia impedir que prosseguissem. Hanns, com patente superior à do guarda, desceu do carro e ordenou que ele chamasse o quartel-general. O guarda obedeceu e pouco depois eles passaram pelo posto de fronteira.

A lembrança de Lucille Eichngreen é um pouquinho diferente. Quando chegaram à fronteira, os guardas suspeitaram e começaram a gritar. Hanns respondeu, mas não conseguiu persuadi-los. Voltou-se para o motorista, dizendo-lhe para dar marcha a ré, descer por um aterro e subir um aclive. "Deitem no chão!", gritou Hanns. "Os desgraçados estão levantando as armas." A uma distância segura, Hanns disse que podiam se sentar de novo. Tinham chegado à Holanda.

Seja qual for a verdade, o Mercedes cruzou a fronteira e, horas mais tarde, chegou a Bruxelas. Hanns, o motorista e as três passageiras passaram a noite com uma amiga da mãe de Hanns. Foi a primeira vez, em seis anos, que as jovens dormiram numa cama de verdade, com lençóis limpos, e se lavaram com água quente.

No dia seguinte, tendo ajudado as moças a seguir viagem, Hanns retornou a Belsen.

Depois de meses de adiamento, Hanns finalmente decidiu que já era hora de pedir Ann em casamento. Com a esperança de ser desmobilizado antes de se comprometer, ele tinha adiado o pedido por muito tempo, dizendo a Ann que deveriam esperar até que ele tivesse um emprego e um lugar que pudesse chamar de casa. Mas a guerra acabara e a paciência dela se esgotava. Felizmente, o comandante de Hanns concordou em lhe dar uma licença prolongada.

Em janeiro de 1946, Hanns pegou carona em uma série de veículos militares, saiu de Belsen e passou pelas ruínas e o caos da Holanda, Bélgica e França. Em Calais, pegou um barco para Dover, onde tomou um trem para Londres. Como sempre, seu irmão Paul, que ainda trabalhava no campo de prisioneiros de guerra no Norte da Alemanha, sabia de seus planos e também estava em Londres.

Hanns passou uma semana com Ann, tomando conhecimento das novidades e indo ao cinema. Tomando café numa mesinha no Lyons Corner House, local do seu primeiro encontro, Hanns pediu Ann em casamento. Embora ela soubesse por Elsie que o pedido estava a caminho, ouvi-lo de Hanns, em pessoa, foi um grande alívio. É claro que disse sim. Concordaram em adiar o casamento até ele sair do exército e ser capaz de sustentar a ambos.

De volta à Alemanha, Hanns encontrou seus chefes do Grupo de Crimes de Guerra impacientes. Estavam precisando do investigador.

15

HANNS & RUDOLF
GOTTRUPEL E BELSEN, ALEMANHA
1946

Rudolf continuou a se encontrar com o cunhado nos primeiros meses de 1946. Em 3 de março, Fritz foi à fazenda entregar cartas de Hedwig e dar notícias da família, que havia se mudado da cabana para um apartamento em cima de uma antiga fábrica de açúcar em St. Michaelisdonn. Essa nova moradia era menos exposta à natureza, não tinha goteiras no telhado e o vento não penetrava pelas paredes, mas Hedwig ainda tinha dificuldades para cuidar dos filhos.

A sorte foi que Leo Helger, motorista de Rudolf em Auschwitz durante muitos anos, havia conseguido encontrá-los (talvez por intermédio de um dos outros oficiais da SS reunidos em Flensburg) e trouxe dinheiro e alguns objetos resgatados do alojamento de Rudolf em Berlim: um cortador de charuto gravado, um punhal com o símbolo da SS no punho, e uma grande caixa de ferro com entalhes de símbolos rúnicos, que fora presente de Himmler.

Hedwig ficou agradecida pelo dinheiro, mas este não durou muito. Era difícil arrumar comida, e o tempo estava gélido. Tendo poucas roupas com que se agasalhar, e sem dinheiro para pagar qualquer tipo de ajuda, as crianças iam roubar carvão dos trens que paravam algumas horas por semana numa linha de manobra perto da fábrica de açúcar. No entanto, os carvões roubados só eram suficientes para dois dias de aquecimento, e a família passava frio até o fim da semana. Hedwig fez tamancos de madeira para as crianças, mas, embora melhor do que andarem descalços na neve, não substituíam sapatos de verdade. Quando os pés de Brigitte congelaram, Hedwig amarrou um pedaço de fígado em cada pé da menina, envolvido com tiras de pano. Precisavam de roupas, aquecimento e uma casa mais adequada. Não havia solução à vista. Rudolf estava muitíssimo perto, mas nada podia fazer para amenizar o sofrimento da família.

Fritz e Rudolf conversavam sobre o futuro, principalmente os problemas que a família iria enfrentar se permanecesse na Alemanha. O movimento de resistência tinha fracassado. Não havia esperança de o Partido Nazista retomar o poder. Os americanos, soviéticos e britânicos tinham o controle total do país. Muitos dos líderes mais importantes da SS tinham sido presos e submetidos a julgamento. Muitos tinham sido enforcados.

Uma opção considerada por Rudolf e Fritz era tirar clandestinamente a família do país. Muitos membros do alto escalão da SS e do Partido Nacional-Socialista planejavam tomar, ou já tinham tomado, esse caminho, em sua maioria começando uma nova vida na América do Sul. Dessa lista, faziam parte Adolf Eichmann, com quem Rudolf tivera íntimas relações de trabalho na liquidação dos judeus-húngaros, Franz Lang, ex-Kommandant de Treblinka, que Rudolf conhecera numa de suas muitas viagens, bem como Josef Mengele, o notório médico com quem Rudolf tivera relações de trabalho e de amizade. Esses nazistas tinham fugido por rotas determinadas, as "rotas de fuga". Uma ia para o sul, via Itália ou Espanha, e outra ia para o norte, pela Dinamarca e Suécia. Em vista do local onde Rudolf se encontrava, seria essa que ele iria tomar.

Mas para Rudolf fugir, ele precisava viajar sozinho. Viajar com esposa e cinco filhos seria perigoso demais para todos. Rudolf se debatia com essa decisão. Não queria abandonar a família, mas sabia que, se fosse apanhado, não poderia ajudá-los. Depois de muito refletir, decidiu partir. Daria um jeito para a família ir ao encontro dele depois. Tomada a decisão, Fritz ajudaria com os preparativos.

Até a fuga, Rudolf, um dos homens mais procurados da Alemanha, continuaria escondido, esperando o momento adequado para agir.

No começo de janeiro de 1946, o Departamento de Guerra Britânico enviou um memorando para o Grupo de Crimes de Guerra na Alemanha, criticando a falta de progresso na perseguição de criminosos de guerra ainda à solta, e acusando os membros da equipe de ter "mentalidade estática". O capitão Somerhough respondeu explicando laconicamente que seus homens não podiam ser culpados pela falta de progresso em vista das graves dificuldades causadas pela escassez de suprimentos:

> Encontramos 24 homens procurados, colhemos mais de mil depoimentos. Um rápido exame da correspondência enviada por essa equipe a

respeito de veículos, necessidade de mecânicos e policiais, mostrará que estamos há meses clamando por providências que reduzam nossa "mentalidade estática". Não podemos nos movimentar se não temos transporte.

Era hora de mudar a estratégia. Depois da bem-sucedida prisão de Gustav Simon, Somerhough decidiu que, em vez de continuar interrogando os oficiais nazistas sob custódia, iriam rastrear os criminosos não capturados, concentrando-se em casos importantes, com maior probabilidade de serem condenados num julgamento. Somerhough deu instruções para manterem o foco nos dirigentes da inspetoria dos campos, o *Amtsgruppe D*.

Num memorando enviado na terceira semana de janeiro de 1946, o tenente-coronel Tilling fez um esboço dos planos. Enviaria dois investigadores à sede do *Amtsgruppe D*, em Berlim: um deles seria o major Caola, advogado de Londres que recentemente passara a fazer parte da equipe, e o outro seria o capitão H. H. Alexander. O único problema era que Hanns ainda estava na Inglaterra com a noiva.

18 de janeiro de 1946
Assunto: Disponibilidade do capitão HH Alexander PC
DJAG (Seção de Crimes de Guerra)
QG BOAR

1. Referência seu BOAR/15228/2/ c.1821 datado 12 jan 46
2. O capitão ALEXANDER receberá ordem de se apresentar imediatamente ao retornar de licença, o que é previsto para 24 jan 1946.
3. No momento, o major CAOLA está tomando conhecimento do esquema do *Amtsgruppe D* e a intenção é que ele seja responsável pelas investigações nesse departamento. Em vista disso, o major CAOLA irá interrogar os membros do *Amtsgruppe D* que esta equipe sabe estarem sob custódia.
4. Ficou entendido que o capitão ALEXANDER se ocupará principalmente da localização e prisão das pessoas do *Amtsgruppe D* que estão sendo procuradas. Sugere-se que seria preferível o major CAOLA estar presente em todos os interrogatórios das pessoas localizadas pelo capitão ALEXANDER.

Comandante n.1 da Equipe de Investigação de Crimes de Guerra
Ten. Cel. Tilling
(HOHNE) Campo de Belsen

Na última semana de janeiro, Hanns chegou ao quartel-general da 1ª WCIT. Tilling lhe deu um rápido resumo de sua missão e quatro dias depois, em 28 de janeiro de 1946, Hanns e o major Caola saíram do campo em direção a Berlim.

Depois de dez anos fora, Hanns achou a cidade irreconhecível. Os dois percorreram vagarosamente as ruas nevadas, horrorizados com o nível de devastação. O Tribunal do Povo, a Chancelaria do Reich e o quartel-general da Gestapo estavam extremamente danificados; o bairro comercial de Unter den Linden, onde a babá de Hanns o levava para comprar seus presentes de aniversário, também fora bastante destruído. Muitos dos mais belos monumentos de Berlim estavam em ruínas. A Neue Synagogue, na Oranienburgerstrasse, onde Hanns fizera o *bar mitzvá*, era pouco mais que uma carcaça enegrecida, em consequência de um ataque direto dos bombardeiros ingleses.

Hanns foi à zona Oeste de Berlim para ver seu antigo bairro. A clínica de quatro andares de seu pai, na Achenbachstrasse, tinha sido reduzida a uma pilha de paus e pedras. Virando a esquina, o prédio de apartamentos da Kaiserallee, onde Hanns morou em criança, ainda estava de pé, mas parecia que em breve teria que ser demolido. Nem o zoológico, onde ele fora tantas vezes quando menino, tinha escapado à destruição; das jaulas dos macacos e dos répteis só restavam as cercas, mas pelo menos os animais, felizmente, tinham sido transferidos antes dos bombardeios.

Numa carta aos pais, Hanns descreveu a destruição: "Berlim, enquanto cidade, está acabada, calculo que por pelo menos vinte anos. O que não foi destruído pela bombas, foi pela batalha nas ruas. Kaiserallee 220 acabou, Achenbachstrasse 15 acabou... Adlon, Eden e todos os hotéis decentes acabaram. Ficamos no Savoy, na Fasenenstrasse, primeira classe, à exceção de água quente, só disponível nas tardes de domingo. Passei por Glienicke. Casa OK. Jardim muito *verwildert* (matagal). E parece muito pequena, pois as árvores etc. estão tão grandes que parece muito mais acanhada e pequena." Acrescentou que tivera notícias do colega de seu pai na Primeira Guerra Mundial, aquele que tinha defendido a casa deles no boicote aos judeus em 1933. Não sabia as causas nem as circunstâncias, mas era com tristeza que confirmava que "Oberst Meyer está morto".

Em seguida, Hanns foi à sede da Cruz Vermelha, onde soube que Cäcilie Bing tinha sido embarcada num transporte para Auschwitz em setembro de 1942. Depois de sua experiência em Belsen, e tendo acompanhado os julgamentos de crimes de guerra, Hanns sabia que, se ela tivesse chegado a Auschwitz, era improvável que tivesse sobrevivido.

Hanns passou os dias seguintes verificando os nomes que suas irmãs e Ann tinham lhe dado. A história era sempre a mesma: "Não, essa pessoa não mora mais em Berlim" e "Sim, foram mandados para os campos no Leste". Andou para cima e para baixo pelas ruas de Wilmersdorf, o bairro judeu onde sua família tinha morado – Fasanenstrasse, Kurfürstendamm, Rankeplatz –, procurando as mercearias, os sapateiros, os alfaiates e os joalheiros que frequentara. Não conseguiu encontrar uma única pessoa que se lembrasse dele. Era como se essa parte de sua história tivesse sido apagada.

Hanns e o major Caola foram a Oranienburg investigar os escritórios da Inspetoria dos Campos de Concentração no prédio T. Excepcionalmente, a estrutura tinha sobrevivido à guerra. Hanns abriu a grande porta da frente e, entrando no hall principal, encontrou uma planta dos escritórios pendurada na parede, com o nome do ocupante de cada sala, seu título e número de telefone. Hanns e Caola passaram as horas seguintes revistando os escritórios desertos, vasculhando as escrivaninhas e os armários em busca de qualquer informação que os levasse aos homens procurados. A exploração foi infrutífera. Os arquivos tinham sido destruídos, tal como Himmler ordenara.

Não achando quase nada de evidências físicas, Hanns e Caola saíram à procura da antiga equipe. Primeiro foram a um campo de prisioneiros de guerra dirigido pelos americanos perto do centro da cidade. Ali encontraram Karl Sommer, de 31 anos, que viera de Colônia e tinha sido o terceiro no comando do *Amtsgruppe D*, abaixo de Richard Glücks e Gerhard Maurer. Sommer lhes disse que o Alto-Comando da Inspetoria dos Campos de Concentração tinha partido para o Norte em abril de 1945, logo antes do fim da guerra, e lhes deu uma posição clara de quem tinha trabalhado para quem no prédio T. A partir dessa informação, Hanns e Caola montaram um mapa.

Mapa da Organização do Escritório Central Econômico-Administrativo da SS (WVHA)

Heinrich Himmler
(*Reichsführer*-SS)

WVHA
(Oswald Pohl)

Amtsgruppe D
Campos de Concentração
(Richard Glücks)

D1 Campos de Concentração (Rudolf Höss)	D2 Trabalho (Gerhrard Maurer) (Karl Sommer)	D3 Inspetoria Médica (Dr. Enno Lolling)	D4 Admin (Wilhelm Burger)

Em vista do caos que dominava Berlim naquela época, os esforços para localizar membros importantes do Amtsgruppe D foram inúteis. Descobriram, por exemplo, que a ex-secretária de Oswald Pohl, Frau Fauler, tinha arrumado um emprego no escritório de administração dos Aliados, mas, quando chegaram lá para interrogá-la, disseram que ela estava de licença. O motorista de Pohl, Walter Steinfert, também estivera trabalhando com o exército americano, mas não encontraram vestígios dele em Berlim.

Tiveram mais sucesso na agência da imprensa de Berlim, onde pegaram notícias de jornais e fotos dos líderes da SS, de antes e durante a guerra. Depois localizaram o ex-ajudante de Oswald Pohl, George Witt, sob custódia dos americanos. Witt informou que Pohl e sua equipe tinham saído de Berlim havia dez meses, em 12 de abril de 1945, com a intenção de estabelecer um Comando Sul perto de Munique. Entretanto, sabendo do rápido avanço dos americanos no Sul da Alemanha, foram obrigados a abandonar o plano e, após uma breve parada em Dachau, o grupo se dividiu. Witt disse que ele e Pohl tinham escapado por pouco das tropas americanas, e na mesma noite chegaram à casa da ex-esposa de Pohl, em Brunningsau, na Bavária. Foi a última vez que ele viu seu superior, pois Pohl fugiu durante a noite. Detalhista como sempre, Hanns anotou a declaração de Witt, o nome e endereço da ex-mulher de Pohl, e telegrafou a informação para os dois investigadores do "Palheiro" que estavam procurando o ex-chefe da WVHA.

Em 18 de fevereiro de 1946, Hanns e o major Caola haviam elaborado uma lista de mais de 130 pessoas que tinham trabalhado na WVHA, metade delas no *Amtsgruppe D*. Cada nome foi escrito cuidadosamente numa caderneta, que chamavam de "Livro Preto".

O mais interessante é que a maioria dos informantes relatou que a fuga dos oficiais superiores da Inspetoria dos Campos de Concentração tinha sido para o Norte, rumo à fronteira da Dinamarca. No grupo estavam Glücks, Maurer e Höss com suas famílias.

Num relatório resumindo a viagem a Berlim, o major Caola escreveu:

> Até o momento, os oficiais investigadores têm se concentrado em angariar informações que, espera-se, irão levar à localização e prisão de pessoas "procuradas" e, à exceção de alguma pista que o capitão Alexander possa obter na área de Flensburg, para onde ele deve seguir nos próximos dias, considera-se improvável a chegada de informações adicionais até que sejam efetuadas mais prisões. Sugere-se, portanto, que a "Caçada" tenha início tão logo o capitão Alexander encontre alguma pista em Flensburg. Visto que o capitão Alexander é encarregado de conduzir pessoalmente a busca de altos oficiais, sugere-se que a tarefa de procurar os oficiais menores e outros que possam ser considerados testemunhas em potencial seja efetuada pelo "Palheiro".

De volta a Belsen, Tilling comunicou a Hanns as últimas novidades sobre os líderes do *Amtsgruppe D*. Dois operadores do "Palheiro" tinham boas pistas sobre Oswald Pohl, e os americanos estavam procurando Gerhard Maurer, que acreditavam estar na zona deles. Nesse ínterim, o serviço secreto britânico tinha confirmado que o dr. Enno Lolling cometera suicídio em maio de 1945, Sommer estava sob custódia dos americanos, e Burger estava detido pelos poloneses. Isso significava que os alvos primordiais de Hanns eram Richard Glücks, o notório chefe do *Amtsgruppe D*, e Rudolf Höss. Suspeitava-se que ambos estivessem na área de Flensburg, perto da fronteira dinamarquesa.

Hanns recebeu um relatório sobre Glücks de uma unidade do serviço secreto britânico baseada perto de Flensburg. Desde maio de 1945 corriam rumores sobre o destino de Glücks. Alguns sugeriam que ele tinha fugido para a América do Sul, outros falavam que estava chefiando uma rede de ex-nazistas chamada ODESSA, ou que ainda estava escondido no Sul da Alemanha. O relatório dizia que, segundo entrevistas com o pessoal do Hospital Naval Murvik, perto de Flensburg, um homem chamado "Sonneman", mas que achavam que era Glücks, fora admitido no começo de maio de 1945, e declarado morto poucos dias depois. "Envenenamento por ácido prússico (suicídio)" constava no atestado. Um corpo havia sido enterrado no cemitério de Flensburg em 18 de maio e depois exumado, mas não tinha havido identificação positiva.

Não havia informações específicas sobre Höss, Hanns foi informado que o serviço secreto britânico da área parecia ter uma pista de membros da família dele.

Hanns pegou um veículo da frota do Grupo de Crimes de Guerra e partiu para Flensburg. As estradas estavam congestionadas com o tráfego de reconstrução pós-guerra. Caminhões e caminhonetes transportando ferramentas e mercadorias dos portos em torno de Hamburgo para as cidades do Sul atrasavam a viagem, e a neve das fortes tempestades da semana anterior deixava a estrada escorregadia e perigosa.

A primeira parada de Hanns foi na casa da esposa de Glücks, Aloise, na Friedrichshoch 25. Ela confirmou que havia saído de Berlim com o marido no fim de abril de 1945, junto com outros membros da *Amtsgruppe D*, inclusive Höss, Maurer e Lolling, chegando a Flensburg em 1º de maio de 1945. Disse acreditar que seu marido havia cometido suicídio em 10 de maio, mas admitiu que não tinha testemunhado. Diante da insistência de Hanns, confessou ter ouvido do professor Gebhardt, nada menos que o médico pessoal de Himmler, que o marido dela estava vivo. Ele dissera que Glücks estava "bem e escondido" e ela não devia procurar mais por ele porque "poria em perigo a vida de outros". No entanto, repetiu ela, continuava acreditando que o marido estava morto, e trouxe um maxilar inferior que afirmava ser dele, mostrando o osso e os dentes ainda cheios de fragmentos de vidro, uma aparente evidência de que ele tinha mordido a cápsula de veneno. Hanns continuou cético. Num relatório de campo, escreveu:

> Frau Glücks está de luto fechado. Reparei que ela usava apenas uma aliança, ao contrário do costume de as viúvas usarem duas em um dedo, a do marido e a da mulher. Não a interroguei sobre esse ponto para não levantar suspeitas.

Quando o caso de Glücks esfriou, Hanns voltou sua atenção para o próximo nome da lista: Rudolf Höss, Kommandant de Auschwitz.

Dias depois, em 8 de março de 1946, Hanns saiu do carro e caminhou até um modesto prédio de tijolos brancos no centro de Heide, cidadezinha a 80 quilômetros ao sul de Flensburg. Era o quartel-general da Seção 92 da Segurança de Campo britânica.

Os ingleses tinham criado mais de cem seções de Segurança de Campo para fiscalizar a extensa faixa de terra sob seu controle no Norte da Alemanha. Um meio-termo entre polícia e unidades de contrainteligência, as seções preenchiam uma lacuna importante criada pelo colapso do aparato de segurança alemão, inibindo qualquer ato de resistência armada da população local e impondo a lei e a ordem.

Hanns foi conduzido a uma sala nos fundos e apresentado ao capitão William Victor Cross, comandante da Seção 92. Aos 33 anos, Cross era apenas quatro anos mais velho que Hanns. Corpulento, de rosto vermelho, servia no Corpo de Inteligência desde 1939 e era benquisto por seus subordinados.

Hanns comunicou sua missão: trabalhava na 1ª Equipe de Investigação de Crimes de Guerra, tinha ordem de caçar e prender Rudolf Höss e recentes informes do serviço secreto sugeriam que o Kommandant estava escondido na vizinhança de Flensburg. Cross respondeu que a atividade primordial de sua unidade era manter a lei e a ordem, mas, como o nome de Höss era um dos primeiros da lista de criminosos de guerra procurados, eles também estavam atentos. Infelizmente, não sabiam onde Höss estava escondido, nem se tinha adotado uma nova identidade. Contudo, vinham monitorando sua esposa e filhos, que moravam na velha fábrica de açúcar em St. Michaelisdonn, e recentemente haviam interceptado uma carta de Rudolf Höss para a esposa (monitoravam toda a correspondência local), provando que Hedwig sabia do paradeiro do marido, ou pelo menos conhecia alguém que sabia. Assim, em 7 de março, no dia anterior à chegada de Hanns, eles tinham detido Hedwig para interrogatório.

Hanns ficou encantado com essa sorte. Minutos depois, ele e o sargento Koolish, membro da Seção 92, que também falava alemão, foram levados de carro à prisão de Lunden. Numa das celas estava uma mulher de rosto redondo, vestindo uma blusa suja e saia de camponesa. Apesar de não ter mais criados a quem dar ordens, nem a mobília luxuosa e as obras de arte que adornavam sua casa em Auschwitz, ela mantinha um ar de arrogância. Hanns falou, em alemão, que era capitão do Exército Britânico e tinha algumas perguntas sobre seu marido. Perguntou há quanto tempo ela morava na fábrica de açúcar e como tinha vindo de Auschwitz para Flensburg. Tinha tido contato com seu marido? Onde ele estava morando? Que identidade ele tinha adotado? Com um jeito quase teatral, ela se recusou a revelar qualquer coisa.

Diante da falta de progresso, Hanns sugeriu que empregassem um dos truques de interrogatório de Stephen "Tin Eye": usar um filho para pressionar os pais a falar. No dia seguinte, Hanns e quatro homens da Seção 92 da Segurança de Campo foram à fábrica de açúcar nos arredores de St. Michaelisdonn. Hanns subiu as escadas e entrou no apartamento. Era escuro, desarrumado e frio. Estando a mãe em custódia, as crianças tinham que se arranjar sozinhas. Os poucos móveis eram uma mesa pequena de madeira e algumas cadeiras velhas. Não havia colchões no chão, nem quadros nas paredes. Era mais um alojamento temporário do que um lar. Hanns foi recebido pelas quatro crianças maiores. Disse-lhes que se sentassem em volta da mesa (a menorzinha dormia num canto, debaixo de um cobertor) e começou gritando as perguntas, exigindo que dissessem onde o pai estava morando. As crianças responderam humildemente que não sabiam. Hanns chegou perto de Klaus, aproximou bem a face do rosto do garoto e berrou de novo: "Onde está seu pai?" Teve a mesma resposta. Frustrado, Hanns bateu o punho na mesa. "Você tem que saber!" Voltou-se para a filha mais velha, Heideraud, gritando que se ela não lhe dissesse a verdade, ele iria prender Klaus. A menina soluçava dizendo que não sabia, e nem as outras crianças. Foi a vez de Brigitte. Quando Hanns berrou que iria matar a mãe deles se ela não confessasse, a menina saiu correndo da sala e se escondeu debaixo de uma árvore atrás da fábrica, tapando os ouvidos com as mãos. Pouco depois ela olhou para cima e viu os soldados indo embora. Sentado na carroceria do caminhão estava seu irmão Klaus.

Assim que chegaram em Lunden, Hanns tirou o garoto do caminhão e entrou com ele na prisão onde estava Hedwig. Ela ficou chocada ao ver o filho. Mesmo assim, apesar de todo o medo que deve ter tido quanto à segurança dele, sua resposta foi a mesma de sempre: "Não sei onde meu marido está morando." Mas tendo visto a angústia dela ao ver o filho chegar, Hanns só precisava encontrar a melhor maneira de convencê-la de que a vida de Klaus corria perigo.

Quando Hanns interrogou Klaus no dia seguinte, o jovem Höss parecia disposto a falar. Disse que não via o pai desde os últimos dias da guerra, em maio de 1945, quando levou uma carta de Rudolf para Hedwig, junto com o *Totenkopfring* do pai, o anel de caveira com a assinatura do *Reichsführer* gravada por dentro, que Himmler lhe dera pessoalmente. No entanto, continuou dizendo que não sabia onde o pai estava nos últimos meses.

Ao ver o filho sendo interrogado, Hedwig decidiu retaliar, anunciando que ela e Klaus estavam em greve de fome a partir daquele momento. Em troca, Hanns pediu ao guarda da prisão que levasse Hedwig para uma cela separada. Mas cada vez que Hanns entrava na cela de Hedwig e fazia a mesma pergunta "Onde está seu marido?", ela respondia: "Está morto."

Como as táticas de isolamento e intimidação não deram resultado, Hanns desenvolveu outra abordagem. No fim da tarde de 11 de março de 1946, um barulhento trem a vapor parou atrás da prisão. Hanns irrompeu na cela de Hedwig dizendo que o trem iria levar Klaus para a Sibéria e ela nunca mais o veria. Deixando que ela absorvesse a mensagem por um momento, Hanns acrescentou que ela poderia impedir a deportação do filho se lhe dissesse onde seu marido estava e com qual pseudônimo. Hanns deixou Hedwig sentada no catre com lápis e papel. Quando voltou, dez minutos depois, ela tinha escrito a localização de Rudolf e seu nome falso. *O* Kommandant de Auschwitz estava morando na fazenda de Hans Peter Hansen, em Gottrupel, com o nome de "Franz Lang".

16

HANNS & RUDOLF
GOTTRUPEL, ALEMANHA
1946

Assim que Hanns obteve a confissão de Hedwig, correu a contar ao capitão Cross, e imediatamente arquitetaram um plano. Iriam efetuar a prisão protegidos pela escuridão, e o mais breve possível. Precisavam de um bom poder de fogo. Não se sabia se Rudolf estava sozinho, e havia grande chance de resistência à prisão.

Os homens da Seção 92 da Segurança de Campo ficaram reunidos durante uma hora, combinando os detalhes da operação. Muitos deles eram judeus-alemães como Hanns, do Corpo de Pioneiros, homens que precisaram fugir do país e que tinham perdido parentes em Auschwitz. Alguns mantinham o nome original, como Kuditsch e Wiener, e outros tinham adotado nomes que soavam como ingleses, do tipo Roberts, Cresswell, Shiffers. Havia também soldados de família judia, mas nascidos ingleses, tão enraivecidos quanto os outros, homens como Bernard Clarke, da costa sul, e Karl "Blitz" Abrahams, de Liverpool.

Os rifles foram preparados e os suprimentos, carregados nos caminhões: cobertas, um rádio de campo, cartuchos de munição extra. Uma caixa de cabos de machados foi escondida na traseira de um dos veículos. Hanns telefonou para o comandante da Seção 318 da Segurança de Campo, comunicando a missão e pedindo apoio adicional. Além disso, conseguiu que um médico do 5º regimento da Artilharia Montada Real os acompanhasse.

Duas horas depois o pequeno comboio de caminhões e jipes percorria as estradas estreitas em direção a Gottrupel. A noite descia nos prados da Alemanha. Nos veículos, 25 homens sentados nos bancos duros remexiam nervosamente nos equipamentos. Hanns sabia que todos eles queriam "chegar para matar".

Na escuridão total e em silêncio absoluto, o comboio entrou nas terras da fazenda às 11 horas de 11 de março de 1946. Acompanhado do médico e do motorista, Hanns saltou do jipe e ordenou que os outros esperassem. Andou até o celeiro e bateu com força na porta.

Rudolf foi "acordado com um susto" pela comoção lá fora. A princípio não se preocupou, supondo que fosse "um ladrão qualquer, como era frequente na área naqueles tempos". Então ouviu uma voz severa ordenando que ele abrisse a porta. Entendendo que não tinha alternativa, Rudolf abriu. Dois homens em uniformes britânicos estavam diante dele. Pelas insígnias, viu que um era capitão e o outro, médico. Atrás deles estavam pelo menos vinte soldados com as armas engatilhadas. Ficou confuso com as luzes e a presença de todos aqueles homens.

Sem aviso, o capitão alto, bonito, de olhar feroz enfiou uma pistola em sua boca. Foi revistado, à procura da pílula de cianureto. "Veja se ele está limpo", disse Hanns ao médico, segurando Rudolf enquanto o doutor procurava alguma ampola de veneno na boca do prisioneiro. Segundos depois, o médico disse que estava tudo bem.

O capitão começou a falar em alemão perfeito. Ficou óbvio para Rudolf que era a língua nativa do homem. Apresentou-se como capitão Alexander da equipe de Investigação Britânica de Crimes de Guerra, e exigiu ver os documentos de Rudolf. O Kommandant lhe deu os documentos de identidade de Franz Lang, cartão temporário número B22595. Hanns tinha visto esse nome na placa ao lado da porta do celeiro, mas sabia que não era o verdadeiro. O homem era semelhante demais ao da foto que Hanns trazia. Mais velho, mais acabado, mais magro, mas de fato muito semelhante.

Hanns pegou a foto e disse que Rudolf era o Kommandant de Auschwitz. Rudolf negou, apontando mais uma vez para os documentos de identidade. Talvez pudesse dar um jeito de escapar dessa; afinal, já tinha escorregado das mãos dos ingleses antes.

Contudo, Hanns não se convenceu. Enrolou as mangas da camisa de Rudolf para ver se ele tinha o tipo de sangue tatuado no braço, mas não tinha. A conversa ficou girando em círculos, mas Hanns não iria desistir. Seu olhar percorreu a entrada do celeiro, à procura de provar a identidade do homem. Por fim, bateu os olhos na aliança de casamento.

– Me dê isso – disse ele.

– Não posso, está presa no dedo há anos – responder Rudolf.

– Não tem problema, vou cortar o seu dedo.

Hanns pediu a um soldado da Seção 92 da Segurança de Campo que pegasse uma faca de cozinha no celeiro. Quando o soldado retornou, estendeu a faca para Hanns, que se adiantou, claramente decidido a cumprir a ameaça. Vendo que ia perder a aliança de qualquer maneira, Rudolf relutantemente a tirou do dedo e, encarando Hanns com imensa fúria, entregou-a a ele. Hanns segurou a aliança contra a luz, olhou para a parte interna e viu gravado "Rudolf" e "Hedwig". Agradeceu e enfiou a aliança no bolso.

Ao identificar o homem, Hanns estava pronto para efetuar a prisão, mas sentia que os homens queriam externar seu ódio. Na verdade, ele também queria. E teve que tomar uma rápida decisão: devia dar rédeas soltas aos homens ou proteger Rudolf? Dirigindo-se aos homens, Hanns disse: "Quero Höss no meu carro em dez minutos – ileso." Virou as costas e saiu de perto. Sabia que isso o tornava responsável pelo que estava a ponto de acontecer, mas estava preparado para arcar com as consequências.

Imediatamente, Rudolf foi cercado pelos soldados, que o arrastaram para um cepo dentro do celeiro, arrancaram seu pijama e lhe deram uma surra de cabos de machado. Rudolf gritava, mas eles continuaram a bater. Um pouquinho depois, o médico disse a Hanns: "Mande parar, a não ser que queira levar um cadáver de volta."

Tão repentinamente quanto começou, a surra terminou. Enrolaram os ombros de Rudolf num cobertor áspero e o carregaram para fora do celeiro.

Por volta da meia-noite, colocaram o prisioneiro num caminhão. Hanns e três sargentos embarcaram depois dele. Hanns disse ao motorista que iriam para Heide, onde deixariam Rudolf na prisão. Hanns se sentou num banco ao lado de Rudolf na carroceria e, enquanto o caminhão rolava pelas estradinhas, fazia perguntas ao prisioneiro: Qual é o seu nome? Qual era sua patente na SS? Que cargo você teve durante a guerra? Você trabalhou em Auschwitz? Por fim, depois que Hanns repetiu muitas vezes as perguntas, Rudolf confirmou que tinha sido Kommandant de Auschwitz e que fora "pessoalmente responsável pela morte de dez mil pessoas". Cada vez mais entusiasmado, Hanns viu que não só tinha prendido Höss, mas ele estava disposto a falar.

Duas horas depois, ao chegarem a Heide, os caminhões pararam num bar no centro da cidade, onde Paul os esperava. Deixando Rudolf no caminhão, sob escolta, Hanns e os outros 25 homens invadiram o bar. Extraordinariamente, Hanns interrompeu a entrega em segurança do mais procurado criminoso de guerra sob custódia para comemorar.

Paul descreveu a cena numa carta a seus pais, escrita no dia seguinte:

13 de março de 1946

Hanns teve o maior sucesso aqui, apesar de muito trabalhoso. Não saiu de mãos vazias. Apanhou o desgraçado de Auschwitz. Nunca tinha visto um merda como aquele em toda a minha vida. Depois que tudo terminou, encontrei o pessoal comemorando enquanto Rudolf ficava com os pés gelados no caminhão, sob escolta. Brindamos ao sucesso com champanhe e uísque. Perfeito para a ocasião. Mas vou deixar os detalhes para Hanns contar. Ele é um bom sujeito, mas não digam a ele, senão vai ficar *eingebildet* [convencido].

Quando acabaram de comemorar, Hanns voltou ao caminhão, puxou Rudolf para fora, arrancou a coberta dos ombros dele e o fez caminhar nu para a prisão do outro lado da praça principal cheia de neve. Uma vez na prisão, Hanns e um sargento da Seção de Segurança de Campo começaram o primeiro interrogatório formal de Rudolf. Enfiaram álcool pela garganta do prisioneiro e bateram nele com seu próprio chicote, confiscado no celeiro de Gottrupel. Rudolf ficou algemado todo o tempo e, com a temperatura da cela abaixo de zero, seus pés descalços não demoraram a congelar.

Três dias depois, 15 de março de 1946, Hanns enviou Rudolf para Camp Tomato. No mesmo dia, o coronel Gerald Draper, advogado do Grupo de Crimes de Guerra, deu início a mais uma rodada de intensos interrogatórios. Horas depois, o depoimento de Rudolf estava datilografado em oito páginas de confissão e um parágrafo de resumo. Foi a primeira vez que um Kommandant de campo de concentração deu detalhes da Solução Final. Rudolf confessou ter coordenado a morte de dois milhões de pessoas.

17

HANNS & RUDOLF
BELSEN E NUREMBERG, ALEMANHA
1946

Depois de largar Rudolf na prisão, Hanns foi para Hamburgo e se hospedou no Atlantic, um hotel de luxo às margem do lago Alster. Começou a noite bebendo desbragadamente no bar do hotel. Mais tarde, voltando ao seu quarto no terceiro andar, viu pares de sapatos deixados por alguns hóspedes nas portas dos quartos. Olhou em volta para se certificar de que ninguém estava vendo, e jogou todos os sapatos escadaria abaixo.

No dia seguinte, teve a alegre surpresa de encontrar seu irmão gêmeo na mesa do café da manhã. Pensava que Paul ainda estava supervisionando um campo de prisioneiros de guerra, mas, como tinha acontecido outras vezes durante a guerra, as escalas deles coincidiram.

– O que você fez ontem à noite? – perguntou Paul.

– Bebi demais e joguei os sapatos dos oficiais pela escada, do terceiro andar!

– Engraçado, eu fiz exatamente a mesma coisa, mas do quarto andar!

Não falaram muito sobre o trabalho. Não era assunto para se falar, nem então, nem depois. Paul estava cansado da vida no exército, furioso com tudo o que os alemães tinham feito, e só queria voltar para a Inglaterra. Hanns também, embora orgulhoso do trabalho com crimes de guerra, não queria reviver muita coisa: os horrores de Belsen, os depoimentos dos oficiais da SS de Auschwitz, o nervosismo de rastrear criminosos de guerra. Ambos achavam que era muito melhor ficarem bêbados. Assim, os irmãos embarcaram num grande tour pelos bares de Hamburgo, bebendo juntos quantidades memoráveis, continuando a comemorar a prisão de Rudolf Höss.

Passados cinco dias, Hanns voltou a Belsen. Recebeu novas congratulações de seu comandante, tenente-coronel Tilling, e a ótima notícia de que iria para casa.

Diante do fim dos julgamentos de Belsen e com a continuidade dos julgamentos de Nuremberg, o "Palheiro" precisava passar por uma reformulação. Iriam se concentrar em alvos diferentes: guardas menores da SS, industriais que tinham colaborado com os nazistas e uma nova geração de inimigos, homens e mulheres que vinham sabotando os esforços dos ingleses e americanos na incipiente Guerra Fria. Outros investigadores tinham chegado ao campo, homens com verdadeira experiência policial e legal. Amadores como Hanns já não eram mais necessários.

Hanns não ficou decepcionado. Ele estava mais que pronto para voltar à vida civil. Passou os dias seguintes datilografando relatórios sobre sua atuação em Berlim e Flensburg, e preenchendo formulários administrativos. Dias depois disse adeus aos colegas e pegou carona num caminhão do exército para Bruxelas. Ao cruzar a fronteira com a Alemanha, Hanns jurou nunca mais voltar a seu país de nascimento.

Na Bélgica, atravessou o canal numa balsa, e de lá pegou um trem para Guilford. Recebeu documentos de desmobilização e um terno novo azul-marinho. Era 20 de abril de 1946. Finalmente, a guerra de Hanns tinha acabado.

Dias depois, recebeu um envelope pelo correio. Continha seus documentos de naturalização. Após seis anos e meio no Exército Britânico, Hanns Herman Alexander era finalmente um cidadão britânico.

Num domingo, 19 de maio de 1946, Hanns e Ann se casaram na recentemente formada Nova Sinagoga Liberal Judaica, no noroeste de Londres. Hanns vestia seu bem engomado uniforme cáqui do Exército Britânico, botas brilhantes de couro preto e o quepe maliciosamente inclinado para o lado. O vestido de noiva de Ann era marfim, com um chapeuzinho combinando, véu curto e saltos altos. Paul, que havia sido desmobilizado no mesmo dia que o irmão, postou-se ao lado do casal, também trajando o uniforme militar. Atrás deles, numa pequena arca velada por uma cortina, estava a Torá Alexander.

O julgamento dos grandes criminosos de guerra conduzido por um tribunal militar internacional, mais conhecido por Julgamentos de Nuremberg, começou quatro meses antes da prisão de Rudolf Höss. A escolha da cidade para sediar os julgamentos deveu-se, em parte, à sua significação histórica, pois ali dezenas de milhares de pessoas compareceram aos comícios de Hitler no auge do poder do nazismo, nos anos 1930, e em parte à sua localização na zona americana. Embora os julgamentos fossem considerados de âmbito internacional, os Aliados concordaram que os Estados Unidos comandassem o show.

Os julgamentos tiveram lugar no Palácio da Justiça, construção com uma mistura de pedras nas cores branca, bege, bronze e amêndoa, ocupando o quarteirão inteiro. Apesar de um pouco danificado durante a guerra, o palácio sobreviveu praticamente intacto.

Os julgamentos começaram em 20 de novembro de 1945. Robert Jackson, promotor-chefe dos americanos, proferiu o discurso de abertura:

> Os erros que buscamos condenar e punir foram tão calculados, tão malignos e tão devastadores que a civilização não pode tolerar que sejam ignorados, pois não poderia sobreviver à sua repetição. Que quatro grandes nações, inebriadas com a vitória e feridas pela injúria, detenham a mão da vingança e submetam voluntariamente seus inimigos cativos ao julgamento da lei é um dos mais significativos tributos que o Poder jamais prestou à Razão.

As acusações de crimes contra a humanidade foram lidas em voz alta para 24 nazistas de alto escalão aprisionados. Dentre eles estavam Hermann Göring (chefe da Luftwaffe e apontado como sucessor de Hitler), Rudolf Hess (vice de Hitler), Albert Speer (responsável por armamentos), Joachim von Ribbentrop (ministro das Relações Exteriores), Hans Frank (chefe do governo de ocupação na Polônia), Ernst Kaltenbrunner (chefe do *Reichssicherheitshauptamt*, Departamento de Segurança do Reich, e o oficial de mais alto escalão da SS depois da morte de Himmler) e Martin Bormann (chefe do Partido Nazista), que ainda estava desaparecido e foi julgado *in absentia*.

No decorrer dos quatro meses anteriores, a promotoria tinha chamado centenas de testemunhas e apresentado resmas de declarações de vítimas dos campos de concentração. Tinham trazido como provas pilhas de correspondência entre líderes nazistas, bem como ordens e recibos de compras de Zykon B, que provavam a existência da substância nos campos, e cópias de arquivos do pessoal que provavam a exata localização e as responsabilidades de cada réu. As evidências eram inegáveis: os nazistas tinham supervisionado o assassinato em massa e as atrocidades numa escala sem precedentes. Mas quando chegou a vez de os acusados falarem, todos negaram ter conhecimento do genocídio.

Os Julgamentos de Nuremberg tiveram ampla cobertura da imprensa mundial. Todos os dias os jornais traziam editoriais cada vez mais alarmados, especulando que muitos dos homens em julgamento poderiam escapar ao veredicto de culpados apesar de seu envolvimento no assassinato de milhões de judeus, comunistas e ciganos. Parecia que os julgamentos estavam sujeitos a se tornar um fracasso abjeto.

Enquanto isso, a notícia da prisão de Rudolf tinha se espalhado.

Em 17 de março de 1946, o *The New York Times* noticiou que, após uma busca de nove meses, agentes britânicos tinham capturado Rudolf Höss, "provavelmente o maior assassino individual na história do mundo". Dias depois, publicações militares britânicas em Hamburgo, Flensburg e outras cidades alemãs trouxeram matérias semelhantes com a manchete "Dois milhões de pessoas mortas por gás! O Kommandant de Auschwitz confessa!". Esses artigos davam detalhes do que Rudolf havia falado em Camp Tomato, inclusive a descrição das seleções, das câmaras de gás e dos crematórios.

Todavia, apesar da prisão, da confissão e da recente publicidade, não estava claro se Rudolf iria a julgamento em Nuremberg. Os Aliados tinham concordado que os criminosos de guerra deveriam ser entregues aos países onde tinham ocorrido os crimes. O problema era que essa ação exigia destreza organizacional e recursos consideráveis, algo impraticável em curto prazo pelo incipiente governo polonês, que se esforçava duramente para recuperar um país devastado pela guerra, e seria incapaz de supervisionar um importante julgamento de crimes de guerra.

Telegramas zuniam trocados entre Londres e Varsóvia, com os ingleses se oferecendo para julgar Rudolf e os poloneses se recusando a se submeter a uma audiência.

Enquanto a discussão se acalorava a respeito de onde Rudolf Höss seria julgado, Whitney Harris, um jovem promotor nos Julgamentos de Nuremberg, teve uma ideia. Ele estava no fim do caso contra Ernst Kaltenbrunner, e desesperado para encontrar alguém do alto escalão disposto a confirmar o que tinha acontecido nos campos de concentração. Depois de ler um dos relatórios, Harris achou que, se Höss comparecesse como testemunha, seu depoimento não apenas seria parte do relatório oficial, corroborando as evidências apresentadas por muitas vítimas, mas talvez, quem sabe, outros réus poderiam ser implicados, ou coagidos a admitir a culpa.

Harris enviou um telegrama urgente a Camp Tomato, solicitando que Rudolf Höss fosse trazido a Nuremberg:

> 30 de março de 1946
> Executivo Britânico de Crimes de Guerra
> Seção Europeia Nuremberg
> 211430A
> Confidencial
>
> IMPRENSA DIVULGA QUE RUDOLF HÖSS EX-KOMMANDANT DO CAMPO DE CONCENTRAÇÃO DE AUSCHWITZ FOI CAPTURADO (.) CONSIDERO HÖSS PODE PROVAVELMENTE FORNECER INFORMAÇÃO IMPLICANDO KALTENBRUNNER E OUTROS E FICAREI GRATO SE ELE PUDER SER TRAZIDO A NUREMBERG O MAIS CEDO POSSÍVEL (MAIS CEDO POSSÍVEL) PARA INTERROGATÓRIO (.) AO CHEGAR AQUI DEVE SER TRANSFERIDO A CARGO DE 6850 I.S.D. PALÁCIO DE JUSTIÇA E ESCOLTADO SE APRESENTAR NA SALA 216 PALÁCIO DE JUSTIÇA (.) FAVOR AVISAR E.T.A.

No dia seguinte, dois policiais militares britânicos transferiram Rudolf Höss, algemado, do Camp Tomato, a cinco quilômetros ao sul de Nuremberg. Ele foi fichado no palácio por um funcionário que preencheu um "Registro Preliminar de Prisioneiro de Guerra", com informações básicas: nome, data de nascimento, patente, altura e peso. Em "características", ele escreveu que o prisioneiro tinha dentes com obturações de ouro, olhos castanhos, cabelos claros, pé direito e esquerdo "congelados", e mandou Rudolf assinar no fim da página.

Depois que tiraram suas impressões digitais, Rudolf foi levado ao porão por uma escada em espiral. Seus passos ecoavam no corredor de paredes caiadas. Diante de cada cela havia um guarda americano; um plantão 24 horas fora estabelecido após o suicídio de um réu, Robert Ley, meses antes. Rudolf foi colocado numa cela individual, de paredes de concreto, no porão da Ala C do palácio. A cela tinha uma janelinha junto ao teto e todo seu mobiliário consistia em uma cama estreita com um colchão fino e um cobertor de lã dobrado cuidadosamente na cabeceira, um banquinho de madeira e um balde no canto.

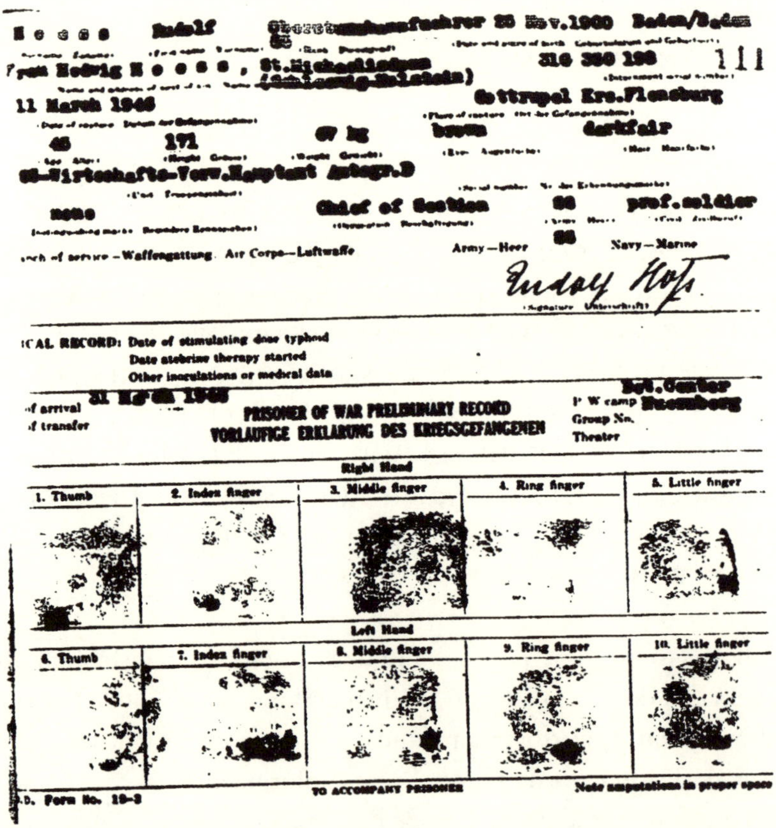
Rudolf
11 March 1946
171
prof.soldier
Air Corps—Luftwaffe
Army—Heer
Navy—Marine
CAL RECORD: Date of stimulating dose typhoid
Date atebrine therapy started
Other inoculations or medical data
of arrival
of transfer
PRISONER OF WAR PRELIMINARY RECORD
VORLAUFIGE ERKLARUNG DES KRIEGSGEFANGENEN
P W camp
Group No.
Theater
Right Hand
1. Thumb
2. Index finger
3. Middle finger
4. Ring finger
5. Little finger
Left Hand
6. Thumb
7. Index finger
8. Middle finger
9. Ring finger
10. Little finger
TO ACCOMPANY PRISONER
Note amputations in proper space

Na manhã seguinte, 1º de abril de 1946, Rudolf foi levado a um pequeno escritório onde encontrou Whitney Harris sentado atrás de uma mesa de madeira, tendo a seu lado um repórter do tribunal e um tradutor. As três semanas em cativeiro inglês tinham deixado suas marcas em Rudolf. Seus olhos estavam vermelhos, as faces encovadas e com a barba crescida, o corpo frágil. Era um homem encolhido. Harris ficou surpreso com a aparência de Rudolf. Esperava encontrar um homem grande, alguém que transmitisse poder e brutalidade, alguém com carisma. Em vez disso, Rudolf lhe pareceu um sujeito muito comum, assim como um "vendedor de mercearia", a quem não daria um segundo olhar se passasse por ele na rua.

Em contraste, Whitney Harris parecia mais bem-posto, em seu uniforme azul-escuro da Marinha, com paletó trespassado e botões de metal. Harris estava empolgado, pois desde que chegara a Nuremberg, no verão anterior, tinha entrevistado pessoalmente muitos nazistas importantes, mas ainda não tinha encontrado nenhum que pudesse lhe dar detalhes do funcionamento interno dos campos de concentração.

Rudolf sentou-se diante dele com os olhos fixos no chão, esperando que Harris falasse. O único som que se ouvia era do prisioneiro estalando os dedos. Passados alguns instantes, o promotor americano pediu a Rudolf que fizesse um resumo de sua biografia. Enquanto o intérprete traduzia as palavras de Rudolf, Harris anotava as respostas num bloco de papel timbrado. Quando chegaram ao assunto de Auschwitz, Harris perguntou: "Quantas pessoas foram mortas lá?" Sem hesitação, Rudolf respondeu que três milhões: dois milhões e meio nas câmaras de gás, e meio milhão de fome e doenças.

Harris ficou profundamente abalado pela frieza da confissão e ao mesmo tempo discretamente satisfeito. Aquela declaração teria um papel-chave no julgamento, pois até então todos os outros réus tinham se recusado a confirmar o que havia acontecido nos campos de concentração. Harris tinha entregado o caso à promotoria, mas conseguiu convencer os advogados de defesa de Kaltenbrunner a chamar Rudolf como testemunha. Eles aceitaram com prazer, porque o réu tinha sido acusado da construção e manutenção dos campos e o testemunho de Rudolf seria uma prova de que Kaltenbrunner jamais tinha ido ao campo de Auschwitz.

No dia seguinte, Harris voltou a entrevistar Rudolf, e passou a noite datilografando sua confissão. Harris selecionou apenas as partes mais pertinentes do depoimento de Rudolf, e colocou-as em suas próprias palavras. Mais tarde ele diria que a força e o significado da declaração eram as do próprio Kommandant, e ele só fizera selecionar palavras que tivessem mais impacto no tribunal. No dia seguinte, ele foi à cela de Rudolf mostrar a declaração passada a limpo. Rudolf fez algumas pequenas modificações – afinal, tinha aprendido inglês enquanto esteve preso nos anos 1920 –, concordou e assinou no fim da última página. Agora era só a defesa decidir quando iria trazer Rudolf para testemunhar.

Como havia muitos nazistas importantes ao mesmo tempo e num mesmo lugar, os americanos determinaram a um plantel de psicólogos que fizessem longas entrevistas e testes com os réus. Enquanto Rudolf aguardava em sua cela até ser chamado a testemunhar, foi entrevistado por um psicólogo e um psiquiatra.

O primeiro foi Gustave Gilbert, de Nova York, filho de imigrantes judeus-austríacos. Gilbert submeteu Rudolf a um teste simples de inteligência e ao teste de Rorschach, de interpretação de manchas, e concluiu que, como outros nazistas testados, ele tinha inteligência acima da média. Gilbert lhe pediu um resumo de sua carreira. Assim como nas entrevistas com Harris, Rudolf admitiu, sem demonstrar emoção, que tinha sido responsável pela morte de mais de dois milhões e meio de judeus. O psicólogo perguntou como tinha sido possível matar tanta gente.

– Tecnicamente – respondeu Rudolf – não foi tão difícil, e não teria sido difícil exterminar um número ainda maior.

Gilbert pressionou-o para obter uma resposta mais emocional, mas Rudolf continuou no mesmo tom:

– Na época, não havia consequências a considerar. Não me ocorreu que eu seria julgado responsável. Veja bem, na Alemanha pensava-se que, se algo desse errado, quem emitiu a ordem era o responsável.

Gilbert começou a perguntar "Mas e o fator humano...", e Rudolf o interrompeu:

– Isso não vinha ao caso.

Após mais algumas perguntas, Rudolf disse:

– Suponho que você queira saber se meus pensamentos e meus hábitos são normais.

– O que você acha? – perguntou Gilbert.

– Sou inteiramente normal – disse Rudolf. – Mesmo enquanto fazia o trabalho de extermínio, eu levava uma vida de família normal.

Quando Gilbert perguntou sobre sua vida social, o Kommandant respondeu que era um tipo solitário por natureza, inapto para interagir em profundidade com amigos e colegas, e se sentia melhor quando estava sozinho. Confessou ter parado de ter relações sexuais com sua esposa depois que ela soube das câmaras de gás no campo e, embora admitindo ter tido casos durante o casamento, afirmou que não era um homem muito sexual. Quando Gilbert perguntou sobre seus sentimentos quanto às vítimas judias, Rudolf disse que realmente havia a certeza de que os judeus eram os culpados pelas dificuldades econômicas e sociais da Alemanha, e isso era dito pelos jornais e pelas forças armadas, que declaravam ter que proteger a Alemanha contra os judeus.

– Você pode ter certeza de que não era nada agradável ver as pilhas de corpos e sentir o cheiro de queimado o tempo todo – prosseguiu ele –, mas Himmler ordenou, explicou a necessidade, e eu realmente não pensei muito se era ou não errado.

E Rudolf acrescentou:

– O problema em si, do extermínio dos judeus, não era novidade, e saber que eu seria encarregado de executá-lo me assustou no começo. Mas depois de receber a ordem direta e as explicações, nada havia a fazer senão cumprir.

Encerrando suas anotações, Gilbert escreveu: "Em todas as entrevistas, Höss é bem objetivo e indiferente, mostra algum interesse tardio pela enormidade de seu crime, mas dá a impressão de que isso nunca lhe ocorreria se alguém não perguntasse. Há muita apatia para sugerir algum remorso, e até a expectativa de enforcamento não lhe desperta maiores aflições. Tem-se a impressão geral de um homem intelectualmente normal, mas com uma apatia e insensibilidade esquizoides, uma falta de empatia dificilmente mais extrema do que numa psicose declarada."

Dois dias depois, um psiquiatra do exército, major Leo Goldensohn, foi entrevistar Rudolf. Goldensohn tinha 35 anos e, assim como Gilbert, era um judeu nascido e criado em Nova York. Quando ele entrou na cela, com seu cachimbo pendurado na boca, encontrou Rudolf sentado na beira da cama, com a calça arregaçada e os pés enfiados numa tina de água quente. Por meio de um intérprete, Goldensohn perguntou qual era o problema, e Rudolf respondeu que sentia dores nos pés desde que tinham congelado em Camp Tomato.

O psiquiatra perguntou como se sentia mentalmente. Rudolf respondeu:

– Estou menos nervoso do que estava.

Ao ser perguntado se estava angustiado pelo que tinha feito em Auschwitz, Rudolf disse:

– Achei que estava fazendo o que era correto. Obedecia às ordens, e agora, é claro, vejo que era desnecessário e errado. Mas não sei o que você quer dizer com angustiado a respeito disso, porque eu, pessoalmente, não assassinei ninguém. Eu era apenas o diretor do programa de extermínio em Auschwitz. Foi Hitler quem ordenou, por intermédio de Himmler, e foi Eichmann quem me deu as ordens quanto aos transportes.

Goldensohn perguntou se ele tinha pesadelos, imagens de execuções, câmaras de gás, corpos queimando, e Rudolf respondeu:

– Não, não tenho essas fantasias.

Numa carta de 20 de maio de 1946, Goldensohn deu sua avaliação: "Seu caráter é de um psicopata amoral, o que por si só, e correlacionado com a história de seu desenvolvimento, indica uma carência de amor dos pais e uma hostilidade inconsciente com relação ao pai. Em segundo lugar, há a influência do nacional-socialismo, que proporcionou a esse psicopata sádico cometer desumanidades sem precedentes numa estrutura de aparente respeitabilidade social e política." E concluiu dizendo: "Em suma, esse homem não tem padrões éticos ou morais, sua reação ao assassinato em massa, do qual é acusado, é apática."

Em 15 de abril de 1946, Rudolf voltou a aparecer no tribunal. Chegou vestindo um terno preto bem passado, gravata listrada, cabelos recém-cortados e bem penteados. Subiu ao box das testemunhas na frente da sala, colocou microfones de ouvido, pousou a mão sobre a Bíblia e jurou dizer a verdade. Nos dois lados da sala estavam postados guardas da polícia militar americana, com capacetes brancos e mãos atrás das costas. Bem atrás de Rudolf havia um grande mapa da Europa, mostrando as principais cidades e a localização dos vários campos de concentração.

O advogado de defesa, dr. Kurt Kauffmann, apresentou Rudolf com o seguinte resumo: "Testemunha, suas declarações serão de suma importância. Talvez você seja o único capaz de lançar alguma luz sobre certos aspectos ocultos, que possa nos dizer quem deu ordens para a destruição dos judeus da Europa, e também declarar como essas ordens foram cumpridas, e até que ponto sua execução foi mantida em segredo." Em seguida, ele fez uma série de perguntas, a maioria com a intenção de mostrar que Ernst Kaltenbrunner jamais estivera em Auschwitz, o que Rudolf confirmou rapidamente.

A equipe da promotoria era liderada pelo coronel John Amen, um homem de ombros largos que, como todos os militares presentes, trajava uniforme completo, com o peito coberto de medalhas e os ombros adornados com a insígnia da águia indicando sua patente. Amen se sentou a uma pequena mesa na frente da sala, sobre a qual havia um microfone e duas lâmpadas, uma vermelha e uma branca. As luzes eram manipuladas por um funcionário cuja função era indicar o momento de começar a falar. Quando a luz branca acendeu, ele começou a ler a declaração que Rudolf tinha assinado dias antes, na presença de Whitney Harris. Esse testemunho é o único registro audiovisual de Rudolf Höss. Rudolf respondeu às perguntas do promotor numa voz estridente e anasalada:

> Coronel Amen: Testemunha, você assinou essa declaração voluntariamente?
>
> Rudolf: *Jawohl.*
>
> Coronel Amen: E a declaração é verdadeira em todos os aspectos?
>
> Rudolf: *Jawohl.*

Em seguida o promotor leu uma seção sobre a carreira de Rudolf na SS, como guarda de campo em Dachau, Sachsenhausen, Auschwitz, e depois no *Amtsgruppe D*. Procurou entre os papéis, fez uma pausa de efeito, e então leu a parte mais chocante da confissão de Rudolf:

> Eu comandei Auschwitz até 1º de dezembro de 1943, e estimo que pelo menos dois milhões e meio de vítimas foram executadas e exterminadas por meio de gás e cremação, e pelo menos meio milhão mais sucumbiram à fome e a doenças, perfazendo um total de cerca de três milhões de mortos.

Houve um silêncio total na sala enquanto Amen continuava a ler asperamente. Sentados em duas fileiras no centro da sala, os 23 réus assistiam com expressão sombria. A acusação sabia que tinha finalmente a cartada decisiva. Os repórteres aglomerados na galeria tomavam notas. Os quatro juízes no tablado olhavam placidamente de seus assentos elevados, gratos pela clareza dessa declaração, que os ajudaria a proferir uma sentença definitiva no final do julgamento.

> Coronel Amen: "Esse número representa cerca de 70% a 80% das pessoas enviadas como prisioneiras para Auschwitz. As restantes foram selecionadas para trabalho escravo nas indústrias do campo de concentração. Dentre os executados e cremados havia aproximadamente 20 mil russos prisioneiros de guerra (previamente selecionados pela Gestapo nas prisões), enviados para Auschwitz em transportes da Wehrmacht operados por seus oficiais e funcionários. O restante do total de vítimas incluía cerca de 100 mil judeus-alemães e grande número de cidadãos, na maioria judeus, da Holanda, França, Bélgica, Polônia, Hungria, Tchecoslováquia, Grécia e outros países. Executamos cerca de 400 mil judeus-húngaros somente em Auschwitz no verão de 1944." Tudo isso é verdade, testemunha?
>
> Rudolf: *Jawohl*. Sim.
>
> Coronel Amen: "Supervisionei pessoalmente execuções em Auschwitz até 1º de dezembro de 1943 e sei, em virtude da continuação de meus

deveres na Inspetoria de Campos de Concentração, WVHA, que essas execuções em massa continuaram conforme declarado anteriormente. Todas as execuções por gás ocorreram por ordem direta, supervisão e responsabilidade da RSHA. Recebi todas as ordens de efetuar essas execuções em massa diretamente da RSHA." Essas declarações são verdadeiras e estão corretas, testemunha?
Rudolf: *Jawohl*. Estão.

Após concluída a reinquirição, Rudolf tirou os microfones de ouvido, colocou-os na beirada do box das testemunhas e se dirigiu para uma fileira de cadeiras no fundo da sala. Minutos depois a sessão do tribunal foi encerrada e Rudolf foi escoltado de volta à cela.

O testemunho de Rudolf foi noticiado no mundo inteiro. O *The New York Times* o descreveu como o "clímax esmagador do caso". Na Inglaterra, *The Times* foi mais longe, dizendo da declaração assinada por Höss: "suas pavorosas implicações superam qualquer documento jamais assinado."

Também no tribunal ficou claro para todos que o testemunho de Rudolf teria um profundo impacto nos procedimentos, inclusive sobre os próprios réus. Na hora do almoço, na cantina dos prisioneiros, Hans Frank, ex-governador-geral da Polônia ocupada, disse ao psicólogo Gustave Gilbert: "Foi o ponto mais baixo de todo o julgamento ouvir um homem dizer, com sua própria boca, que exterminou dois milhões e meio de pessoas a sangue-frio. As pessoas vão falar nisso durante mil anos." Hermann Goering também afirmou estar chocado com a confissão de Rudolf, mas tentou se distanciar, dizendo que Rudolf só fora capaz de cometer esses crimes porque era do Sul da Alemanha, crimes que um prussiano como ele jamais seria capaz de cometer.

No dia seguinte, Frank depôs e, pela primeira vez, confessou sua participação nas atrocidades. À pergunta direta "Você alguma vez participou da destruição dos judeus?", ele respondeu que sim. "E a razão de dizer que sim é que fui acusado dessa culpa durante os cinco meses desse julgamento, e particularmente acusado pelo depoimento de Rudolf Höss."

Finalmente, os grandes criminosos de guerra começavam a admitir sua culpa.

Enquanto Rudolf testemunhava, o governo polonês mandou dizer que a Polônia agora estava preparada para julgá-lo pelos crimes que ele havia cometido no país.

Assim, em 25 de maio de 1946, quase exatamente um ano depois do fim da guerra, e 11 semanas depois de ser capturado por Hanns, Rudolf foi levado ao aeroporto de Nuremberg, onde foi obrigado a posar para as câmeras da agência de notícias Pathé, desgrenhado e mal-ajambrado em seu grosseiro uniforme da prisão. Foi levado para Varsóvia num avião americano, junto com dois outros prisioneiros de guerra, e entregue às autoridades polonesas. Uma vez na prisão central de Varsóvia, foi processado, revistado mais uma vez à procura de pílulas de cianureto, e colocado na cela.

Há poucos registros desse tempo na prisão de Varsóvia. A única fonte é o próprio Rudolf. Ele escreveu que o tempo passava devagar e que sofreu espancamentos, inclusive ataques cruéis de um guarda de 20 anos de idade, mas nunca se queixou, porque os outros guardas o tratavam bem.

Em 30 de julho de 1946, dois meses depois de seu retorno à Polônia, ele foi embarcado em Varsóvia, junto com sete outros ex-oficiais da SS, num trem para Cracóvia, no Sul da Polônia. Ao chegarem, não havia carros à espera deles. Rudolf ficou nervoso, principalmente quando uma multidão enraivecida reconheceu o Kommandant e começou a se reunir em torno do grupo. Justamente quando os manifestantes começaram a ficar realmente perigosos, com xingamentos e ameaçando atirar pedras, os carros chegaram e os tiraram de lá.

E então ele foi levado de volta à prisão na rua Montelupich, 7, no subúrbio de Cracóvia, onde, após ser fichado novamente, foi escoltado para uma pequena cela no porão. A prisão na Montelupich tinha conseguido escapar aos bombardeios aéreos mais danosos e, no fim de 1946, abrigava muitos dos mais notórios criminosos de guerra da Polônia.

A cela de Rudolf tinha dois metros por três e paredes de concreto cinzento com uma janelinha gradeada a dois metros do chão. Tinha uma cama de metal com um colchão fino e gasto, um balde no canto, uma única lâmpada pendendo do teto, um pequeno aquecedor num canto e, no outro, um jarro de metal com água para beber e se lavar. Os prisioneiros tinham permissão para tomar banho de chuveiro a cada duas semanas, mas raramente havia sabão e toalha. Usavam suas próprias roupas e, por norma, as roupas íntimas tinham que ser trocadas a cada seis semanas. A comida era fornecida pela prisão, constando de café, sopa de batatas e um pedacinho de pão, e uns poucos felizardos recebiam provisões enviadas pela família. Os poloneses tiveram a bondade de dar meias de lã para Rudolf.

Ele não tinha nada com que se ocupar. Os outros prisioneiros ou o ignoravam ou o tratavam com hostilidade. Escrevia cartas a Hedwig e aos filhos, mas não tinha resposta. A cada dia se sentia mais isolado e abatido. Estava ficando desequilibrado.

No começo de novembro de 1946, um juiz investigador, ostentosamente trajado num terno feito sob medida e fumando um cigarro com piteira de jade, entrou na cela e se apresentou como Jan Sehn, investigador-chefe de Cracóvia nos julgamentos de crimes de guerra na Polônia. Viera colher material para a audiência de Rudolf, que seria em breve.

Jan disse a Rudolf que fizesse uma lista dos documentos destruídos antes que o Exército Vermelho liberasse Auschwitz. Deixou com ele umas folhas de papel fino e lápis apontados. A princípio, Rudolf recusou. Não via motivo para se lembrar. Mas depois reconsiderou. Afinal, não tinha nada melhor a fazer e, de modo geral, estava sendo bem tratado pelos poloneses. Logo passou a gostar da tarefa, ficando "agradecido pela presente atribuição de escrever... que me traz grande satisfação".

Dias depois, Sehn voltou à cela, recolheu as anotações de Rudolf e, vendo a boa vontade do prisioneiro, sugeriu que ele escrevesse sobre traços de personalidade dos líderes da SS: Himmler, Eichmann, Maurer, Pohl, Glücks. Daí a uma semana, Sehn voltou a visitar o Kommandant, disse que as anotações dele constariam do relatório oficial no julgamento e pediu que escrevesse sobre as operações no campo: os transportes, as seleções, as câmara de gás. Isso levou mais tempo. Rudolf rememorou o funcionamento interno do campo, escrevendo com letra miúda rabiscada e sem margens no fino papel da prisão.

Nos intervalos das entrevistas, Rudolf continuava a escrever cartas para a família, que não eram respondidas. Na véspera de Natal, escreveu mais uma carta para Hedwig, com palavras cada vez mais nostálgicas e amargas:

> Os olhos das crianças expectantes, contentes, exultantes de felicidade, sob a árvore iluminada, eram nossa recompensa por todas as preocupações e problemas do ano que passou. Pelo bem daqueles corações felizes das crianças, todos os problemas, pesares e ansiedades eram esquecidos naquele momento calmo, confortável. Víamos nossos filhos crescendo saudáveis e felizes, e eles nos mostravam a razão por que vivíamos... Mas a desdita da guerra destruiu nossa felicidade também, assim como destruiu milhões de famílias, separando-as e espalhando sofrimento indescritível por todo o mundo.

Mais uma vez, Hedwig não respondeu. Semanas depois, Rudolf escreveu outra carta:

> Minha querida Mutz, meus queridos filhos:
> Outro mês se passou sem notícias de vocês. As últimas notícias que tive foram por sua querida carta de 23 de junho, que recebi em 7 de setembro. Extraí daquela carta toda a minha esperança por vocês. Mas faz tanto tempo, me pergunto se vocês estão bem, meus queridos, como estarão vocês agora?
>
> Quão mais calmamente eu enfrentaria tudo se soubesse que vocês todos estão com boa saúde e tendo supridas as necessidades da vida, se eu soubesse que pessoas boas estão ajudando vocês, se estão podendo

viver em paz. Se eu soubesse como está a triste vida de vocês em geral? Perguntas sobre perguntas, e não me dão sossego. Eu mesmo tenho que respondê-las. Mas tantos pensamentos tristes de nada adiantam. A vida de todos nós é assim – é o Destino, e nada podemos fazer para alterá-lo.

Estou sempre com vocês em pensamento, e espero, continuo esperando, inquieto, por notícias, por algum sinal de vida de vocês, esperando confiantemente e desejando que todos estejam com boa saúde, que esteja tudo bem com vocês, que a vida de vocês esteja suportável. Eu ainda estou com saúde.

Esta é minha terceira carta daqui. Escrevi a primeira no meu aniversário, a segunda na época do Natal. Espero que ambas tenham chegado.

Concluindo, desejo tudo de bom a vocês, meus queridos, e envio minhas sinceras saudações a todas as minhas boas crianças, minha Mäusl, meu Burling, minha Püpi, minha Kindi e meu Klaus. E minhas ardentes saudações a você, querida, boa Mutz.

Para sempre e sempre seu,

Vati

Dois meses depois da chegada de Rudolf a Cracóvia, Jan Sehn continuava a encorajá-lo a escrever, e não somente sobre os anos da guerra, mas também sobre sua família, sua vida, sua própria história. Rudolf resistiu, pois não queria que o mundo soubesse detalhes de sua vida privada, mas Sehn era persistente. Era uma forma de passar o tempo, e mais ainda, podia até trazer algum alívio. Mas talvez o que finalmente convenceu Rudolf tenha sido o desejo de fazer um registro correto, tornar significativo tudo o que ele fizera, e denunciar as mentiras e a covardia exibidas por seus ex-colegas em Nuremberg: Göring, comandante da Luftwaffe, que alegou ser apenas um militar; o próprio chefe de Rudolf, Oswald Pohl, que argumentou que os campos de extermínio eram de responsabilidade de seus subordinados, principalmente de Richard Glücks; Rudolf Hess, secretário do próprio *Führer*, que fingiu ter amnésia; Ernst Kaltenbrunner, que afirmou desconhecer a Solução Final, apesar de ter supervisionado a construção de pelo menos um campo de concentração. Ninguém tinha falado a verdade, e todos tinham tratado somente de salvar a própria pele. Pouco lhes adiantou. A confissão de Rudolf foi também um ato final de lealdade distorcida. Ao contrário dos figurões nazistas que negavam o passado, ele se sentiu compelido a compartilhar suas recordações. Agir de maneira diferente seria trair aquilo em que eles todos tinham acreditado.

Por fim, Rudolf pegou o lápis e o papel e escreveu o título da primeira seção, sobre seus anos de desenvolvimento: "Minha psique, meu crescimento, minha vida e experiência."

> Nas páginas a seguir, tentarei escrever sobre o mais íntimo da minha vida pessoal, compondo minhas lembranças numa tentativa de fazer um relato fiel de todos os traços essenciais, todos os altos e baixos da minha vida e minha experiência psicológica. Para que este relato seja o mais completo possível, devo voltar a incidentes da minha primeira infância.
>
> Até meus 6 anos de idade, morávamos perto da cidade de Baden-Baden, onde só havia umas poucas fazendas nas redondezas. Eu não tinha nenhum amigo nessa época, porque os filhos dos fazendeiros eram muito mais velhos que eu...

À medida que escrevia, ele ia revendo as decisões de sua vida:

> Hoje me arrependo profundamente de ter me afastado do caminho que trilhara até então. Minha vida, minha família, tudo teria sido diferente, embora hoje não tivéssemos nem casa nem fazenda do mesmo jeito. Mas, nesse ínterim, teríamos tido anos de trabalho satisfatório. No entanto, quem pode prever o que será daqueles cujas vidas estão entrelaçadas? O que é certo e o que é errado?

Na última página de suas memórias, escrita em fevereiro de 1947, Rudolf revela por que resolveu ser tão sincero:

> Eu jamais teria me disposto a fazer um relato tão franco, revelando o mais secreto do meu ser, se não fosse a humanidade e a compreensão que encontrei aqui [na prisão]. Foi algo que eu nunca poderia ter esperado, e me desarmou completamente. Foi por causa dessa compreensão humana que fiz tudo ao meu alcance para contribuir para lançar luz sobre circunstâncias ainda inexplicadas.

Rudolf sabia que suas memórias na prisão iriam atingir um público maior do que as pessoas presentes em seu julgamento. Pediu a quem fosse avaliar suas anotações que não publicasse as partes relativas à sua família, nem às suas "emoções mais brandas", nem às suas "dúvidas secretas", acreditando que o leitor comum seria incapaz de ver além de seus atos criminosos:

> Deixe o público continuar pensando em mim como um bruto sanguinário, um sádico cruel, o assassino de milhões, pois essa é a única maneira que a grande maioria será capaz de imaginar o Kommandant de Auschwitz. Nunca entenderão que ele também tinha um coração, e não era um homem perverso.

Afirmando na última linha que seus escritos tinham sido voluntários e não forçados, Rudolf largou o lápis.

Na primavera de 1946, o governo polonês tinha iniciado seus próprios processos de crimes de guerra, sob a supervisão do *Najwyzszy Trybunal Narodowy* (NTN), o Supremo Tribunal Nacional. Sua tarefa era processar os "criminosos fascistas-hitleristas" que tinham assassinado e torturado civis e prisioneiros de guerra na Polônia ocupada na Segunda Guerra. Houve um total de sete julgamentos com 49 réus, dos quais Rudolf era o mais importante.

O julgamento de Rudolf começou em 11 de março de 1947, no auditório no Sindicato de Professores Poloneses, grande o suficiente para nele caberem quinhentas pessoas, no distrito Powisle de Varsóvia. O tribunal foi presidido pelo juiz Alfred Eimer e composto por quatro juízes assistentes e quatro membros convocados da Câmara dos Deputados do Parlamento polonês, que representavam simbolicamente o povo. Rudolf foi representado por um advogado polonês. Presentes ao julgamento estavam observadores da União Soviética, França, Alemanha, Tchecoslováquia e Inglaterra. Pelo menos oitenta ex-prisioneiros compareceram às audiências. Segundo um jornalista do *The Times*, quando Rudolf entrou no auditório, um "leve murmúrio" percorreu o público. De resto, os procedimentos foram marcados por "uma falta quase completa de manifestações de nervosismo".

O Estado foi representado por uma equipe de promotores encabeçados por Tadeusz Cyprian, um advogado de 49 anos e fotógrafo eventual de Sniatyn, hoje situada na Ucrânia. Cyprian tinha alguma experiência em julgamentos de crimes de guerra, tendo participado de sessões em Belsen e Nuremberg como membro da delegação oficial polonesa. No total silêncio no tribunal, ele leu as acusações, que se alongavam por 98 páginas. Acusado da morte de trezentos mil prisioneiros poloneses e russos, e de quatro milhões de judeus, Rudolf permaneceu sentado na cabine dos réus, com os fones nos ouvidos, escutando a tradução simultânea da fala de abertura do promotor polonês. Cyprian argumentou que Rudolf fora um "elo voluntário" num sistema planejado para destruir a raça eslava, e deveria ser enforcado por seus crimes. Nos dias que se seguiram, o Estado chamou 66 testemunhas, 49 delas polonesas e 18 estrangeiras. A expressão de Rudolf pouco mudava enquanto ouvia os depoimentos de uma longa fila de sobreviventes de Auschwitz que entravam no auditório para testemunhar.

Finalmente, chegou a vez de Rudolf. Ele respondeu com petulância às perguntas do promotor sobre a logística, argumentando despudoradamente que apenas um milhão e meio poderiam ter sido mortos em Auschwitz, e não quatro milhões, como afirmava o promotor, devido aos limites físicos dos crematórios. Na sequência do interrogatório, admitiu que uma noite, logo na chegada de um trem carregado de ciganos e judeus, todos foram atirados numa grande vala e queimados vivos. Quarenta mil pessoas tinham morrido daquela maneira.

Mas sua defesa mais veemente veio das memórias escritas na prisão da Montelupich, que foram inseridas *verbatim* nas atas. No fim, ele também tentou se esquivar da culpabilidade. "Eu nunca maltratei um prisioneiro pessoalmente, e muito menos matei alguém", escreveu. Quanto às atrocidades, afirmou que "muito aconteceu em Auschwitz, supostamente em meu nome e por minha ordem, de que eu nada sabia. Eu não teria tolerado nem aprovado". Insistiu que, ao saber das "torturas monstruosas" no campo, tivera "arrepios". Culpou sua equipe pelo abuso dos prisioneiros, dizendo que ocorrera à revelia de seu comando, e, até ouvir as conclusões em Nuremberg, sustentou não ter conhecimento da brutalidade sistemática que prevalecia em Auschwitz.

Chegou a reconhecer, quase automaticamente, que era responsável pelo que tinha acontecido no campo por causa de seu posto, e não por ter planejado: "Todas essas coisas aconteceram em Auschwitz e sou responsável por elas. Porque, conforme o regulamento dos campos, o Kommandant é totalmente responsável por tudo o que ocorre em seu campo." Admitiu ter supervisionado a construção das câmaras de gás, os processos de seleção e os crematórios. E, como argumento crucial, disse que fora um erro, não porque o assassinato em massa fosse imoral ou monstruoso, e sim porque "foi a política de extermínio que atraiu o ódio do mundo inteiro para a Alemanha".

Para os promotores, foi fácil contestar a afirmação de que ele só soubera recentemente das atrocidades, e apresentaram montes de provas fornecidas por sobreviventes. Também a afirmação de que suas ordens eram desobedecidas foi desmentida por depoimentos de testemunhas, mostrando que Rudolf tinha pleno controle de tudo o que acontecia no campo. Rudolf ainda tentou comparar os bombardeios dos Aliados em Dresden e outras cidades alemãs, em que dezenas de milhares de civis tinham morrido e milhões tinham ficado desabrigados, com os assassinatos que ele supervisionara em Auschwitz. A promotoria frisou que, embora o bombardeio de Dresden tivesse sido realmente trágico, o objetivo dos ataques eram alvos militares, ao passo que as câmaras de gás em Auschwitz eram resultado do genocídio proposital de uma minoria étnica específica e, portanto, um crime contra a humanidade.

Por fim, num último esforço, e já não demonstrando lealdade a nenhum ideal e a ninguém além do interesse em sua própria salvação, Rudolf argumentou que simplesmente cumpria ordens de Himmler. Entretanto, esse argumento foi prontamente descartado pelo tribunal, já que a premissa de todos os julgamentos de crimes de guerra naquele momento era que os guardas e oficiais da SS não podiam alegar que estavam apenas cumprindo ordens.

Em 27 de março, duas semanas após o início do julgamento, Rudolf se levantou diante do júri para ouvir o veredicto: culpado. Não demonstrou surpresa. Já havia falado com o repórter do *The Times* que esperava esse resultado. Em 2 de abril, voltou ao tribunal para ouvir a sentença. Parecia mais saudável do que no julgamento em Nuremberg; já não tinha o rosto encovado, o cabelo estava bem penteado, e o casaco de lã cinzenta fora lavado e passado. Mais uma vez ficou de pé, com os fones de ouvido colocados; postados atrás dele, guardas de luvas brancas seguravam rifles. O presidente do tribunal, Alfred Eimer, leu a sentença: "Morte por enforcamento fechado ao público, em território do campo de Auschwitz."

Rudolf ficou muito abalado, pois achava desonroso morrer no patíbulo, um método de execução que considerava mais apropriado para um assassino comum do que para alguém de sua envergadura militar. Daí a oito dias, o Supremo Tribunal confirmou a decisão, e pouco depois uma mensagem do presidente da República polonesa informou que não usaria seu poder para reduzir a pena.

Em 11 de abril, cinco dias antes da data marcada para a execução, Rudolf escreveu uma última carta para a esposa. Era um último adeus e uma confissão. Admitia que seus princípios tinham se fundado em suposições incorretas, e era inevitável que um dia fossem derrubados. Disse que percebia haver sido "uma engrenagem na monstruosa maquinaria alemã de destruição", um "autômato que obedecia cegamente a qualquer ordem". "Segui um caminho muito errado e, em consequência, trouxe a destruição para mim mesmo", disse. Como resultado, tinha se tornado "o maior de todos os destruidores de seres humanos". Reconhecia que, por esses crimes, merecia morrer: "Com calma e compostura, vejo meus últimos momentos se aproximando."

Colocou a aliança junto com a carta, relembrando seu casamento e a "primavera da nossa vida" na fazenda, em 1929. Instou Hedwig ir morar em outro lugar e adotar seu sobrenome de solteira: "É melhor que meu nome morra comigo."

E concluiu a carta com as palavras: "Com o coração pesado, minha amada Mutz, minha pobre infeliz esposa, que me é muito, muito querida, lhe envio todo o meu amor. Lembre-se de mim com amor. Estou com você até meu último suspiro."

No mesmo envelope, colocou uma carta para os filhos.

Vocês, meus queridos, bons filhos!

O papai tem que deixar vocês agora. Para vocês, pobrezinhos, só resta sua querida, boa mamãe. Que ela permaneça com vocês por um bom tempo ainda. Vocês ainda não entendem o que sua boa mamãe realmente significa para vocês, que bem valioso ela é para vocês. O amor e o carinho de uma mãe é a coisa mais linda e valiosa que existe no mundo. Eu entendi isso há muito tempo, só quando era tarde demais, e me arrependi pelo resto da vida.

Klaus, meu querido garoto! Você é o mais velho. Agora vai sair para o mundo. Você precisa saber abrir seu caminho na vida. Você tem boas aptidões. Use-as! Mantenha seu bom coração. Seja uma pessoa que se deixe guiar principalmente pela ternura e a humanidade. Aprenda a pensar e a julgar por si mesmo, com responsabilidade. Não aceite nada sem crítica e como verdade absoluta. Aprenda com a vida.

Kindi e Püppi, minhas grandes garotas!

Vocês ainda são muito jovens para entender a extensão da crueldade que o destino preparou para nós. Mas principalmente vocês, minhas queridas boas garotas, são especialmente obrigadas a ficar ao lado de sua desafortunada mãe e, com amor, ajudá-la de todas as maneiras que puderem. Cerquem a mamãe de todo o amor infantil do coração de vocês e lhe mostrem o quanto vocês a amam...

Meu Burling, garotinho querido!

Sustente sua feliz disposição infantil. Em breve a vida cruel vai separá-lo, meu garotinho querido, de seu mundo infantil... Meu pobre menino, agora só tem sua querida boa mamãe, que vai cuidar de você. Obedeça a ela com amor e gentileza, e assim seja sempre o querido Burling do papai.

Minha querida Annemäusl!

Quão pouco me foi dado aproveitar essa querida pessoinha. Sua querida mamãe terá que pôr você no colo por nós dois, querida Mäusl, e falar sobre o papai e o quanto ele te amou. Que você possa, com seu jeitinho tão alegre, ajudar sua querida mamãe a atravessar todas as terríveis horas.

Mais uma vez, peço de coração a todos vocês, meus queridos filhos, que guardem no coração minhas últimas palavras. Pensem sempre e sempre nelas.

Tragam sempre na lembrança, com amor, seu

Papai

Marcada a princípio para 14 de abril de 1947, a execução de Rudolf foi adiada por medo de que os habitantes de Oświęcim tentassem linchá-lo quando fosse transferido da prisão para o local do patíbulo, em Wadowice. A execução foi remarcada para dois dias depois. Na madrugada de 16 de abril de 1947, prisioneiros de guerra alemães ergueram uma forca de madeira com um alçapão, a poucos passos do velho crematório de Auschwitz, a 60 metros da *villa* onde Rudolf e sua família tinham morado. Só teve permissão para se aproximar do local quem tinha um passe especial, e um grupo de guardas militares poloneses foi colocado na entrada do campo, agora desabitado.

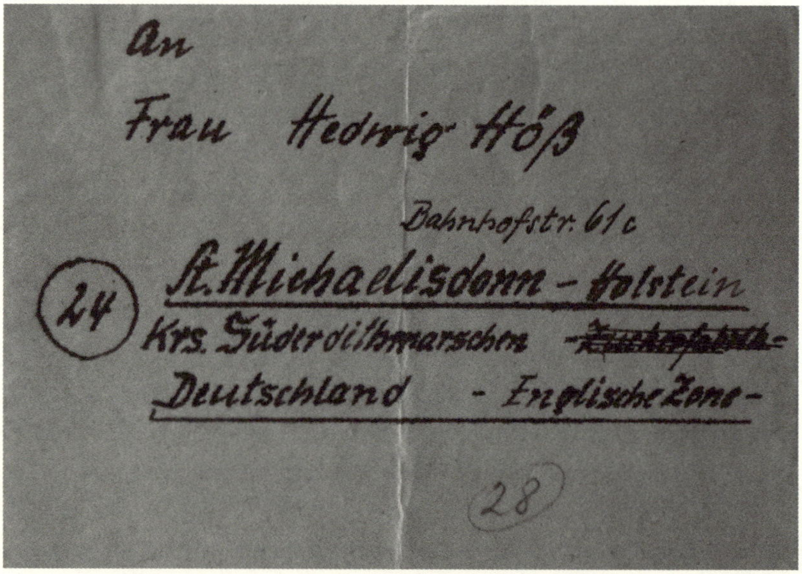

Carta de Rudolf para Hedwig

Rudolf chegou num caminhão do exército às oito horas da manhã, e foi levado ao seu antigo escritório, a menos de oito metros da casa em que morou. Pediu uma xícara de café e, quando acabou de beber, foi escoltado para uma cela no "*bunker*", a prisão do campo no bloco 11, também conhecido como "bloco da morte". Foi naquele prédio que o Zykon B fora usado pela primeira vez nos prisioneiros, seis anos antes.

Ao sair da cela às 10 da manhã, Rudolf parecia calmo. Escoltado, foi andando pela rua principal calçada de pedras, passou pela enfermaria onde as crianças eram infectadas com fenol por ordem do dr. Lolling, e pelo pátio onde os internos ficavam em pé durante horas, no sol ou na neve, enquanto era feita a chamada.

Virando a esquina do bloco 4, Rudolf viu um ajuntamento de cerca de cem pessoas em semicírculo junto ao velho crematório. Ali estavam alguns ex-prisioneiros, oficiais do Ministério da Justiça polonês, membros da Procuradoria do Estado e da Secretaria de Segurança Nacional. O Estado polonês havia decretado que a execução fosse fechada ao público; portanto, ao contrário dos enforcamentos ocorridos em Belsen e Nuremberg, não havia jornalistas presentes. Era um dia frio; a maioria das pessoas estava de sobretudo, chapéu e luvas.

Quando Rudolf se aproximou da plataforma, o grupo se retirou. Como ele estava com as mãos algemadas nas costas, um guarda ajudou-o a subir no banquinho posicionado sobre o alçapão. O padre Tadeusz Zaremba, cuja presença fora solicitada por Rudolf, aproximou-se do Kommandant e trocaram algumas palavras.

O promotor leu a sentença, um homem de capuz preto colocou a corda em volta do pescoço de Rudolf, e Rudolf ajustou-a com um movimento de cabeça. Às 10:08, a um aceno de cabeça do promotor, o carrasco puxou o banquinho sob os pés do ex-Kommandant, que caiu no alçapão. O padre disse uma oração.

Às 10:21, Rudolf Höss foi declarado morto.

Minutos depois, seu corpo foi retirado e colocado num caixão simples de madeira. Mais tarde o corpo foi transportado para um hospital em Cracóvia, onde os médicos fizeram uma autópsia. No dia seguinte, foi levado a um cemitério e enterrado numa cova sem lápide.

EPÍLOGO

As famílias dos líderes nazistas reagiram a seu legado de maneiras diferentes: orgulho, vergonha, medo. A família Höss optou pela negação. Era como se a sua história tivesse começado em maio de 1947. Como numa tábua rasa, novos mitos foram criados, o principal sendo de uma sobrevivência heroica, particularmente por parte da chefe da família, Hedwig Höss, que teria conseguido alimentar e proteger os filhos em meio a todos os obstáculos dos anos duros que sucederam à guerra.

E há muita verdade nisso, pois a vida era dura mesmo. Depois da execução de Rudolf, Hedwig e os cinco filhos continuaram a morar no pequeno apartamento em cima da fábrica de açúcar em St. Michaelisdonn. Andavam com trapos amarrados nos pés, e subsistiam com legumes plantados no pequeno canteiro do jardim. As pessoas da cidadezinha os evitavam. Agora era perigoso ter ligações com uma família tão altamente situada no nazismo.

Mas sobreviveram. Klaus arrumou um emprego em Stuttgart, 500 quilômetros ao sul, e o restante da família foi morar lá. Com o passar dos anos, os cinco filhos Höss foram se mudando – para o mar Báltico, a América, a Austrália –, mas Hedwig permaneceu na Alemanha. Ao contrário de outras viúvas de soldados alemães, Hedwig não teve pensão do Estado, nem recebeu qualquer dinheiro do governo.

Em 1965, Hedwig foi chamada como testemunha no Julgamento de Frankfurt, a tardia tentativa alemã, após vinte anos de adiamentos, de lidar com alguns nazistas que viviam descaradamente no meio da sociedade alemã. O motivo da presença de Hedwig era unicamente confirmar que um dos réus nunca tinha ido a Auschwitz. Sua participação durou aproximadamente dois minutos, tempo suficiente para fazer o juramento e negar que tivesse visto o homem no campo de seu marido. Foi a última vez que Hedwig Höss apareceu em público.

Depois da lua de mel nas ilhas da Sicília, Hanns e Ann se mudaram para o norte de Londres. A família Alexander estava novamente reunida, e crescia. Em 1948, Ann deu à luz a primeira filha, Annette, depois Jackie, em 1950. Elsie e Erich tiveram três filhos, Frank, Michael e Vivien. Bella se casou de novo logo depois da guerra e passou os anos seguintes tendo quatro filhos: Peter, Tony, Julian e Stephen. Enquanto isso, Paul achava difícil se assentar. Pulava de emprego em emprego, acabou se tornando construtor freelancer, se mudou para o Canadá e retornou poucos anos depois. Casou-se duas vezes e teve dois filhos, John e Marion.

O pai de Hanns nunca conseguiu ter uma clínica do mesmo porte da que tivera em Berlim, mas era bem-aceito pelos pacientes, e levava uma vida confortável com Henny. Sempre adorando as coisas boas da vida e nunca abrindo mão de seus charutos, Alfred Alexander morreu de ataque cardíaco em 1950. Sua morte produziu uma onda de choque na família. Henny, é claro, foi a mais afetada, mas, como boa estoica, pelos 25 anos seguintes manteve com elegância o título de matriarca.

Em 1948, o governo tcheco quis agraciar Hanns com a Medalha do Mérito de Segunda Classe, em reconhecimento do seu apoio ao exército tchecoslovaco e aos tchecoslovacos retidos na Alemanha. Um ano depois, o governo de Luxemburgo anunciou a intenção de lhe outorgar a Ordem Nacional da Coroa de Carvalho, equivalente ao título britânico de cavaleiro. Entretanto, o governo britânico aprovara uma lei que proibia seus soldados de receber condecorações de governos estrangeiros por serviços prestados após o fim da Segunda Guerra Mundial, e as honrarias foram recusadas. Hanns não recebeu nenhum dos dois títulos. Na verdade, nem ficou sabendo deles.

Hanns nunca mais procurou a excitação e as aventuras que viveu durante os anos da guerra. Sua família, sua comunidade e seu emprego na Japhet & Co, a companhia em que trabalhou antes da guerra, e depois o emprego na S. G. Warburg, eram suficientes para ele. Hanns começou a passar mais tempo na sinagoga que a família ajudara a fundar. A princípio funcionando em locais temporários – a sala de jantar de uma pensão, uma sala cedida por outra congregação –, a sinagoga finalmente encontrou um local permanente na sacristia de uma velha igreja na Belsize Square, no noroeste de Londres. Composta inteiramente de judeus-alemães refugiados e liderada por um rabino sobrevivente de campo de concentração, a sinagoga mantinha a tradição *Liberale* do judaísmo alemão. Desde o começo, a Torá Alexander foi o seu primeiro e mais importante bem. Mais tarde seriam incorporados outros pergaminhos, mas durante anos a Torá Alexander foi a única, retirada para os cultos das noites de sexta-feira e das manhãs de sábado, nos dias santificados e em todos os eventos religiosos.

Hanns e Paul passaram a ser os curadores informais da sinagoga. Durante os quarenta anos seguintes, primeiro de fraque e cartola, depois usando ternos azuis de riscas, compareciam a todos os eventos religiosos, verificando se os serviços estavam preparados, as mesas, postas, os copos, bem servidos, os livros de oração e os xales, colocados nos lugares corretos. Embora continuassem a pregar peças e a contar piadas impróprias, para alegria das muitas crianças ao seu redor, tornaram-se um pilar – talvez *o* pilar – daquela comunidade social e progressista.

Mesmo quando mais velho, Hanns nunca esqueceu o débito que tinha com a nação britânica por tê-lo acolhido e a sua família. Assim, em 1986, aos 69 anos de idade, cinquenta anos após sua chegada a Londres, ele e Ann deram uma "Festa de Agradecimento à Inglaterra" no Croydon Aerodrome, onde pisara pela primeira vez no solo britânico. No final, Hanns se levantou com o copo na mão. "Alguns de vocês foram refugiados da opressão nazista. Somos muito gratos e estamos aqui pela graça de Deus. Eu gostaria que todos se levantassem e me acompanhassem num brinde à Sua Majestade, a Rainha."

Hanns sempre foi grato e admirador de seu país adotivo, mas seus sentimentos com relação à Alemanha nunca mudaram. Quando o pai morreu, ele e os irmãos encontraram entre seus bens a Cruz de Ferro de Primeira Classe. Sabendo o quanto aquilo significara para ele quando menino, Bella ofereceu-lhe a medalha. Hanns respondeu que não queria saber daquilo, nem da Alemanha. A raiva que sentira em 1945 permanecia: "O número de assassinos que precisei deixar passar me enoja. Eles nos fizeram de bobos. Os russos foram mais eficientes. Quando ouviram aquelas histórias, foram atrás dos acusados e os mataram. Nós não pudemos fazer isso. Não fizemos isso." Para ele, a guerra nunca mais foi um tema de conversa. "Não falo sobre isso com as crianças porque elas não devem crescer com ódio. Mas eu, eu estou cheio de ódio."

Na casa dos 80 anos, recusou o convite para ir ao museu instalado no antigo local do campo de concentração de Belsen e receber um prêmio por sua atuação na guerra, fiel ao juramento de nunca mais voltar ali. E assim, por causa de seu silêncio e de seu ódio, a atuação de Hanns permaneceu desconhecida.

Nos anos que se seguiram, Hanns compareceu aos funerais das pessoas mais próximas a ele: sua irmã Bella, em 2000, seu amado irmão Paul, em 2003, e Elsie, em 2004.

Em 23 de dezembro de 2006, aos 89 anos e depois de uma animada semana de jantares e idas ao teatro, Hanns acordou no meio da noite com dificuldade de respirar. Embora insistisse que estava bem, Ann chamou uma ambulância, e uma hora depois estavam a caminho do Royal Free Hospital. Ninguém dormiu naquela noite. De manhã, o médico informou a Ann que Hanns tinha contraído pneumonia, mas não corria risco de vida, e que ela fosse para casa descansar. Pouco depois suas filhas, Jackie e Annette, chegaram ao hospital. Hanns tirou a máscara de oxigênio e conversaram animadamente. Ao sair, Annete beijou o pai, dizendo: "Voltaremos em breve."

À tarde, o estado de Hanns piorou rapidamente. O hospital não conseguiu contato com Ann, que estava em casa, mas tinha tomado pílulas para dormir, mas Jackie e Annette foram avisadas. Quando chegaram ao leito do pai, ele tinha morrido. As duas voltaram ao apartamento dos pais, mas resolveram não acordar a mãe. De manhã, quando ela viu as filhas, soube imediatamente o que tinha acontecido. Não ficou surpresa. O consolo das três foi saber que ele não havia sofrido. Hanns manteve a expressão positiva até o final.

No funeral, a verdadeira história de sua vida foi revelada a muitos pela primeira vez. Seus sobrinhos encerraram o elogio fúnebre com as seguintes palavras:

> Em suma, ele foi um homem, um *mensch*... e temos certeza de que deixou o mundo tendo cumprido seu dever em todos os aspectos, deixando-o talvez um lugar melhor, e a nós, que o conhecemos e amamos, pessoas muito melhores. Vou finalizar citando seu sobrinho, o pequeno Benji, de 6 anos, que quando soube da morte de Hanns, perguntou: "Ele fez as malas para ir brincar com o vovô Paul no céu?" Estou certo que sim. Esperamos que encontre sua alma gêmea, seu irmão Paul. Gosto de pensar que estão agora olhando para nós, meio encabulados com o que estamos dizendo deles, mas dando uma boa gargalhada à nossa custa e planejando alguma coisa que faziam sempre, quando incorporavam o *Pimentinha* – ou seria *Max und Moritz*?

Depois das cerimônias fúnebres, as cinzas de Hanns foram levadas para o cemitério judeu em Willesden, no norte de Londres, e espalhadas no sepulcro da família Alexander. Ali fora enterrado seu pai, Alfred, anos antes, e depois foram espalhadas lá as cinzas de sua mãe, Henny, e de seu irmão, Paul.

Sobre o sepulcro, raramente visitado e coberto de hera, uma grande lápide de pedra tem gravadas as palavras: "O serviço antes do eu."

PÓS-ESCRITO

É uma fria manhã de novembro, o ar gelado e o dia claro, mas algumas nuvens ameaçam chuva. Estou no portão de entrada de Auschwitz, sob as pesadas palavras em ferro forjado *Arbeit Macht Frei*, junto com um homem da minha idade e sua mãe idosa.

O homem é Rainer Höss, de 44 anos, vestindo um suéter laranja listrado enfeitado com flocos de neve tricotados. Rainer é neto de Rudolf Höss. Tendo crescido numa família que se recusava a falar sobre o passado, Rainer queria saber mais. Durante anos ele colheu informações por conta própria, passando horas na biblioteca, conversando com amigos da família, examinado velhas fotografias e lendo a autobiografia do avô. Quando começou a fazer perguntas,

seu pai, Hans-Jürgen, cortou a conversa. Mais recentemente, Rainer foi acusado de tentar vender alguns objetos do avô – uma caixa de madeira lavrada dada por Himmler, um punhal da SS, slides coloridos dos tempos da família em Auschwitz –, e até hoje está aborrecido com as críticas ácidas que recebeu da mídia.

A mãe de Rainer, Irene Alba, é uma mulher de setenta e poucos anos, de rosto redondo e constituição gorducha, com longos cabelos grisalhos presos num rabo de cavalo. Nascida e criada na conservadora cultura suábia do sudoeste da Alemanha, Irene morou sozinha nos últimos vinte anos, depois de se divorciar do pai de Rainer.

Mais de um milhão de judeus foram mortos aqui, além de centenas de milhares de presos políticos, ciganos e católicos. Será a primeira vez que alguém da família de Rudolf visita o campo, desde que Hedwig e os filhos deixaram a luxuosa *villa*, em 1944.

Tiramos fotos uns dos outros na entrada. Rainer tem expressão severa, Irene parece amedrontada. Passamos pelas três fileiras de arame farpado da cerca e entramos no campo.

Rainer pega sua câmera de vídeo e filma tudo, como se tentasse se distanciar da experiência. Pego minha câmera para fazer o mesmo. O neto e a nora do Kommandant Rudolf Höss estão em Auschwitz, junto com um judeu descendente de uma família que escapou por pouco da devastação que teve lugar aqui. É muito estranho.

Caminhamos pela rua calçada de pedras irregulares, passamos pelos prédios baixos de tijolos vermelhos e viramos à direita, numa rua que leva ao centro do campo. Paramos em frente a duas barras verticais de metal preto que sustentam uma barra horizontal. Era aqui que os guardas enforcavam os prisioneiros por crimes, como se mexer quando estavam reunidos ou fazer contato visual.

É minha segunda visita, e felizmente não estou sentindo o mesmo turbilhão interno que senti na primeira. Rainer ainda está filmando os alojamentos de tijolos vermelhos, os avisos de "*Achtung!*", a cerca eletrificada em que os prisioneiros se atiravam para se suicidar, mas quando me volto para Irene, vejo que ela não está bem.

– Isso não é bom, estou tão triste – diz ela, e começa a chorar, apertando mais junto ao corpo o casaco de pele cinza-escuro. – Eu não sabia de nada disso quando me casei com Hans-Jürgen. Ele não me contou. Só descobri quando minha irmã me mostrou um artigo na revista *Der Sturm*.

Ela está chorando tanto que é difícil entender o que diz.

– Seu marido é filho do Kommandant. Quando ele morou na *villa*, ao lado do crematório, não sabia das câmaras de gás? – pergunto.

– Ele disse que havia um mau cheiro no ar. Não era o tempo todo. Mas, oh, tão ruim.

– E a mãe, Hedwig, ela sabia das mortes?

– Claro, claro. Ela morou aqui todos aqueles anos.

– Por que você ficou casada tanto tempo com Hans-Jürgen, se sabia disso? – pergunto.

– Quando me casei na igreja, eu disse até a morte, na saúde, na doença, fiquei com ele 27 anos. Ele não está feliz.

Não sei se ela está chorando por causa dos crimes terríveis que aconteceram aqui, ou porque está sentindo pena de si mesma. Tento dar a ela o benefício da dúvida.

Olho em volta e vejo Rainer entrando no bloco 11. Era onde os prisioneiros eram interrogados, torturados e mortos, e onde os homens de Rudolf fizeram os primeiros experimentos com Zyklon B. Fico do lado de fora com Irene.

– Hans-Jürgen falava sobre isso quando vocês estavam casados?

– Só falava quando estava triste. Dizia que foi uma época terrível.

Encontro Rainer num barracão dedicado à memória dos judeus deportados da França, e o sigo percorrendo sala por sala, examinando as paredes com centenas de fotos de judeus em tempos melhores, vestindo boas roupas, carregando instrumentos musicais, dançando em clubes, andando de bicicleta, com a família reunida em torno da mesa de jantar. Tudo aquilo tinha acabado.

Rainer começa a chorar.

– É tão horrível – diz ele. – O que meu avô fez. É tão mau. É tão mau. Eu li tantos livros, estudei isso durante anos, mas estar aqui é muito pior. Que lugar horrível.

Saímos do prédio e vamos na direção do extremo do campo. É o momento que espero. Entramos por uma passagem pequena, de arame farpado.

– É aqui – digo.

À nossa frente está o patíbulo onde o avô de Rainer foi enforcado, junto ao velho crematório. Rainer chega perto da estrutura de madeira. Para e olha por um momento.

– Esse é o melhor lugar daqui – diz ele. – O lugar em que o mataram.

Irene ainda está mal. Não consegue ficar muito tempo perto do patíbulo, e se afasta.

Ao se virar, ela me vê tirando uma foto de Rainer ao lado da forca.

– Não faça isso! – grita ela. Não tire fotos aí.

Quando ela pergunta por que tiro tantas fotos, respondo que estou pesquisando a história de meu tio-avô, Hanns Alexander.

– Ele prendeu Rudolf – explica Rainer.

– Eu soube da prisão – diz ela. – Rudolf estava dormindo quando foi encontrado. Eles bateram muito nele quando o prenderam.

– Foi Hedwig quem confessou ao meu tio – digo. – Ela contou que Rudolf tinha adotado o nome de Franz Lang e falou onde ele estava escondido, numa fazenda ali perto.

– É verdade? Foi Hedwig quem contou, e não o irmão dela? – Irene me olha firme. – Não posso acreditar. Hedwig sempre me disse que foi o irmão dela quem denunciou.

Digo a ela que tenho uma cópia do relatório de prisão confirmando isso.

– Oh, meu Deus, oh, meu Deus – diz ela, apertando ainda mais o casaco. Parece realmente chocada.

Rainer vai até uma porta de metal, que tem um pequeno furo. É a porta dos fundos do crematório. Era o buraquinho por onde seu avô olhava, observando os prisioneiros inalando gás, para mostrar ao pessoal do campo que podia lidar com o assassinato em massa sob sua direção. Rainer balança a cabeça.

– Mutti, você não deve entrar aqui – diz ele. – Não vai fazer bem a você.

– Eu vou, eu vou – diz ela, com os braços tremendo e a respiração curta. Parece estar tendo um ataque de asma.

Rainer dá de ombros e segue em frente. A mãe vai atrás dele. Eu os sigo.

Rainer atravessa o primeiro hall de concreto e entra na câmara seguinte.

– Olhe ali – diz ele, apontando para uma pequena abertura quadrada no teto. – Era por onde jogavam o Zykon B.

Ele entra na sala seguinte, onde estão os fornos enegrecidos em que os corpos eram cremados. Sua mãe se detém na porta, incapaz de chegar mais perto.

– Meu Deus, meu Deus – sussurra ela.

– Isso é horrível – diz Rainer. – Horrível.

Irene entrou e está diante das portas de ferro negro das fornalhas. Seu corpo inteiro está tremendo com seus soluços.

– *Nein, nein, nein* – balbucia ela.

Pouco depois saímos para o ar fresco e a luz do dia.

Rainer vira-se para mim, dizendo sem emoção:

– Se eu soubesse onde meu avô está enterrado, eu iria urinar na sepultura dele.

Iniciei a conclusão deste livro quando voltei de Auschwitz. São seis anos desde a morte de meu tio e desde que comecei minha pesquisa. Eu tinha agora um entendimento melhor de como Hanns Alexander encontrara Rudolf Höss. Pude ver os passos que levaram Rudolf a se tornar Kommandant de Auschwitz, e por que Hanns decidiu encarar seus perseguidores no fim da guerra.

O que não estava tão claro para mim eram os detalhes. Através do processo de pesquisa, aprendi que a história difere conforme o ponto de vista – como a história dos três cegos descrevendo um elefante – e nunca é tão clara quanto se espera.

Ao continuar a investigação, a importância dos textos me marcou. Quanto à Torá Alexander, ela sobrevivera miraculosamente à era nazista. Havia as cartas de Hanns, descobertas numa caixinha entre objetos de Ann. Havia também as memórias de Rudolf, uma peça crucial de evidência do Holocausto, preservada para que as gerações futuras nunca se esqueçam.

"O que Hanns Alexander fez foi memorável', disse-me Whitney Harris, que convocou Rudolf para os julgamentos de Nuremberg. "Sim, a maioria dos líderes se foi. Mas o importante é que pegamos alguns deles e pudemos registrar suas histórias, pelo bem da História, para que as pessoas saibam o que realmente aconteceu. Foi isso que ele realizou."

Aprendi também que a mesma história registrada perdura de maneiras diferentes. Quando visitei a filha de Rudolf, vi um exemplar das memórias do pai dela na mesa de cabeceira, e ela me disse que mal as tinha lido. No apartamento de Hanns, na semana após sua morte, encontrei o mesmo livro na mesinha da sala, bem manuseado, e com seu nome escrito a lápis na parte interna da capa.

Quanto à Torá Alexander, é usada até hoje. Em 16 de março de 2013, minha família se reuniu na sinagoga da Belsize Square, em Londres, para o *bar mitzvá* de minha filha Sam e minha sobrinha Sipan. Ao terminarem a leitura, a congregação aplaudiu gritando *"skoiach, skoiach"*, festejando a entrada das meninas na idade adulta.

Como sempre, todos nós choramos.

NOTAS

Capítulo um

30. "Em 1º de agosto de 1916..." Desde que se alistou, Rudolf informava que tinha nascido em 25 de novembro de 1900, contradizendo as certidões de nascimento, batismo e casamento. Rudolf adulterou sua ficha na SS de modo que o último dígito do ano de seu nascimento, 1901, foi arredondado para um "0", encobrindo retrospectivamente a mentira sobre sua idade. Uma cópia desse documento está no Arquivo Nacional dos Estados Unidos, em College Park, Maryland. As certidões de nascimento e batismo estão na prefeitura de Baden-Baden, na Alemanha.
31. "... Rudolf e seus companheiros..." Nesse conflito, conhecido como a Campanha da Mesopotâmia, havia duas forças opostas: os Poderes Centrais, representados principalmente pelas tropas turcas e com um pequeno apoio alemão, e os Aliados, representados pelo Império Britânico, envolvendo principalmente tropas indianas sob comando indiano. Os poços de petróleo da Mesopotâmia tinham uma importância estratégica crítica, pois os dois lados dependiam do petróleo para abastecer seu esforço de guerra global.
33. "No início de 1917..." A batalha por Jerusalém se alongou por dois meses e resultou em perdas significativas de ambos os lados: 18 mil aliados e 25 mil dos Poderes Centrais. Em 9 de dezembro de 1917, Jerusalém foi finalmente capturada pelos Aliados. A vitória foi marcada pelo comandante em chefe das Forças Aliadas, sir Edmund Allenby, quando, segundo seus relatórios, ele entrou na cidade sagrada, a pé, e foi saudado calorosamente pelos habitantes.
34. "Nos meses seguintes..." Rudolf Höss foi ferido três vezes na Primeira Guerra Mundial, segundo anotações adicionadas mais tarde à sua ficha que está no Arquivo Nacional dos Estados Unidos, em College Park.

34. "... batalha do Jordão..." Para os Aliados, essa batalha ficou conhecida como Primeiro Ataque a Amman.

Capítulo dois

38. "Embora viesse de..." Alfred Alexander escreveu sobre a morte da mãe em seu *Livrinho Vermelho*, uma série de lembranças de sua vida, não publicado. Depois da graduação, ele foi estudar medicina em Munique, decidido a encontrar a cura da leucemia. Foi qualificado com notas altas como clínico geral e convidado a ocupar uma posição de prestígio no hospital municipal de Frankfurt, mas com a condição de se converter ao cristianismo. Ele não era particularmente religioso, mas também não queria comprometer sua identidade em troca de progresso profissional. Então aceitou um cargo de principiante, com salário mais baixo, em Berlim. No ano seguinte, a mãe de Alfred sofreu fortes ataques de asma e de coração. Ao chegar ao leito dela, disseram que não havia meio de prolongar sua vida "que era para mim a coisa mais preciosa do mundo". Ele "implorou" aos médicos que administrassem morfina para aliviar seu sofrimento. Um médico ficou "indignado com essa sugestão prejudicial", mas o outro consentiu. As últimas palavras dela foram: "Obrigada, meu filho querido." Arrasado com a morte da mãe, o dr. Alexander desistiu da busca da cura e voltou a Berlim para começar sua carreira de clínico geral.
40. "Esse livro inspirou os meninos..." À medida que Hanns e Paul cresciam, suas travessuras ficavam mais ambiciosas e elaboradas. Um dia, estavam brigando no bonde a caminho da escola e quebraram o vidro da divisória atrás do motorneiro, e o pai deles teve que pagar. Em outra ocasião, muito mais séria, eles destravaram o bonde enquanto o motorneiro tomava um chá num quiosque e o empurraram pelos trilhos até que o bonde descarrilou. Ninguém encontrou os responsáveis pelo vandalismo. Setenta anos depois, recordando esse incidente, Hanns achou engraçado, sem pensar na inconveniência, para não dizer o perigo, que ele e o irmão causaram.
44. "a produção da Torá..." O Deuteronômio, capítulo 31, versículo 19, diz: "Agora escreva esse cântico e ensine-o aos israelitas, e faça com que o cantem." Da mesma forma, o mandamento 613, que é o último, dita que cada judeu deve escrever ou encomendar uma Sefer Torá durante a vida, e que a sua produção é uma tarefa sagrada, ou *mitzvá*. Assim, a aquisição da Torá Alexander trouxe a bênção a Moses Alexander e a toda a família Alexander, inclusive Alfred e seu filho Hanns.

Quando chegou a Berlim, o dr. Alexander se ofereceu para emprestar a Torá à Neue Synagogue, mas disseram que não a aceitariam como empréstimo, e ela ficou guardada no armário da biblioteca do médico.

Capítulo três

47. "Pouco mais tarde..." Com o Armistício, a Alemanha concordou em retirar suas forças da região do Báltico, mas o governo britânico estava propenso a adiar a retirada se isso significasse impedir que a Rússia tomasse o controle da Letônia, que era um baluarte contra o alastramento do poder bolchevique para oeste.
48. "... como Rudolf e Rossbach se conheceram..." Em suas memórias, Rudolf diz ter ido diretamente de Mannheim para o Leste da Prússia, mas provavelmente conheceu Rossbach em Berlim, onde ele estava reunindo seus homens antes de partir para a costa do Báltico. É possível que ele tenha servido antes no Corpo de Voluntários da Prússia Oriental, como consta em sua ficha da SS.
50. "Após serem expulso de Riga..." O *Freikorps* também voltou sua atenção para a política doméstica, por exemplo, quando Rossbach e seus homens ocuparam o Reichstag, apoiando o golpe fracassado de Wolfgang Kapp, que derrubou o governo durante quatro dias. O papel de Rudolf nesse levante não está claro.
50. "Durante a reunião, Rossbach..." Robert Waite descreve a comemoração de Rossbach em seu livro *Vanguard of Nazism*, p. 196, e sua fonte foi o jornal *Munich Post*.
51. "Quando o grupo de Rossbach..." Essa descrição do discurso de Hitler em Kindlkeller e da cervejaria vem de Ernst Franz Sedgwick Hanfstaengl. O discurso é provavelmente o mesmo que Höss ouviu, pois coincide com o dia de sua adesão e com o aniversário de Rossbach.
52. "Martin Bormann..." Martin Bormann tinha 22 anos, era corpulento e tinha a boca permanentemente virada para baixo. Tinha largado a escola para ser supervisor de uma fazenda em Mecklenburg, onde conheceu Rudolf em 1922. Seguindo a sugestão de Rudolf, Bormann se filiou logo depois ao Partido Nazista.
52. "Rudolf, Bormann e os demais..." Essa descrição do assassinato de Kadow foi revelada no tribunal e publicada no *The Times* em 17 de março de 1924.
53. "Rudolf não ficou preocupado..." A suposição de Höss, de que um "acordo tácito" entre o governo e o *Freikorps* resultasse na diminuição de sua sentença, era errônea. O governo bávaro pode ter acelerado a libertação de alguns partidários

da direita, mas não era o caso do governo prussiano (que tinha jurisdição sobre seu crime).

53. "Em 9 de novembro, Hitler..." Essa descrição do incidente na cervejaria de Munique e a citação de Hitler vêm do *The Times*, 10 de novembro de 1923. Desde o discurso na Kindlkeller, Hitler teve grande sucesso no crescimento do partido. Mais de 35 mil novos membros foram recrutados entre fevereiro e novembro de 1923, elevando o total para 55 mil. Ele instituiu também a ala militar do partido, a *Sturmabteilung*, a SA, composta por soldados da Primeira Guerra Mundial e veteranos do *Freikorps*. Contudo, apesar das viagens de Hitler, inclusive a Berlim, para levantar fundos e recrutar adeptos pelo país, o cerne dos afiliados se limitava a Munique e às áreas circundantes.
54. "Estudou inglês, de modo que..." Segundo sua ficha na SS, Rudolf sabia falar inglês fluentemente.

Capítulo quatro

59. "A família usava a casa de campo..." Outro divertimento de verão era subir nas cerejeiras do jardim e fazer um concurso para ver quem cuspia o caroço mais longe, ou quem conseguia encher a boca com o maior número de caroços. Por mais que tentasse, Hanns sempre perdia para a irmã mais velha. Bella era a campeã, com o imbatível recorde de 34 caroços estufando suas bochechas. Já velhos, Hanns e seus irmãos ainda costumavam guardar um caroço de cereja no fundo da boca, e só percebiam que estava lá quando comiam outra cereja ou iam ao dentista.
60. "Em termos de estudos..." "Eles não iam bem na escola, os queridinhos", recordava Bella muitos anos depois. "Acho que nunca se esforçaram muito."
61. "Durante toda a infância..." Os Alexander mantinham um registro de seus visitantes. Henny pedia a todos que deixassem seu nome no livro de presença. Na festa de aniversário de 50 anos do dr. Alexander, em 1930, muitos convivas adicionaram desenhos ou fotos de publicidade aos desejos de felicidades. Entre eles, estavam: Hanns Purrmann, Hans Joachim Pagels, Emil W. Herz, Albert Einstein (agradecendo Alexander por sua bondade após a morte do tio de Einstein), James Franck, Leonard Frank, Rudolf Kayser, Alfred Polgar, Walter Hasenclever, Fritzi Massary, Max Pallenberg, Paul Hartmann, Sybille Binder, Alice Nikitina, Molly Wessely, Erik Charell, Paul Wegener, Max Reinhardt, Grete Scherk, Olga

e Bruno Eisner, Sabine Kalter. E também uma foto do coronel reformado Otto Meyer, comandante de Alfred na Primeira Guerra Mundial.

61. "Albert Einstein jantando à mesa com a família..." Uma noite, Hanns espiou pela porta da sala de jantar e viu Albert Einstein e sua esposa jantando com seus pais. O professor, distraído, estava calçado com os chinelos que usava em casa. Depois do jantar, Alfred levou o convidado para tomar café no salão, e pretendia fazer perguntas sobre a teoria da relatividade, que Henny estava interessada em conhecer. Mas quando Alfred voltou do salão, não soube explicar nada à esposa, porque ele e o convidado ficaram tão entretidos numa conversa sobre os mais recentes romances policiais, uma paixão que ambos compartilhavam, que ele se esqueceu de perguntar.

61. "Hanns também se juntava..." Hanns estava muito acostumado a roupas extravagantes. Quando criança e adolescente, era obrigado a se vestir igual ao irmão. A fim de obter uma imagem nítida, o pai os forçava a posar para fotos durante vários minutos enquanto ele, que tinha veleidades de fotógrafo, tentava ajustar a câmera. O tédio dessas sessões de fotos não era aliviado por Henny, que ficava em volta deles dizendo que estavam *zehr schön*, muito lindos. Quando muito pequenos, foram fantasiados de coelhinhos marrons, com orelhas pontudas de seda, luvinhas fofas de lã e rabinho redondo de seda. Poucos anos depois, foram fotografados vestidos de tiroleses, com camisa branca e botinhas pretas. Na adolescência, vestiram roupas de marinheiro, com casaco longo de lã cinza, luvas de couro e chapéu redondo arrematado com uma fita caindo de lado. O prazer de se fantasiar acabou contagiando Hanns. Muitos anos depois ele organizava festas à fantasia, em que recebia os convidados vestindo traje completo de enfermeira, com touca engomada, cinto preto de lona, meias, e sapatos pretos de fivela.

63. "Uma vez terminado o *bar mitzvá*..." Ouvir o relato gravado em fita do *bar mitzvá* de Hanns é ouvir o eco de sua pessoa aos 13 anos. Ainda se ouve um menino, não muito entusiasmado com seu papel na cerimônia, e sem a menor ideia de que seu mundo estava prestes a ser virado do avesso.

Capítulo cinco

67. "Depois da cerimônia, o casal..." Quando visitei Brigitte em sua casa na Virgínia, EUA, vi a foto de casamento de seus pais, Rudolf e Hedwig Höss, na parede na cabeceira de sua cama.

68. "Na época, a SS era composta..." Segundo o historiador Peter Longerich, o número de membros da SS podia de fato ser menor, já que essas "algumas centenas" vêm de Himmler, que poderia estar inflando suas realizações na formação da organização.
71. "Como um jardineiro..." Essa citação sobre as qualidades que Himmler procurava num membro da SS foi retirada de seu discurso de 19 de janeiro de 1943.
72. "O oficial da SS examinou..." Peter Longerich oferece uma boa descrição da formação da SS e do processo de seleção na biografia *Heinrich Himmler.*
73. "Embora não tivessem mais o idílio..." A filha de Rudolf, Brigitte recordava os tempos da família em Dachau como "maravilhosos", e "muito agradáveis".
79. "Assim Rudolf desenvolveu..." Hedwig sabia que Rudolf era um oficial superior do campo e que os internos eram prisioneiros políticos. Mas o juramento de silêncio prestado por todos os soldados da SS deve ter mantido Hedwig ignorante dos incidentes mais pesados que ocorriam dentro dos muros de Dachau.

Capítulo seis

82. "... boicote às lojas e aos outros negócios dos judeus..." Em 26 de março de 1933, Hitler teve uma reunião com Joseph Goebbels, recém-nomeado ministro da Propaganda, e lhe falou sobre a maior ameaça que restava à segurança nacional: os judeus-alemães e seu apoio internacional. Segundo uma anotação no diário de Goebbels, Hitler disse que a solução era um boicote em grande escala de todas as atividades comerciais de judeus na Alemanha. Hitler acrescentou que "talvez os judeus estrangeiros reconsiderem a questão quando seus companheiros raciais na Alemanha levarem na cabeça".
82. "... o incêndio do Reichstag..." Bella voltaria a Berlim alguns meses depois, para a celebração de seu casamento. Mas a saída de casa e a ida para o estrangeiro estava efetuada.
83. "Aquela noite, o rabino..." Mais tarde, Hanns disse que o rabino estava sendo "teatral", sabendo do impacto que seu atraso teria.
87. "Para se proteger..." Numa entrevista, Hanns disse que "Éramos treinados para saber responder aos nazistas quando nos xingavam de 'judeus sujos'. O que dizer e o que fazer. Havia um livro chamado *Anti Anti.* Eles eram os antissemitas e nós éramos os antiantissemitas".
87. "Indiferentes às leis..." Numa entrevista gravada com seu sobrinho John Alexander, sessenta anos mais tarde, Hanns recordou esse pequeno ato de resistência

com satisfação: "Eu gostava muito de hóquei no gelo. Nós íamos, e ninguém prestava atenção. Não era aberto ao público, mas dávamos um jeito de entrar. Não se fazia isso, todo mundo sabia quando não era bem-vindo. Provavelmente tinha um aviso dizendo *Juden Raus!* (Fora, Judeus!). Não devíamos ir, mas tínhamos uma lei interna".

90. "O primeiro passo era conseguir..." Antes de obter um visto de entrada para outro país, Hanns precisava de um certificado de saída emitido pelas autoridades alemãs. O documento de Hanns custou 10 marcos e foi assinado pelo chefe de polícia de Berlim. O texto era: "Certificado oficial pátrio (para estadia no estrangeiro). Sr. Hanns Hermann Alexander, nascido em 6 de maio de 1917, em Berlim. Tem nacionalidade alemã. Esse certificado é válido até 31 de dezembro de 1936. Datado Berlim, 10 de junho de 1936. Assinado pelo chefe de polícia. O portador deste certificado deve assinar antes de se apresentar a uma autoridade estrangeira." É um mistério para mim por que o certificado de saída de Berlim está datado de 10 de junho de 1936, oito dias depois de Hanns ter chegado a Croydon.

91. "No dia seguinte, Hanns acordou..." O consulado britânico era chefiado por Frank Foley, que gozava de boa reputação na comunidade judaica de Berlim. De fato, entre 1936 e 1939, o consulado possibilitou a saída a Alemanha de mais de 10 mil judeus. Em 1999, Foley foi homenageado pelo Yad Vashem como um dos Justos entre as Nações.

91. "Pessoas com posses ou rendimentos..." A Taxa de Saída do Reich original só era cobrada de indivíduos com posses acima de 200 mil marcos do Reich (RM) ou a renda anual acima de 20 mil marcos. Na época, a taxa era de 6,7 RM por libra esterlina, portanto 200 mil RM equivaliam a 30 mil libras esterlinas (aproximadamente 440 mil libras esterlinas em moeda de hoje). Esses números baixaram em 1934, resultando numa quantidade muito maior de pessoas tendo que pagar a taxa, e criando um impedimento maior para a saída. O piso passou então a ser de apenas 50 mil RM (equivalente a cerca de 100 mil libras esterlinas hoje). Nos anos 1950, o governo da Alemanha Ocidental aprovou uma lei de indenização aos judeus que tiveram seus bens confiscados pelos nazistas. Os Alexander não receberam indenização pela clínica, já que fora vendida (e não abandonada), apesar de ter sido por coação e muito abaixo do valor de mercado.

92. "... aeroporto de Croydon..." A Imperial Airways tinha aberto a rota para os primeiros voos comerciais, com o primeiro voo diário de Londres a Paris inaugurado

uns dez anos antes de 1924. Mas viajar pela Imperial podia ser perigoso. Em junho de 1936, sete de seus aviões tinham caído, inclusive num acidente em que um avião pegou fogo pouco depois da decolagem de Croydon, matando o piloto e todos os sete passageiros.

95. "... os nazistas estavam interessados..." O governo nazista apressou o êxodo judeu, aumentando a pressão por meio de leis restritivas e violência (principalmente a Noite dos Cristais), aprovando vistos de saída, e até negociando com autoridades palestinas para aceitar judeus refugiados. Nessa época, a visão das lideranças nazistas era de que, se houvesse menos judeus no país, haveria menos judeus com que se ocupar depois. Em janeiro de 1933, havia 523 mil judeus na Alemanha, um terço deles em Berlim. Em setembro de 1939, mais de 200 mil judeus permaneciam na Alemanha, na maioria idosos.

95. "Hilde cumpriu a ordem à risca e embalou..." Quando os caixotes foram abertos no apartamento em Londres, os Alexander encontraram todos os objetos intactos, e o uniforme do dr. Alexander da Primeira Guerra Mundial entre eles. Mais tarde, Hanns e Paul recearam que um uniforme do Kaiser não causasse boa impressão nos vizinhos ingleses. Uma noite, os gêmeos saíram de mansinho e se desfizeram do uniforme, peça por peça, nas latas de lixo da Kensington High Street. O reluzente capacete foi para uma lata, a jaqueta ornamentada foi para outra, e as botas pretas para outra. A única coisa que o dr. Alexander não deixou os gêmeos jogarem fora foi a Cruz de Ferro de Primeira Classe. Guardou-a na caixa original verde, enfiada no fundo de uma gaveta.

98. "Ali ele testemunhou..." Uma das atrocidades que Paul Graetz pode ter testemunhado em Sachsenhausen foi a morte de 12 judeus que se recusaram a obedecer às ordens de um guarda. Foram espancados com bastões até a morte.

98. "Tão logo o pai de Ann chegou em casa, o pai de Ann..." Segundo sua nora, Antonia Grey (chamada de Tonny pela família), Paul Graetz passou o resto da vida atormentado pela lembrança dos 18 dias que passou em Sachsenhausen. Até nos seus últimos dias, cinquenta anos depois, num hospital de Londres, ele gritava aterrorizado, implorando a um guarda do campo que não batesse nele.

99. "Um mês depois, em 24 de julho..." A *Ausbürgerungslisten* foi publicada na *Reich Gazette*, o jornal oficial do governo alemão sob o nazismo. Mais de 390 listas foram publicadas, com mais de 39 mil nomes. A lista final foi publicada em 1945.

Capítulo sete

103. "Um desses guardas era Josef Kramer..." No final de suas memórias na prisão, Rudolf fala em muitos homens que trabalharam com ele ao longo dos anos: Himmler, Glücks, Maurer, Pohl, por exemplo. Mas não dá detalhes de Josef Kramer, apesar de ter trabalhado e convivido com ele durante muitos anos. No entanto, Rudolf respeitava seu ex-ajudante o suficiente para aprovar sua nomeação para Kommandant de Belsen.

105. "Em novembro de 1940..." é provável que essa reunião de Rudolf Höss com Heinrich Himmler tenha acontecido em Berlim, pois não há registro de Himmler ter ido ao campo nessa ocasião.

107. "As crianças transformaram a *villa*..." Muito do material dessa seção sobre a vida da família Höss em Auschwitz vem de uma série de entrevistas que realizei com a segunda filha de Rudolf, Brigitte. Levei mais de três anos até localizá-la, convencê-la a falar, e finalmente nos encontramos.

108. "Anjo de Auschwitz" Esse elogio a Hedwig encontrou eco em Anieli Bednarskiej, uma jovem que morou em Oświęcim. Embora não fosse prisioneira, Anieli trabalhou na *villa* Höss de 1940 a 1943. Em depoimento dado após a guerra, ela disse: "Frau Höss se portou de maneira muito decente comigo. Ela tentou me convencer a assinar a *Volkslist* (em que um cidadão não alemão podia se declarar alemão). Eu recusei e ela não insistiu mais."

109. "Ela devia saber que seus convidados..." Tanto Hedwig como Henny tinham um livro de presença. O de Hedwig era cheio de nazistas ilustres que visitaram a família Höss desde o começo de setembro de 1940 até março de 1945. O livro de Hedwig foi encontrado na fábrica de açúcar em St. Michaelisdonn em 1946, pelo oficial Karl Abrahams da FSS92, e doado para o Yad Vashem.

109. "Heinrich Himmler, ou 'Tio Heiner'..." Desde menino, Himmler tinha frequentes problemas de estômago, e às vezes precisava se abster de comer carne, mas, ao contrário de Hitler, não era vegetariano. A segunda filha de Rudolf, Brigitte, me contou que ela chamava Himmler de Tio Heiner. É um pouco diferente do apelido dado por outros, que o chamavam sarcasticamente de "Heini", que significa "garotinho amedrontado" (Himmler nunca viu uma ação na Primeira Guerra Mundial).

110. "Toda semana Rudolf cortava o cabelo..." Entrevistei Jozef Paczynski, o "Polaquinho", em seu apartamento em Cracóvia, na Polônia. Ele recordou que cortava o cabelo de Rudolf toda semana e que, na primeira vez, estava muito nervoso

quando começou a cortar. "Ele não falou comigo. Estava repugnado por ter um prisioneiro cortando seu cabelo. Minhas mãos tremiam, mas eu já tinha visto o corte do cabelo dele, e não era muito difícil." Durante os três anos seguintes, Jozef continuou cortando o cabelo de Rudolf uma vez por semana e em todo esse tempo o Kommandant jamais falou uma palavra com ele. "Ele era sempre amável com a família e as crianças. Se a gente não soubesse da matança, não pensaria que era um homem mau; ele parecia normal." Jozef via também o Kommandant no portão de entrada quando os prisioneiros saíam para o trabalho. "Quando eles voltavam, exaustos e carregando os corpos dos mortos, ele só ficava olhando; nunca interferia."

111. "Outros prisioneiros, porém..." As lembranças de prisioneiros que tiveram contato com Rudolf Höss durante o cativeiro em Auschwitz estão em testemunhos gravados em vídeo, no *Shoah Archive*, de Steven Spielberg. É possível baixar esses depoimentos em vários sites, inclusive o da California University de San Diego e o da Royal Holloway University de Londres.

113. "Rudolf iria construir..." Em 1941, a IG Farben era a maior companhia química do mundo, com mais de 100 mil funcionários. Tinha laços fortes com o regime nazista, tinha financiado a ascensão do partido ao poder e participava de sua máquina de guerra. A IG Farben possuía 42,5% da Degesch, a companhia proprietária da patente e da manufatura de Zyklon B, usado nas câmaras de gás. A IG Farben construiu uma imensa usina de petróleo e borracha, chamada Buna, a seis quilômetros do campo de Auschwitz II/Birkenau. Nessa usina, dezenas de milhares de prisioneiros trabalhavam em condições brutais. Mais tarde foi construído um outro campo de concentração, conhecido como Monowitz, especificamente para acomodar os prisioneiros que trabalhavam na IG Farben. Treze dos 24 diretores da IG Farben foram sentenciados à prisão no julgamento da IG Farben em Nuremberg, mas quase todos continuaram seguindo uma longa e vitoriosa carreira depois da guerra.

114. "... centenas de crianças..." Segundo o Museu de Auschwitz, do 1,3 milhão ou mais de pessoas deportadas para Auschwitz/Birkenau, aproximadamente 232 mil eram menores de 18 anos. Logo na chegada, a grande maioria dessas crianças era enviada para a câmara de gás. Uns poucos meninos e meninas eram selecionados para trabalhar. A partir de meados de 1943, algumas crianças eram mantidas vivas para experimentos "médicos" sob a supervisão de Josef Mengele. Quando o Exército Vermelho libertou Auschwitz, encontrou cerca de setecentas crianças entre os sete mil prisioneiros sobreviventes.

115. "pacto de não agressão Molotov-Ribbentrop com a União Soviética..." a Rússia se tornou União Soviética em 1922, e foi assim reconhecida pela Grã-Bretanha em 1924. Para garantir a autenticidade, mantive as referências de Rudolf Höss à "Rússia" depois de 1922, quando, por exemplo, ele fala de "prisioneiros russos" em Auschwitz, embora pudessem muito bem ser ucranianos ou da Bielo-Rússia.
116. "No verão de 1941..." Em suas memórias, e em entrevistas conduzidas antes dos julgamentos de Nuremberg, Rudolf afirmou que sua reunião com Heinrich Himmler, quando recebeu a ordem de executar a Solução Final, teve lugar no verão de 1941, antes do ataque alemão à União Soviética, e que pouco depois ele foi a Treblinka, onde viu judeus do gueto de Varsóvia sendo exterminados. Essa versão da história é sustentada principalmente por Richard Breitman, historiador do Museu do Holocausto em Washington, D.C., e diretor da US Congressional Commission for the Declassification of Nazi Documents. Mas muitos estudiosos contestam essa afirmação, argumentando que Rudolf Höss confundiu as datas. Eles apontam o fato de que o gueto de Varsóvia só foi liquidado no verão de 1942, e Treblinka só começou a funcionar nessa mesma época. O mais provável é que Rudolf tenha conversado com Himmler mais de uma vez sobre essa questão delicada e, dada a coerência de seus depoimentos (para os ingleses, os americanos e os poloneses), a data desse encontro histórico é muito possível.

Capítulo oito

123. "Quando finalmente chegou a vez de partirem..." Quando chegou o momento, a partida de Hanns e Paul da França foi adiada porque seu comandante, major Gordon Smith, recebeu ordem de destruir a ponte de acesso a St. Malo.
124. "Hanns não encarou..." O nome de Hanns foi registrado oficialmente, e mais tarde na vida ele iria lamentar, encarando isso como mais uma perda sofrida nas mãos dos nazistas. Ironicamente, seu obituário no *Telegraph* escreveu seu nome incorretamente, como "Harvey", e não "Hervey". Os ingleses não foram os únicos a cometer erros. Em muitos de seus documentos alemães havia inexatidões. Em seu passaporte, por exemplo, seu nome constava como "Hans", e não "Hanns".
125. "... havia adotado o nome Harding..." Erich e Elsie mudaram seu sobrenome para Harding depois da guerra, e Erich reduziu seu nome para Eric. A mudança de nome nem sempre foi bem usada. Por muitos anos, e para grande hilaridade, Michael, filho deles, foi conhecido como Michael Harding Harding.

130. "Não vendo Paul por ali..." Numa entrevista dada anos depois a seu sobrinho John Alexander, Hanns recordou a história da conversa com a garota francesa.

Capítulo nove

134. "Geralmente, Rudolf deixava os oficiais..." Rudolf incluiu essa recordação na declaração assinada que deu aos ingleses em 14 de março de 1946 (certificada pelo capitão Cross): "Lembro-me de um incidente em particular... Quando cheguei, dei ordem para fecharem imediatamente todas as portas e prosseguirem com o gás nos dois terços que tinham entrado na câmara. Uma vez terminado, entrei no vestiário com as sentinelas, levando lanternas de mão. Conseguimos encurralar os prisioneiros num canto e deixamos que saíssem um a um. Então foram mortos a tiros numa outra sala do crematório, com armas leves, sob minha ordem." Encontrei uma cópia do original dessa declaração, em papel carbono, num arquivo do Museu de Inteligência em Cricksands, no Reino Unido, e outra no Arquivo Nacional americano, em College Park. Existe uma outra cópia na parede do Holocausto no Museu Imperial de Guerra em Londres. Esse incidente foi descrito também por uma vítima, num relatório de Jerzy Tabau que foi surrupiado do campo e mais tarde entrou nos julgamentos de Nuremberg ("The Polish Major´s Report, L-022). Foi incluída também no livro *The Holocaust*, de Martin Gilbert.

139. "O pai os levava de carro..." Mesmo em seus últimos anos, Brigitte ainda saboreava os momentos passados com o pai: "Ele era o melhor homem do mundo", disse-me ela. "Era gentil e sempre foi muito bom conosco." Ela recordou que almoçavam e jantavam juntos, brincavam no jardim e às vezes, sentados na sala de estar, a metros do crematório, ele lhes contava a história de *João e Maria*. Brigitte tinha certeza de que o pai era um homem sensível e suspeitava que ele estava envolvido em alguma coisa má. "Tenho certeza de que ele era triste por dentro. É só uma impressão. Pelo jeito que ele chegava em casa, o jeito dele conosco, às vezes parecia triste quando voltava do trabalho." Mas tinha conhecimento do outro lado de seu pai. "Andei lendo o livro dele. Não posso ler muito desse livro. Não sei bem em que acreditar. Ele deve ter tido dois lados. Um que eu conheci, e outro..." Brigitte se esforça para conciliar a natureza dual do pai. Quando perguntei como ele podia ser "o melhor homem do mundo", se tinha sido responsável pela morte de pelo menos um milhão de judeus, ela disse: "Ele tinha que fazer. A família dele estava ameaçada; nós estaríamos ameaçados se ele não fizesse. E ele era um dos muitos da SS. Outros iriam fazer aquilo, se ele não fizesse."

140. "Embora as crianças Höss talvez não notassem..." Quando entrevistei Brigitte, filha de Rudolf, ela deixou claro que não tinha conhecimento das câmaras de gás. A nora de Rudolf, Irene, também disse que seu marido, Hans-Jürgen, afirmava não ter conhecimento das câmaras de gás nem dos assassinatos que ocorriam no campo. Entretanto, Brigitte disse que sabia que seu pai supervisionava o campo e ela via prisioneiros trabalhando no jardim da *villa*, e dentro de casa também. "Não sabíamos o que ele fazia. Tínhamos só 10, 8, 7, 5 e 1 ano de idade. Não sabíamos o que ele fazia, mesmo sendo ali perto. Não víamos fumaça, não víamos o que as pessoas dizem e escrevem hoje. Não sabíamos de nada. Talvez soubéssemos que tinha alguma coisa ali, mas não o quê." Brigitte disse só saber que seu pai dirigia uma espécie de prisão, e só o que aparecia eram prisioneiros listrados de zebra que trabalhavam na *villa*, sempre "alegres e gentis".

140. "De certa forma..." Stanislaw Dubiel lembra de Hedwig falando de sua opinião sobre os judeus, na época em que ele trabalhou como jardineiro na *villa* Höss. Seu depoimento foi registrado como parte das provas apresentadas no julgamento de Rudolf em 1947.

140. "Hedwig não teve mais relações sexuais..." Anieli Bednarskiej, uma jovem de Oświęcim que trabalhou como criada na *villa* Höss, disse que Hedwig teve um caso com um prisioneiro. O depoimento de Bednarskiej foi colhido depois da guerra. O amante de Hedwig era Karola Bohnera, um *Kapo* alemão que engraxava as botas e fritava peixes para eles na *villa*. Como ele não tinha número e nem uma categoria de prisioneiro, podia circular livremente. Um dia Rudolf chegou inesperadamente e encontrou Hedwig e Bohnera na estufa. Entendeu rapidamente o que estava acontecendo e "fez uma cena". Hedwig conseguiu acalmar Rudolf, mas com a condição de que Bohnera nunca mais voltasse à *villa*. Entretanto, ela continuou a se encontrar com ele quando o marido estava fora.

140. "Na primavera de 1942..." Essa impressionante história do tempo de Eleanor com Rudolf foi colhida num depoimento detalhado de Eleanor dado dois anos depois ao juiz investigativo da SS, Konrad Morgen. Depois da guerra, foi incluído no relatório *SS Dachau* e apresentado pelos americanos como evidência no julgamento de Nuremberg.

Capítulo dez

145. "... recebidos relatórios alarmantes..." Esse telegrama, de 1942, sobre o plano nazista para exterminar os judeus, é citado em *Blind Eye to Murder*, de Tom Bower, e *Holocaust Encyclopedia*, de Walter Laqueur.

148. "No começo de 1945..." A falta de recursos e preparo no apoio ao esforço de crimes de guerra não precisava ser assim. Em agudo contraste com esse despreparo, deu-se alta prioridade à busca de cientistas alemães. Mesmo antes do fim da guerra, os Aliados empreenderam esforços consideráveis em localizar cientistas nucleares e transportá-los para o Reino Unido e os Estados Unidos. Uma missão anterior OSS de codinome "Alsos" foi realizada para localizar e, quando possível, interrogar físicos nucleares alemães. Em março de 1945, uma nova iniciativa, a "Operação Paperclip", espalhou mais de três mil especialistas pela Europa para localizar engenheiros, técnicos e cientistas especialistas em foguetes. Uma vez encontrados, esses cientistas eram levados à Inglaterra e aos EUA e, com isso, seu saber se tornava inacessível à União Soviética. A Operação Paperclip foi um sucesso espetacular, dando aos ingleses e americanos uma vantagem significativa no esforço militar pós-guerra.

148. "Os britânicos eram ainda menos ambiciosos..." Uma das causas da falta de recursos dos investigadores era o vácuo político na Inglaterra. Os crimes de guerra tinham passado à esfera do Ministério das Relações Exteriores, e mais especificamente do visconde Bridgeman, de 49 anos, que foi informado de que o esforço deveria se limitar ao que fosse absolutamente necessário. Uma das razões apresentadas foi que não queriam repetir a impopular campanha "Enforquem o Kaiser", depois da Primeira Guerra Mundial. Além disso, esperava-se que a maioria dos criminosos de guerra ficasse na Zona Americana e, portanto, não seria responsabilidade das forças de ocupação britânica.

148. "No começo de 1945..." Poucas semanas depois, em dezembro de 1944, Hanns e Paul foram sondados por um certo capitão Harvey, do Corpo de Inteligência, para ser intérpretes. Teriam que passar por uma série de entrevistas e testes linguísticos. Numa carta aos pais, de 9 de dezembro de 1944, Paul explicou por que não estava interessado: "Já que não nos pagam, nem nos promovem, eles que fiquem com a droga de trabalho de especialistas deles. Passei três meses com prisioneiros de guerra, e agora, quando promovem oficiais, dizem 'lamento, estrangeiros, não'. No que me diz respeito, podem engavetar esse emprego. Só quero um trabalho fácil numa área bem tranquila." Hanns se mostrou mais disposto a aceitar o cargo, vendo ali uma oportunidade de fazer um trabalho mais interessante.

149. "Paul também achava que Hanns..." Nessa mesma carta, Paul escreveu a Elsie pedindo que o ajudasse a encontrar uma esposa: "As seguintes condições devem ser atendidas: ela pode ser impossivelmente feia ou velha se me der liberdade para me satisfazer em outro lugar. Ela deve me tirar do exército e me conseguir

um bom negócio, uma ocupação que me deixe na reserva na próxima guerra. Ela pode ter a nacionalidade que bem entender. Se não, inglesa serve muito bem. Pode ou deve ser judia (facilita nos feriados). Se ela morar em Whitechapel, deve se mudar. Fora isso, deixo os detalhes por sua conta. (Mais um ponto quanto à nacionalidade, se for francesa, deve ser uma boa prostituta; caso contrário, não me interessa essa nação.)"

Capítulo onze

151. "Morgen visitou imediatamente..." Konrad Morgen relatou suas investigações numa série de testemunhos e declarações nos Julgamentos de Nuremberg.

153. "Descobriu também que Maximillian Graebner..." Em seus relatórios para Berlim, Graebner declarou, gerando equívoco, que os prisioneiros em Auschwitz tinham morrido de doenças e desnutrição.

159. "No final de julho..." Em seu retorno a Berlim, Rudolf voltou a ser alvo do inquérito de Konrad Morgen. O juiz da SS tinha conhecido Eleanor Hodys em Dachau, no outono de 1944, e ela lhe falou sobre seu caso com Rudolf. Konrad deu início imediatamente a um processo criminal contra Rudolf Höss e outros oficiais de alto escalão da SS encarregados do que ele chamou de "ordens de sangue", inclusive Adolf Eichmann, Hans Loritz e Oswald Pohl. Mais tarde, no Julgamento de Nuremberg, Morgen disse que ficou surpreso quando entendeu que Himmler estava o tempo todo fazendo dele um joguete. "Era impensável, em vista da educação da SS, seus valores de sinceridade, franqueza e honestidade, imaginar que o *Reichsführer-SS* fosse capaz de tais atividades insidiosas e de ter duas caras, a face oculta tendo as características de um criminoso comum." Em dado momento do outono de 1944, o *Reichsführer* disse ao juiz que encerrasse as investigações de Rudolf Höss e outros. Morgen foi afastado do caso e voltou ao posto de juiz chefe de Breslau.

Capítulo doze

166. "No entanto, concordou em ajudar..." No fim da guerra, os alemães tinham evacuado alguns internos de Belsen e os levado para a fábrica de Hermann Göring, ali perto. Quando os ingleses chegaram, os alemães tentaram realocar esses prisioneiros mais uma vez, mas o trem quebrou e os prisioneiros foram colocados num campo nos arredores de Wolfsburg, perto de Hanover.

166. "Hanns levou a criança e a enfermeira..." Segundo Hanns, reunir mãe e filha foi a realização mais valiosa em seus seis anos e meio no exército. Ele contou essa história a um membro da sinagoga da Belsize Square, Hebert Levy, numa entrevista gravada em 1995.

167. "Em 16 de maio... Leo Glenn..." Leo Glenn cresceu numa família judia de Stanford Hill, no norte de Londres. Cursou direito em Cambridge e, depois de formado, foi advogado de um teatro em Londres. Apesar de nunca ter deixado a prática jurídica, tornou-se também ator profissional, e atuou no papel de Horácio no *Hamlet* de Lawrence Olivier no Old Vic, em 1937. Era um homem de imenso carisma, de voz suave, porém autoritária, e postura calma. Quando estourou a guerra, ele trabalhou no Escritório de Advogados Juízes do exército britânico.

167. "Nas três semanas desde à liberação..." Num memorando de 21 de maio de 1945, Leo Glenn comunicou ao brigadeiro H. Scott-Barrett, da Comissão de Crimes de Guerra em Londres, estar insatisfeito com sua posição. "Estou com pessoal incompleto e o trabalho avançou a passos lentos até agora e assim continuará", escreveu. Na época, centenas de milhares de alemães estavam detidos em campos de deslocamento em toda a Europa. Muitos estavam desorientados e se identificavam sem nenhuma intenção de enganar. Era a ocasião perfeita para concentrar os esforços de perseguição e captura de criminosos de guerra. Em vez disso, a grande maioria nem era identificada, quanto mais interrogada seriamente. Gustav Wagner, por exemplo, o "Anjo da Morte" do campo de concentração de Sobibor, e Ernst Heinrichsohn, que supervisionava a deportação de judeus em Paris, foram detidos em campos de internação, mas nunca questionados, e pouco depois foram soltos. Outro exemplo foi Adolf Eichmann, detido por pouco tempo num campo americano de prisioneiros de guerra antes de fugir. Nunca foi identificado, apesar de estar na lista do CROWCASS. Passaram-se décadas até que fosse levado à justiça num tribunal israelense.

167. "... estavam por sua conta e risco..." Segundo *The Times*, num artigo de 18 de junho de 1945, "muitas complicações" dificultavam as investigações de crimes de guerra, inclusive o fato de que muitas testemunhas já haviam saído do campo, e as que ainda estavam lá falavam línguas diversas. Talvez o mais importante, segundo o artigo, fosse que os ingleses simplesmente não estavam preparados para tomar as providências investigativas e legais: "O total horror e caos de Belsen nos [a nós, ingleses] pegou de surpresa." Contudo, quando esse artigo foi publicado, 86 guardas da SS, sendo 28 mulheres, tinham estado em custódia e trezentas declarações haviam sido colhidas.

168. "As técnicas de interrogatório ditadas..." Durante a guerra, o coronel Robin "Tin Eye" Stephens chefiou um centro de detenção em Londres onde havia espiões alemães, e depois da guerra chefiou um centro de interrogatório de criminosos de guerra na Alemanha. O relatório de Stephens de 1945, intitulado *A Digest of Ham*, foi a bíblia dos interrogatórios do Exército Britânico na época, e dá uma noção das técnicas que Fox e Hanns devem ter usado. Em 1948, o coronel Stephens enfrentou a corte marcial, junto com três outros, pelos abusos que ocorreram num centro britânico de interrogatório na Alemanha ocupada. Dois prisioneiros morreram durante os interrogatórios, e outros afirmavam ter sido torturados com queimaduras de cigarros, quase afogados em água gelada e ameaçados de execução. Diziam que a Inglaterra tinha instalado "campos de concentração" iguais aos dos nazistas. Um soldado foi julgado culpado e os outros, inclusive Stephens, foram inocentados.

169. "Hössler começou afirmando..." Esse e outros interrogatórios conduzidos por Hanns e Fox vêm de transcrições do julgamento de Belsen, disponíveis no Arquivo Nacional de Londres.

173. "Hanns havia desenvolvido dois lados de sua personalidade..." Já na casa dos 80 anos, Lucille Eichengreen me contou suas experiências com Hanns numa entrevista por telefone. De uma família judia de Hamburgo, ela foi deportada para o gueto de Lódz, na Polônia, depois para Auschwitz e, por fim, Belsen, onde conheceu Hanns logo depois da liberação do campo, em maio de 1945, e manteve contato com ele depois da guerra. "Ele estava sempre sorrindo", disse. "Ele queria que gostassem dele. Queria ser charmoso, era muito bonito e sabia disso. Era popular, meio descontraído, sempre com um sorriso e uma piada. Em certo sentido, era muito engraçado, tinha uma resposta rápida. Levava a vida assim, em vez de mostrar seu lado verdadeiro." Quando perguntei qual era esse "lado verdadeiro", ela disse: "Ele era judeu; tinha muita, muita raiva do que via. Viu tudo em primeira mão. Tinha crescido com aquilo. E depois viu o campo, quando estávamos em péssimas condições. De fato, chamava os alemães de '*krauts*'. Falava com eles com voz muito ríspida. Não tinha gentileza nenhuma. Ele os julgava exatamente como eu os julgava, porque eram alemães, e isso era muito incomum num oficial inglês." Perguntei a ela por que ele tinha saído do campo para procurar nazistas. "Porque ele viu a injustiça do que tinham feito conosco. E pegou todos os que conseguiu pegar. Ele se sentiu compelido a fazer isso." Mas e as outras pessoas não? "Não, porque na unidade dele não havia muitos judeus, ingleses que soubessem falar alemão, e que compreendessem que aquilo poderia ter acontecido com eles."

174. "Percorrendo de carro o Norte da Alemanha..." Nessas viagens, Hanns não procurava apenas criminosos de guerra, mas também sobreviventes, ou pelo menos notícias do destino deles. Sua irmã Elsie tinha escrito perguntando sobre parentes e amigos, e ele tentava encontrar alguma pista. Numa carta de 25 de junho, Hanns disse que tinha conseguido encontrar apenas um dos nomes, que tinha sido publicado pela Cruz Vermelha da Holanda na lista de "pessoas salvas". Ele disse a ela que escrevesse para um contato em Eindhaven, na Holanda, para uma pessoa da Cruz Vermelha que "é confiável" (*underground* holandês!).

174. "Ao lado de Paul..." Paul não estava nem um pouco animado para supervisionar prisioneiros de guerra alemães. Numa carta aos pais, ele diz: "Hoje é o meu terceiro dia nesse trabalho, do qual eu tinha tanto medo porque achei que não conseguiria controlar meu temperamento. É um trabalho muito importante, o mais importante que já fiz desde que entrei para o exército. Enfim temos alguma utilidade. Ensinou-me algumas lições muito úteis para o resto da vida, no que diz respeito à Alemanha. Sempre imaginei que ver essa enorme quantidade desses desgraçados me faria ter ódio deles, mas não tenho. Achei que talvez tivesse pena, mas não tenho. Achei que poderia encontrar alguma felicidade ao vê-los atrás do arame farpado, mas nada disso. Eles me deixam fisicamente doente, enojado, eles cheiram mal, fedem... Eles ainda acreditam que a Alemanha vai ganhar e tem que ganhar. São idiotas teimosos, absolutamente inúteis para o mundo. Em minha opinião, só há uma saída. Grupos de trabalho na Bavária pelo resto da vida. Tenho certeza de que o único alemão bom é o que está sete palmos debaixo da terra. Vocês precisavam ver os oficiais alemães. Desgraçados arrogantes. A SS e a SA são uma gangue horrorosa. Imagino o que diriam se soubessem que sou judeu-alemão. Iriam cair mortos de horror."

178. "Apesar dos vários pedidos dela..." No final de julho, Hanns, o capitão Fox e os demais da 1ª WCIT foram enviados a Belsen para ajudar num caso envolvendo a morte de 31 soldados da SA na cidadezinha de Gaggenau, na zona francesa. Mas quando a WCIT tentou dar uma mão, oferecendo-se para implantar os métodos que haviam desenvolvido em Belsen, a ajuda foi mal vista. O homem a cargo da investigação, um major Bankworth, criticou a falta de experiência deles e desqualificou seus esforços em Belsen, dizendo que os únicos criminosos de guerra que deveriam ser processados eram os que haviam perpetrado crimes contra membros do Exército Britânico. Hanns e seus colegas ficaram marginalizados e passaram a maior parte do tempo jogando cartas e tomando chá. Ao fim de três semanas, Leo Glenn deu um basta e trouxe a equipe de volta para Belsen.

179. "A primeira incumbência de Hanns era garantir..." Como outros prisioneiros da SS, Kramer tinha emagrecido consideravelmente no cativeiro, mas mantinha uma certa empáfia e se apresentou como alguém que não se deixava intimidar facilmente. Já tinha feito um relato de sua vida num primeiro depoimento, dizendo que fora guarda em Dachau e Sachsenhausen antes de ser transferido para Auschwitz em 1940. Em 1941, chefiou por pouco tempo o Natzweiler-Struthof, o único campo de concentração em solo francês. Em 1942, voltou a Auschwitz para chefiar o campo de Birkenau e, em 1944, recomendado por Rudolf Höss, foi nomeado Kommandant de Belsen por Richard Glücks.

181. "... um total de pelo menos quatro milhões..." No correr dos anos, tem havido muita controvérsia quanto ao número de mortos em Auschwitz. A celeuma não foi amainada pelo fato de que o próprio Rudolf Höss mudou a estimativa em seus vários depoimentos. O número de quatro milhões se originou depois da libertação de Auschwitz pela União Soviética, em janeiro de 1945. Esse número foi repetido na abertura da promotoria no julgamento de Belsen, em setembro de 1945, mas foi rapidamente modificado quando informações adicionais vieram à luz. Desde o fim da guerra, apesar da falta de registros mantidos no campo, foi possível fazer estimativas baseadas em depoimentos e entrevistas de testemunhas, além de documentos contemporâneos. Segundo muitos historiadores, inclusive os do Museu de Auschwitz, o número mais provável foi de 1,3 milhão mortos em Auschwitz, dos quais 90% eram judeus.

181. "Nas semanas seguintes, o mundo ficou petrificado..." Algumas manchetes durante o julgamento de Belsen diziam: "SS matou qutro milhões em Oświęcim, diz promotor no julgamento de Kramer", *The New York Times*; "Besta Loura se confessou culpada", *Daily Mirror*; Sobrevivente da câmara de gás conta o horror: "Éramos despejados como batatas", *Winnipeg Evening Tribune*; "Como os nazistas faziam experimentos com mulheres nuas", *Chicago Tribune*; "Irma Grese faz três confissões", *Daily Express*; "Julgamento de Kramer conta história do massacre", *The Washington Post*; "Inferno no julgamento", *Time Magazine*; "Kramer novamente interrogado: 'Matei prisioneiros com gás por ordem de Himmler'", *The Scostman*; "Assassinato em massa, sou culpada, admite a chefe feminina de Belsen", *Toronto Star*.

181. "Os advogados de defesa tiveram dificuldade..." Quando os advogados tentavam defender os acusados, eram recriminados pela imprensa por insensibilidade às testemunhas e deslealdade à causa da justiça britânica. Os jornais recebiam cartas dizendo que o tribunal estava sendo condescendente demais com os réus e, em

vista de seus crimes, as leis normais do sistema britânico não deveriam ser aplicadas. Mas o julgamento de Belsen se realizava justamente com base nesse sistema legal, e acreditava-se que seria da maior importância permitir que os réus tivessem a chance de protestar inocência. Argumentava-se que, se os réus tivessem voz no tribunal, um veredicto de culpa teria um peso maior de seriedade e propósito.

182. "Quando chegou a vez de Josef Kramer..." *The Times* publicou uma matéria em 9 de outubro de 1945 com o título "Discrepância explicada", sobre o motivo de Kramer haver se retratado de seu primeiro depoimento, em que alegava não ter conhecimento das câmaras de gás em Auschwitz: "Ele tinha dado sua palavra de honra ao *Obergruppenführer* Pohl, do quartel general de Oranienburg do sistema de campos de concentração (*Amtsgruppe D*), de que não falaria sobre isso. Quando prestou o primeiro depoimento, ainda havia guerra; na ocasião do segundo depoimento, Hitler e Himmler, a quem ele devia honrar a palavra dada, não existiam mais".

182. "Às 9:34 da manhã..." Quando soube que os réus de Belsen tinham sido enforcados, Hanns escreveu a Ann: "Soube hoje à noite que os bandidos de Belsen foram enforcados ontem. Fiquei muito feliz, pois assim não podem mais fugir e não preciso começar a procurar de novo."

183. "... tinha sido promovido a capitão..." Hanns não gostou de sua promoção a capitão ter demorado tanto, e acreditava que isso se devia a ele não ser inglês. Numa carta a seus pais, de outubro de 1944, escreveu: "Não vou ter a patente de capitão, nem agora nem nunca. Não se esqueçam de que não sou um m(aldito) estrangeiro. E as promoções ainda se fazem à moda antiga. A questão não é o que você conhece, mas quem você conhece."

Capítulo treze

188. "No decorrer daquele verão..." Os detalhes da estadia de Rudolf Höss em Gottrupel estão num artigo do *Zeit* de junho de 2001, intitulado *Flensburger Kameraden*. Esse artigo diz que Rudolf deixou alguns objetos no celeiro, inclusive sua pasta e seu casaco de couro preto: "Mais tarde o casaco foi usado como guarda-pó de pintores e a pasta do assassino em massa serviu para as crianças levarem livros para a escola."

189. "Rudolf passou o resto do outono..." Essa informação sobre os movimentos de Rudolf Höss em seus dias em Gottrupel foi dada por ele aos interrogadores britânicos numa declaração de 14 de março de 1946.

Capítulo catorze

190. "Leo Glenn tinha sido transferido..." O papel seguinte de Glenn foi contracenando com Vivian Leigh no filme *César e Cleópatra.*

199. "Hanns e o motorista..." Os detalhes da odisseia de 17 dias de Hanns nos chegaram pelos relatórios de campo entregues a seu superior, tenente-coronel Tilling. Os jornais de Luxemburgo também acompanharam com grande interesse suas aventuras, descrevendo a jornada de Hanns como "algo de uma história de detetive", e "uma caça ao ganso selvagem". Esses documentos passaram os últimos setenta anos enfiados nos arquivos nacionais de Luxemburgo e da Inglaterra.

199. "... havia documentos pertencentes a..." Himmler tinha concebido inicialmente os Werwolfs, no final de 1944, como uma força clandestina para lutar na retaguarda das linhas inimigas. Essa orientação foi mudada na primavera de 1945, quando o chefe da propaganda, Joseph Goebbels, anunciou que os Werwolf iriam liderar uma insurgência contra a ocupação dos Aliados. Entretanto, apesar de formado por ex-soldados da SS e membros da Juventude Hitlerista, os Werwolf não representaram um desafio sério aos Aliados. Não obstante, todos os seus membros eram bem armados e perigosos e "Gustav Henning", mesmo tendo 14 anos de idade, tinha que ser abordado com muito cuidado.

199. "Hanns recolheu todos os pertences de Simon..." Mais tarde essa mesma senhora, Frau Berhorst, encaminhou às autoridades britânicas a queixa de que Hanns havia roubado itens no valor de 70 mil marcos do quarto de Gustav Simon. Essa acusação resultou numa carta severa do chefe do Bureau de Inteligência Britânico enviada ao capitão Somerhough, do Grupo de Crimes de Guerra, em 6 de abril de 1946, quatro meses após a prisão, repreendendo o grupo por não ter informado imediatamente que o Gauleiter tinha sido preso e pedindo informações sobre o destino dado aos bens confiscados e em que consistiam. Em resposta, Hanns escreveu que tinha entregado os itens confiscados ao Departamento Legal de Crimes de Guerra, à exceção das roupas, que disse ter distribuído entre os desabrigados de Belsen. Dado o esforço exigido da senhora para reclamar, e o tom grave da carta do Bureau de Inteligência, é possível que parte do dinheiro do Gauleiter não tenha chegado à sala de evidências do Grupo de Crimes de Guerra e tenha ido parar no bolso de Hanns.

203. "Todavia, houve relatos conflitantes..." Recentemente desencavada por vários historiadores de Luxemburgo e jornalistas investigativos, inclusive ganhando um longo artigo publicado na revista *Revue*, essa versão da morte de Gustav Simon

está baseada em evidências descobertas no Arquivo Nacional de Luxemburgo, além de testemunhos de muitas pessoas envolvidas. Esse relato alternativo é apoiado por várias incoerências da versão oficial: por que, por exemplo, se Simon cometeu suicídio na prisão em 18 de dezembro de 1945, a certidão de óbito só foi emitida em 8 de fevereiro de 1946, dois meses depois da morte? E ainda, como um homem de 1,60m poderia ter se enforcado numa coluna de beliche de 1,40m? Mesmo que tal proeza fosse tecnicamente possível, como um guarda postado 24 horas na porta da cela não iria notar o que estava acontecendo lá dentro? Por fim, se ocorreu o suicídio, por que apareceram tantas pessoas dizendo que a versão oficial não era verdadeira? Segundo esse "relato não oficial", o assassinato foi motivado ou por colaboradores de Luxemburgo, que não queriam que Simon revelasse a identidade deles no tribunal, ou por membros da resistência, furiosos com o tratamento dado por Simon aos judeus e aos nacionalistas em Luxemburgo. Sessenta anos depois, quando essa versão da morte de Gustav Simon foi contada numa reunião da família de Hanns, com seus sobrinhos, sobrinhas e os cônjuges deles, ninguém levantou objeções. Todos acharam muito possível que Hanns tivesse desobedecido a uma ordem direta, fazendo vista grossa ao assassinato extrajudicial de um nazista sênior, criando a história oficial e mantendo o segredo desde então. Peter Sussman, sobrinho de Hanns, foi além, pois tinha passado três anos em Luxemburgo na década de 1970, e anteriormente tinha visitado Hanns em Luxemburgo e conversado com ele sobre a prisão do Gauleiter. Peter recordou: "Ele me deu a impressão de que Gustav Simon não estava morto quando o pegou na prisão. Se acho que tio Hanns matou Simon? Não. Ele não era o tipo de homem que faria isso. E não era burro, sabia da Convenção de Genebra e, se fosse descoberto, iria para a cadeia. Mas se acho que ele deixou que acontecesse? Sim, com certeza. Ele odiava aqueles desgraçados. E se perguntassem em qual das duas versões eu votaria? Na história dos membros da resistência, de que Simon foi morto na floresta e Hanns divulgou a outra história para tudo ficar *kosher.*"

207. "A lembrança de Lucille Eichngreen..." É interessante notar como duas pessoas que tiveram a mesma experiência, num mesmo evento, de um mesmo ponto de vista, podem ter recordações tão diferentes. Quando perguntei a Lucille Eichengreen por que seu relato da fuga de Belsen era diferente do de Anita Lasker, embora as duas estivessem sentadas lado a lado no momento, ela disse: "Você pode perguntar a dez pessoas que estavam no mesmo lugar num mesmo momento, e obter dez respostas diferentes. Não digo que a minha seja correta e a dela, errada,

ou vice-versa. Realmente, não sei dizer por quê." Quando perguntei se Hanns tinha inventado a história ou se mantido fiel à verdade, ela respondeu: "Ele disse a verdade. Mas usou uns palavrões, e um certo humor no meio."

Capítulo quinze

209. "... Leo Helger, motorista de Rudolf durante muitos anos..." A história de Himmler ter dado a Rudolf vários objetos e de como eles retornaram às mãos de Hedwig vem de Rainer Höss, neto de Rudolf. Esses objetos estão hoje no instituto IFZ de Munique, na Alemanha.

210. "Mas para Rudolf fugir..." Quando encontrei a filha de Rudolf, Brigitte, ela disse que Rudolf relutou em tomar a decisão. Ele queria se proteger, e achava que a melhor maneira era fugir para a América do Sul. Ao mesmo tempo não queria abandonar a família, sabendo que enfrentariam obstáculos tremendos na Alemanha pós-guerra. Mas se ficasse e fosse apanhado, não seria bom para ninguém. Afinal, ele decidiu partir e depois mandar vir a família.

213. "... foi à sede da Cruz Vermelha..." Uma carta enviada ao autor em 1º de abril de 2010 pelo Serviço de Localização da Cruz Vermelha da República Tcheca diz que em 2 de setembro de 1942 Cäcilie Bing foi realmente colocada num transporte XII/2 de Frankfurt para Theresienstadt (número de série 37), e depois, em 29 de setembro de 1942, foi colocada num transporte B de Theresienstadt para Treblinka (número de série 1473). Sara Graetz, a avó de Ann, foi colocada no mesmo transporte. A carta terminava: "Ninguém sobreviveu aos Transportes B."

215. "Detalhista como sempre..." Três meses depois, em 27 de maio de 1946, Oswald Pohl foi preso por esses mesmos investigadores do "Palheiro". Ele tinha assumido a identidade de Ludwig Gniss e trabalhava numa fazendola perto da cidade de Armsen, a apenas cinquenta quilômetros a oeste de Belsen. Depois de um longo julgamento, Pohl foi condenado à morte em 3 de novembro de 1947. Foi executado em 1951, depois de uma série demorada de apelações e contra apelações. Até o fim negou ter tido responsabilidade pelos campos de extermínios nazistas, afirmando que era apenas um burocrata.

219. "Desde maio de 1945..." Até hoje não sabemos o que aconteceu com Richard Glücks. Em suas memórias não publicadas, *Don't You Know There's a War On*, o agente Fred Warner, da Seção de Segurança de Campo Britânica, diz que encontrou o corpo de Glücks em outra sepultura em Flensburg. Contudo, não há confirmação independente de que Warner o tenha encontrado de fato. Há relatos

de que Glücks morreu muitos meses depois da reunião com Höss e Himmler em maio de 1945. Por exemplo: um telegrama confidencial, visto pelo autor no Arquivo Nacional dos Estados Unidos, diz: "5 out 45. Suicídio reportado de Flensburg. Morreu em custódia (Relatório Mi14)." Esse memorando não só desafia o fato de que Glücks morreu em maio de 1945, como muitos historiadores acreditam, mas sugere que ele esteve sob custódia dos britânicos. Isso levanta as questões: o que ele fez durante os outros meses? Estava de algum modo ajudando os ingleses? Uma versão alternativa seria que, depois da guerra, ele fugiu do Norte da Alemanha para a América do Sul e se envolveu com a rede ODESSA (acrônimo de *Organisation der Ehemaligen SS-Angehörigen*, Organização dos Ex-Membros da SS). Mais tarde o escritor Frederick Forsyth explorou esse boato, fazendo de Richard Glücks o mentor da rede pós-guerra nazista em seu romance *O dossiê Odessa*.

216. "... um veículo da frota do Grupo de Crimes de Guerra..." Durante os primeiros meses de 1946, o capitão Somerhough, do Grupo de Crimes de Guerra, ficou muito atento às atividades de Hanns. No final de um despacho datilografado de Hanns, Somerhough rabiscou uma anotação, datada de 18 de fevereiro de 1946: "Cap. Alexander atrás de Pohl depois Flensburg com Höss e Glücks."

216. "A primeira parada de Hanns foi na casa..." Os detalhes da investigação de Hanns sobre o paradeiro de Glücks são do relatório de campo de Hanns Alexander, Arquivo Nacional do Reino Unido, 13 de março de 1946.

219. "... e se escondeu debaixo de uma árvore..." Muitos anos mais tarde, Brigitte disse que ainda tinha crises de enxaqueca por causa dos gritos incessantes de Hanns e dos colegas dele naquele dia.

219. "... Hanns desenvolveu outra abordagem..." Essa versão da história é dada pelo capitão Cross numa carta não publicada, escrita em 27 de março de 1985 ao coronel Robson, do Corpo de Inteligência. Vale notar que Cross não relata todos os fatos corretamente. Nessa carta, ele menciona, por exemplo, "Frau Hoess [*sic*] e três meninos", quando Hedwig tinha só dois. Uma outra versão foi dada por Brigitte, segunda filha de Rudolf, que relembra sua mãe lhe contando o que tinha acontecido: Klaus e Hedwig foram presos e ficaram realmente em celas separadas. Hedwig passou dias atormentada pelos gritos de agonia do filho, torturado por Hanns e outros soldados britânicos. Mesmo assim ela não cedeu, até que seu irmão Fritz foi visitá-la, dizendo que Rudolf tinha conseguido uma passagem para sair da Alemanha e naquele momento estava num navio a caminho da América do Sul. Foi só então, sabendo que Rudolf estava a salvo, que Hedwig revelou

a Hanns a identidade e o paradeiro do marido. Contudo, a versão de Hedwig não combina com o resto das evidências, e é bem possível que ela tenha contado essa história aos filhos para que não acreditassem que ela entregara o pai deles aos ingleses.

Capítulo dezesseis

220. "Os homens da Seção 92..." Segundo uma carta escrita pelo capitão Cross ao coronel Robson, do Corpo de Inteligência, em 27 de março de 1985, alguns dos homens incluídos na unidade FSS 92 eram Henshaw, Rapkins, Durkin, Kuditsch, Wiener, Roberts, Cresswell, Dobons, Abrahams e Shiffers, sendo que alguns usavam pseudônimos, como Shiffers, que na verdade era Sansavrino.
220. "Hanns sabia que todos eles queriam 'chegar para matar...'" No correr dos anos, muitas pessoas afirmaram ter participado da prisão de Rudolf Höss. Na verdade, numa fita gravada com seu sobrinho John Alexander, Hanns disse: "Havia muita gente envolvida no trabalho. Alguns ficavam lendo cartas para a esposa, outros, vigiando a esposa." Em seu relatório de campo, enviado em 15 de março de 1945, Hanns menciona o médico da 5ª RHA, capitão Hartford, da FSS 318, bem como os homens da unidade FSS 92, do capitão Cross. No relatório oficial de Hanns sobre a prisão de Rudolf Höss há o nome do capitão Cross, embora muitas vezes esses documentos fossem assinados por um administrador, e não pela pessoa que efetuou a prisão. No livro de Richard Butler, *Legions of War*, Bernard Clarke, membro da FSS 92, diz que participou da prisão de Höss. (É desse livro que vem a citação do médico: "Chame-os de volta, a não ser que queira levar um cadáver".) No Imperial Museum of War, em Londres, há um documento que coloca Charles Steven Mackay no interrogatório de Höss. Conversei em Wrexham com Ken Jones, um soldado baseado no Norte da Alemanha durante a guerra, que disse que dormia na cela junto com Höss para garantir que ele não se mataria nos dias seguintes à prisão. A história oficial do Corpo de Inteligência do Exército Britânico, não publicada, dá o crédito da prisão – chamando-a de sua mais importante captura – a um de seus membros, Karl "Blitz" Abrahams, um judeu nascido em Liverpool e que falava alemão, membro da Sessão 92 da Segurança de Campo. Conversei com o filho de Karl, Stephen Abrahams, que me contou que possuía as cartas trocadas entre seu pai e sua mãe, confirmando que Karl estava envolvido nos interrogatórios de Höss, mas as cartas não falam da prisão de Höss, e seu pai nunca falou nesse evento, nem escreveu sobre isso em suas memórias.

222. "Quero Höss no meu carro em dez minutos..." Hanns sabia que era responsável pela surra de Höss no momento da prisão. Numa entrevista gravada com Herbert Levy, Hanns disse: "[Rudolf Höss] disse que foi extremamente bem tratado pelos ingleses, com exceção do oficial que o prendeu. Eu fiz minha parte... culpado." Aqueles dez minutos de agressão, juntamente com alegações de outros ataques nas mãos dos ingleses, foram o suficiente para que bandos de revisionistas do Holocausto passassem anos dizendo que o depoimento de Rudolf foi por coação. Os argumentos deles são assim: o depoimento de Höss foi arrancado à força de pancada e, portanto, suas declarações em Nuremberg, e depois, em sua autobiografia, não são confiáveis. Isso os levou a argumentar, supostamente com lógica, que se a "história" da Solução Final se baseou tão firmemente no depoimento de Höss, então o Holocausto nunca aconteceu.

222. "Por volta da meia-noite..." Em sua autobiografia e em seus últimos depoimentos, Rudolf manteve que a única pessoa que ele matou foi Walter Kadow, nos anos 1920. Nessa conversa com Hanns no caminhão foi a única vez que Rudolf admitiu ter matado alguém pessoalmente. Mais tarde, ele reconheceu ter *supervisionado* o assassinato de dois milhões e meio de pessoas, mas nunca matou ninguém com as próprias mãos.

Capítulo dezessete

227. "Martin Bormann..." Depois de muitos anos de boatos e encontros não confirmados, em 1998 o governo alemão confirmou, por prova de DNA, que Martin Bormann morreu em maio de 1945, perto do *bunker* de Hitler, em Berlim.

228. "Telegramas zuniam trocados entre..." Um telegrama enviado pelo quartel-general da BAOR, em 22 de maio de 1946, dizia: "HOESS [*sic*] será julgado pelas autoridades britânicas e, consequentemente, os poloneses foram informados de que não estamos preparados para entregá-lo." Em 27 de março, outro telegrama dizia: "Ministério das Relações Exteriores a favor de Hoess ser entregue e consideram uma questão de alta importância política". Por fim, em 27 de abril, uma carta foi enviada ao exército americano, encarregado da custódia de Höss em Nuremberg, dizendo que os ingleses concordavam com a "entrega" de Höss às autoridades polonesas, mas se o governo polonês não condenasse Rudolf Höss à morte, o governo britânico iria "requisitar sua entrega às autoridades britânicas para um novo julgamento".

228. "Whitney Harris..." Conheci Whitney Harris em seu escritório em St. Louis, Missouri. Harris já estava na casa dos 90 anos. Foi amável e generoso com seu tempo. "Em Nuremberg, baseávamos todo o nosso trabalho em documentos escritos", disse ele. "Queríamos provar a exatidão do Holocausto, sem deixar sombra de dúvida. Era a primeira vez na História que criminosos de guerra seriam levados à justiça, e queríamos fazer tudo direito." Harris morreu de câncer em sua casa, em 2010.

232. "O primeiro foi Gustave Gilbert..." O teste de manchas de tinta foi inventado em 1921 pelo psicólogo suíço Hermann Rorschach e, embora bem conhecido pelos psicólogos americanos, era novo para Gilbert. Ele apresentou a Rudolf dez cartões de 10 x 25cm, cada um estampado com manchas diferentes. Os primeiros cinco cartões eram em preto e branco, e os cinco seguintes eram em cores fortes, com vermelhos, azuis, laranja e amarelos. Ele perguntou a Rudolf o que ele via em cada cartão. O prisioneiro respondeu que um cartão lembrava uma pele de animal, outro parecia duas pessoas dançando, e um terceiro era "o contorno pélvico de um corpo exumado – durante minha atividade no campo de concentração, compareci a exumações e a exames *post-mortem* –, uma dissecção *post-mortem*". Uma recente avaliação das respostas do Kommandant, feita por Barry Ritzler, especialista em Rorschach, sugere que Rudolf era um homem sensível, mais expressivo do que os outros nazistas testados em Nuremberg, e por isso evitava situações que pudessem estimular uma reação emocional. Ritzler disse ainda que Rudolf parecia estar em depressão quando foi testado em Nuremberg, e que lhe faltava empatia. Isso pode explicar o ataque que ele teve em seus tempos de cárcere, em 1929, a que ele chamou de "psicose de prisão", bem como a recordação de sua filha Brigitte, que "ele chegava triste do trabalho".

235. "O advogado de defesa, dr. Kurt Kauffmann..." Os Julgamentos de Nuremberg foram conduzidos em inglês, alemão, francês e russo. Tudo o que era dito era traduzido instantaneamente em quatro idiomas por uma equipe de intérpretes numa longa fileira de cabines na lateral da sala do tribunal. Para entender o que estava sendo falado, os participantes, inclusive Rudolf, usavam grandes fones de ouvido pretos, presos a um elaborado sistema de fios, amplificadores e transistores. Foi a primeira vez que um procedimento judicial teve tradução simultânea em tantos idiomas. Depois do julgamento, um sistema de som semelhante foi instalado no edifício das Nações Unidas em Nova York.

237. "Na hora do almoço, na cantina dos prisioneiros..." A explicação de Frank, de que estava disposto a admitir seu papel no Holocausto devido ao depoimento

de Höss no dia anterior, foi divulgada pelo *Times* de Londres, em 20 de abril de 1946, com a chamada: "Frank se declara culpado: Participou do massacre dos judeus."

238. "Enquanto Rudolf testemunhava..." Naquele mesmo ano, em outubro de 1946, os juízes de Nuremberg deram as sentenças: dos 24 réus, 12 foram condenados à forca, Kaltenbrunner, Göring e Frank entre eles. Martin Bormann, julgado *in absentia*, também estava entre os condenados à morte. Sete dos 12 restantes foram condenados à prisão perpétua, e os demais foram absolvidos.

240. "Minha querida Mutz..." Não está claro o que Rudolf queria dizer com *Mutz*, o apelido que ele dava a Hedwig. Segundo o *dicionário Langenscheidt*, quer dizer "urso", "um animal de cauda enrolada" ou um "pequeno cachimbo de tabaco". Mas como muitos apelidos de família, a origem deste pode ser mais obscura. Essas cartas a sua esposa e filhos, não publicadas anteriormente, estão no museu de Auschwitz.

241. "Pouco lhes adiantou" O destino de alguns réus-chave em Nuremberg foi o seguinte: Ley se matou antes do julgamento, Kaltenbrunner e Pohl morreram na forca, Göring escapou da sentença matando-se na cela na noite anterior à execução, e Hess, representante de Hitler, passou o resto da vida na prisão de Spandau, em Berlim, até sua morte, em 1987.

242. "Na última página de suas memórias..." Às vezes, em suas memórias, Rudolf evita a verdade para proteger outros, como ao dizer que sua esposa não sabia das câmaras de gás quando é claro que ela sabia. E às vezes ele simplesmente está enganado quanto aos fatos, como ao afirmar que a revista antissemita *Der Stürmer* era editada por judeus, ou que recebeu ordem de Himmler para implantar a Solução Final em 1941, e não em 1942, que muitos historiadores consideram mais provável. Da mesma forma, em diferentes declarações, Rudolf deu diferentes números dos mortos em Auschwitz: aos ingleses, em Camp Tomato, ele disse dois milhões; aos americanos, em Nuremberg, três milhões; em seus escritos na prisão, disse que o número dado por Eichmann, de 2,5 milhões, era muito alto; e no julgamento polonês disse que o número devia ser perto de 1,5 milhão. Entretanto, uma comparação de seus vários depoimentos mostra uma notável coerência, em função do estresse de cada contexto em que foram feitos. Muitos historiadores concordam, com pequenas restrições, que suas memórias são confiáveis.

243. "Segundo um jornalista do *The Times...*" O artigo do *The Times* sobre o julgamento de Rudolf, publicado em 25 de abril de 1947, com o rodapé "do nosso correspondente em Varsóvia", foi escrito por Joel Cang. Entre março de 1946 e

dezembro de 1948, Cang (1897-1974) era o correspondente do jornal na Polônia. Entre 1927 e 1948, era também o correspondente em Varsóvia do *Manchester Guardian* e do *News Chronicle*. Nesse mesmo artigo, Cang diz que conheceu Höss numa sala contígua durante os procedimentos, e o descreve como "desconcertantemente oposto a qualquer conceito de alguém que, como as testemunhas juravam, tinha jogado criancinhas judias nas carroças da morte e assistido aos homens da SS sob seu comando queimarem crianças vivas... Em aparência e modos, ele era a completa negação de qualquer teoria da tipologia de criminosos". Enquanto conversavam, Rudolf mostrou a Cang uma cópia da carta que tinha recebido de Hedwig no dia em que o julgamento começou. Quando Cang perguntou como ele deixava seus filhos tão perto do campo, ele respondeu: "Eu os mantinha afastados de tudo aquilo."

246. "Rudolf solicitou que sua aliança..." Segundo documentos fornecidos pelo Instituto de Memória do governo polonês, a aliança de casamento de Rudolf, que foi tão decisiva para desmascarar sua identidade em Gotruppel, foi devolvida à esposa dele, na Alemanha, em 28 de abril de 1947, com as palavras: "Anexo a aliança de casamento de Rudolf Höss, enviada com a autorização do Supremo Tribunal Nacional junto com a última carta de Höss à sua esposa Hedwig." Brigitte me confirmou que a aliança de seu pai fora enviada à mãe junto com duas cartas, para Hedwig e os filhos. Ela acrescentou que Hedwig usou a aliança até o dia de sua morte, e que está junto com as cinzas da mãe. O anel de caveira de Rudolf, que Klaus levou para Hedwig nos últimos dias da guerra, está hoje com Rainer Höss.

246. "... carta para os filhos..." Uma cópia dessa carta está no Museu de Auschwitz, na Polônia. A original, embora raramente tenha sido vista, está numa caixa enfiada no fundo de um armário abarrotado, na casa da segunda filha de Rudolf, Brigitte, na Virgínia.

248. "Marcada a princípio..." Esse relato dos últimos dias de Rudolf foi compilado pelos pesquisadores no Museu Auschwitz, em Oświęcim.

Epílogo

250. "As famílias dos líderes nazistas..." Os filhos dos líderes nazistas reagiram de maneiras diferentes. Niklas Frank, filho de Hans Frank, chefe do governo-geral da Polônia, escreveu que tinha sido "condenado a uma morte em vida por causa da lesma visguenta fanática por Hitler que tive como pai". O filho expressou com profundidade e ira seus sentimentos e uma vez confessou que tinha se masturbado

sobre a fotografia do falecido pai durante um aniversário adolescente. Mas onde houve culpa, também houve orgulho. Gudrun Himmler, filha de Heinrich, comandou um grupo de arrecadação de fundos para veteranos nazistas. Talvez mais conflituado tenha sido Wolf Rudiger Hess, filho de Rudolf Hess, secretário de Hitler, que, em protesto contra a injusta prisão de seu pai "inocente" em Spandau, se recusou a servir ao exército alemão.

251. "Foi a última vez que Hedwig Höss apareceu..." Em 1989, Hedwig foi a Washington, D.C. visitar a filha. Passou uma semana passeando e brincando com os netos, e um dia se deitou na cama e não se levantou mais. Suas cinzas estão numa tumba num cemitério na periferia da cidade, tendo apenas as palavras "Mutti, 1908-1989". Para ocultar ainda mais o túmulo da mãe, a filha deu ao cemitério uma versão modificada do nome dela, "Hansel Hedwig", em vez do nome de solteira, Hedwig Hensel, ou do nome de casada, Hedwig Höss.

251. "... pulava de emprego em emprego..." Enquanto esteve em Toronto, Paul e sua esposa, Lila, participavam ativamente da Congregação Habonim, uma sinagoga frequentada por sobreviventes do Holocausto, da Alemanha e de outros países europeus, que mantinha a tradição *Liberale* alemã. A sinagoga funciona ainda hoje, na Glen Park Avenue, em Toronto.

251. "Um ano depois, o governo de Luxemburgo..." Numa carta datada de 15 de abril de 1948, enviada pelo Ministério das Relações Exteriores britânico para a Embaixada de Luxemburgo em Londres, um oficial explicou por que Hanns, assim como Tony Somerhough e Gerald Draper, não podiam receber o título de Cavaleiros de Luxemburgo: "As normas e princípios observados por S.M.Gov. nessas questões impedem-nos de enviar uma resposta favorável... Os serviços que as condecorações propostas tencionam reconhecer foram prestados após o término das hostilidades. As pessoas a serviço da Coroa não têm permissão para aceitar honrarias estrangeiras, e só se abriu exceção a essa regra para permitir aceitação de condecorações oferecidas pelos Aliados em reconhecimento a serviços durante a guerra... Estou certo, porém, de que saberão avaliar a extrema dificuldade de se dar um tratamento especial a esses casos sem injustiça a numerosos súditos britânicos aos quais as regras foram aplicadas." Em retrospectiva, as coisas poderiam ser diferentes, pois embora Hanns Alexander usasse o uniforme britânico na época do serviço (janeiro de 1940-abril de 1946), era de fato considerado apátrida pelo Reino Unido, até ser naturalizado, em abril de 1947. Portanto, talvez o governo de Luxemburgo devesse ter condecorado Hanns sem pedir permissão ao Reino Unido.

251. "Hanns não recebeu nenhum dos dois títulos" Hanns foi impedido de receber as significativas honrarias de Luxemburgo e da Tchecoslováquia, mas recebeu três condecorações, mais comuns, do Exército Britânico, por seus serviços durante a guerra, inclusive a Estrela França & Alemanha, a Medalha de Defesa e a Medalha de Guerra 1939-1945. Ele as usava com orgulho no encontro anual de veteranos em Whitehall, em Londres.

252. "Desde o começo, a Torá Alexander..." Em dado momento dos anos 1970, Hanns descobriu que uma das hastes de madeira da Torah estava quebrada. O rolo de pergaminho tinha quase duzentos anos e, por seu uso contínuo como a principal Torá da sinagoga, não era de estranhar que estivesse precisando de conserto. O rolo era agora herança e responsabilidade de Hanns. Não havia tempo para que a Torá fosse restaurada por um experiente escriba de *Sefer Torá*, e Hanns resolveu que ele mesmo iria consertá-la. Foi à sinagoga depois do trabalho, tirou a Torá da Arca e colocou-a no pódio no centro do tablado. Abriu cuidadosamente o rolo, retirou a haste quebrada na qual se enrolava o pergaminho e, após uma rápida incursão ao armário da cozinha da sinagoga, substituiu-a por um cabo de espanador. Uma vez restaurado, Hanns cobriu o rolo com o veludo vermelho tradicional e recolocou a Torá Alexander na Arca, pronta para ser usada na próxima cerimônia religiosa.

254. "Hanns manteve a expressão positiva..." Ann morreu seis semanas depois de Hanns. Após viverem juntos por tantos anos, parece que ela não conseguiu viver sem ele. Suas cinzas também foram espalhadas na tumba da família, em Willesden.

Pós-escrito

255. "É uma fria manhã de novembro..." Viajei para Auschwitz com Rainer Höss e sua mãe, Irene, em novembro de 2009, depois de ler um artigo sobre Rainer num jornal israelense dizendo que ele estava tentando vender ao Yad Vashem objetos herdados de seu avô. Quando falei com Rainer, ele negou as acusações do artigo, contou que queria doar os objetos, e me convidou para uma viagem a Auschwitz. Mais tarde, Rainer voltou a Auschwitz para figurar num documentário chamado *Hitler's Children*.

259. "Havia também as memórias de Rudolf..." Em 1951, quatro anos depois da morte de Rudolf na forca, Sehn agilizou a publicação das memórias de Rudolf em polonês, com o título de *Wspomnienia* (Memórias), por Wydawnictwo Prawnicze, com introdução do criminologista polonês Stanislaw Batawia. Em 1958, os

escritos de Rudolf na prisão foram publicados pela primeira vez em alemão pela Deutsche Verlags-Anstalt, intitulados Kommandant *in Auschwitz: Autobiografische Aufzeichnungen von Rudolf Höss* (Kommandant em Auschwitz: autobiografia de Rudolf Höss), editados pelo dr. Martin Broszat, diretor do IFZ, o instituto de pesquisa do antigo Nacional Socialismo alemão. Um ano depois, e 12 anos depois de escritas, as memórias de Rudolf foram traduzidas para o inglês por Constantine Fitzgibbon, com introdução de Lord Russel – que, como juiz substituto, tinha sido um dos principais consultores legais durante os julgamentos de crimes de guerra em Nuremberg – e publicado com o título *Commandant of Auschwitz* por Weidenfeld & Nicolson. Foi dessa última versão, reeditada pela Phoenix Press em 2001, que Hanns tinha um exemplar na mesa de centro da sala de sua casa no dia em que morreu. Uma edição popular norte-americana das memórias foi publicada em 1992, com o título *Death Dealer: The Memoirs of the SS* Kommandant *of Auschwitz*, pela Prometheus Books, editada por Steven Paskuly e traduzida por Andrew Pollinger. Desde que foram escritas, em 1946, as memórias de Rudolf foram traduzidas em várias línguas e, em suas várias edições, foram lidas por centenas de milhares de pessoas em todo o mundo.

259. "Quanto à Torá Alexander..." Em 2012, os sobrinhos e sobrinhas de Hanns se reuniram para discutir o destino da Torá da família. O pergaminho estava rasgado em algumas partes, a tinta de alguns caracteres tinha escorrido, algumas páginas estavam coladas com fita adesiva. Naquele estado, foi declarada não *kosher*, imprópria para uso. Após uma discussão longa e emocionada, concordaram que a Torá tinha tanto valor histórico e sentimental que merecia ser restaurada. A família reuniu fundos para mandar o rolo a um *sofer*, na zona leste de Londres, a fim de fazer os consertos necessários para que a Torá Alexander viesse a ter seu papel nos cultos da sinagoga. A restauração deve ficar pronta no final de 2013.

Árvore genealógica de Hanns Alexander

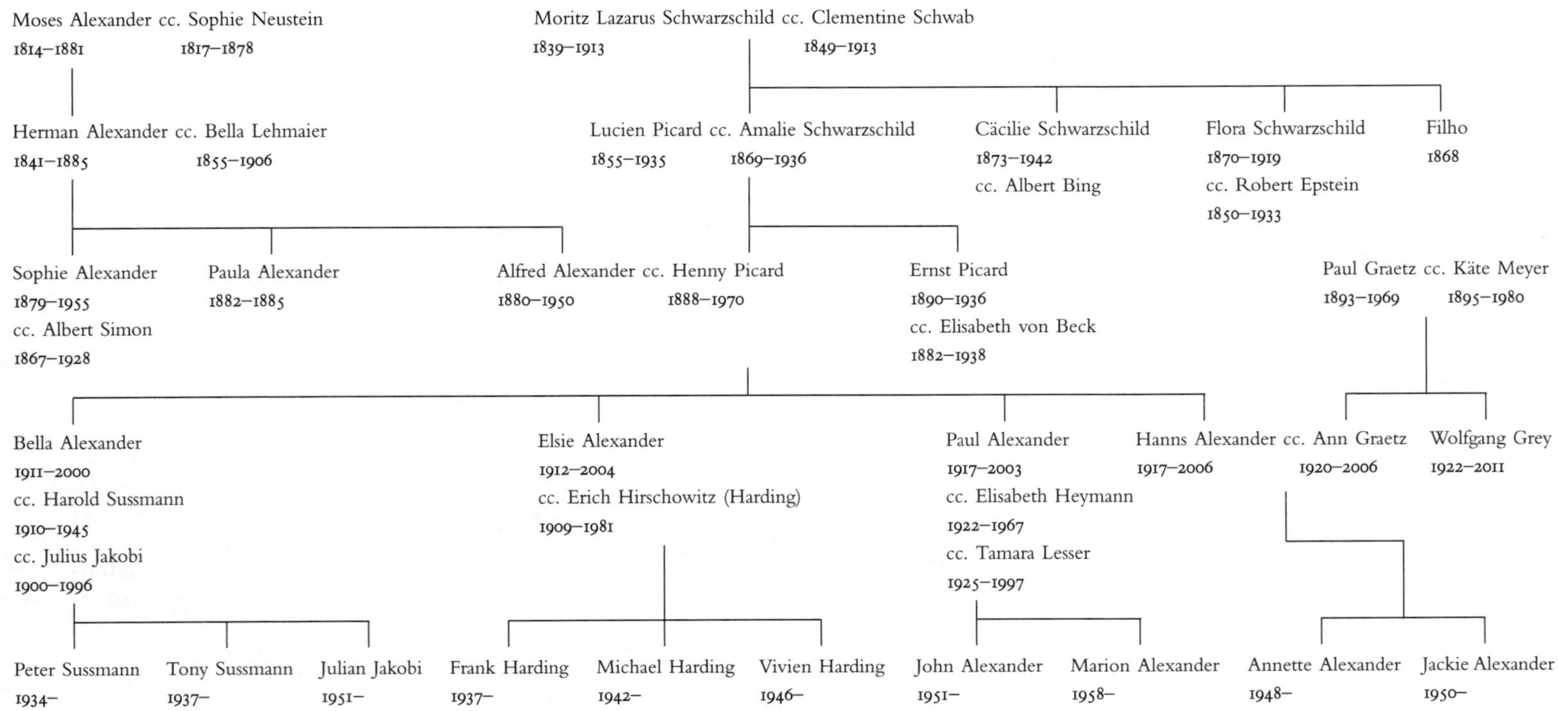

Árvore genealógica de Rudolf Höss

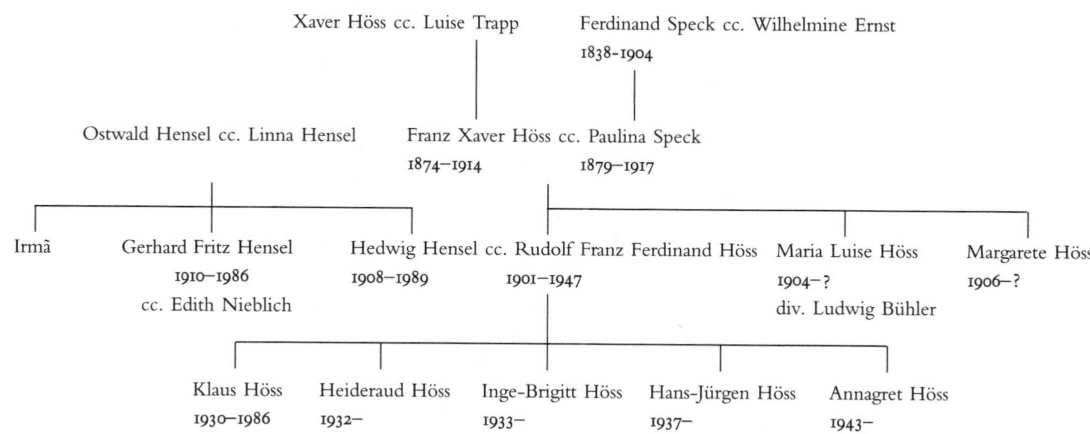

FONTES DE PESQUISA

Hanns Alexander era meu tio-avô. Morreu em 2006 e só tomei conhecimento de suas atividades na guerra quando ouvi o elogio fúnebre no seu funeral. A família nunca falava sobre esses assuntos. Quando éramos crianças, e também mais tarde, quando adultos, nos diziam para não perguntar a Hanns ou a outros membros da família o que tinha acontecido durante a guerra.

Para descobrir as atividades de meu tio, pesquisei em várias instituições ao redor do mundo. Baseei-me em documentos guardados em diversos arquivos, documentos confidenciais liberados recentemente, principalmente os liberados pelo Auschwitz Museum Archives sobre os últimos dias de Höss na prisão. (O original das memórias de Rudolf Höss também está no Museu de Auschwitz.) Baseei-me também em documentos não publicados e recentemente liberados pelo British National Archive, em Kew, relativos à prisão de Rudolf Höss e de Gustav Simon, efetuadas por Hanns Alexander, bem como em arquivos sobre Oswald Pohl e Richard Glücks, sobre a Operação "Palheiro" [Haysack] e a 1ª Equipe de Investigação de Crimes de Guerra e o Grupo de Crimes de Guerra.

Outras fontes foram: documentos não publicados e recentemente abertos à pesquisa no Intelligence Museum em Chicksands relativos à prisão de Rudolf Höss e à Seção 92 da Segurança de Campo; relatórios e documentos relativos à prisão de Gustav Simon efetuada por Hanns Alexander, no Luxembourg National Archive; o Holocaust Museum em Washington, D.C., particularmente fitas de vídeo dos Julgamentos de Nuremberg, inclusive o depoimento de Höss e fotos dele em Auschwitz; arquivos recentemente liberados do United States National Archives em College Park, inclusive material fornecido por Richard

Breitman, diretor do Historical Research for the US Governments' Nazi War Criminal Records Interagency, particularmente o "Dachau Report" e telegramas sobre Gustav Simon e Richard Glücks; correspondência com Barry Ritzler, que encontrou os testes Rorschach de Rudolf Höss na pasta de arquivos de Gustave Gilbert; entrevistas com sobreviventes realizadas pela Shoah Database, disponíveis na University of San Diego, Califórnia, e na Royal Holloway, University of London. Além disso, tive assistência de: Yad Vashem em Israel; Dachau Archive em Munique; o Sachsenhausen Museum em Berlim; o Grand Ducal Palace e o National Archive em Luxemburgo; o Institute of National Remembrance em Varsóvia; e o Imperial War Museum em Londres.

Grande parte do texto é baseada em novas fontes, inclusive minhas entrevistas com Brigitte, filha, Irene Alba, nora, e Rainer Höss, neto de Rudolf Höss (que me autorizou a reproduzir muitas imagens, inclusive as extraordinárias fotos da família na *villa* Höss em Auschwitz); Whitney Harris, o promotor americano nos Julgamentos de Nuremberg; Anita Lasker e Lucille Eichengreen, a quem Hanns ajudou em Belsen; Jozef Paczynski, o "Polaquinho" que cortava o cabelo de Rudolf; e Eva Schloss, cunhada de Anne Frank. Também usei entrevistas com Hanns, Bella, Elsie e Paul Alexander gravadas em vídeo por John Alexander e Herbert Levy. Além disso, tive acesso a cartas ainda não publicadas entre Hanns e Paul Alexander, suas irmãs Elsie e Bella, e sua mãe Henny, bem como a cartas de Rudolf Höss para Hedwig e os filhos, sendo que estas estão no Auschwitz Museum e na coleção particular da família Höss.

Internet

Existem muitos recursos disponíveis na Web, especialmente os relatórios completos dos julgamentos de Nuremberg, Belsen e Frankfurt. No site de Belsen, encontra-se a transcrição completa do julgamento, inclusive os depoimentos que foram gravados por Hanns Alexander. No site de Nuremberg, encontram-se transcrições dos testemunhos de Rudolf Höss, de Eleanor Hodys e de Konrad Morgen. Mas convém ter cuidado com outros sites, em que a veracidade vem e vai como as marés. Um site em particular, Wikipedia, tende a fazer uma edição tendenciosa de matérias políticas, principalmente quando se trata de líderes nazistas. Durante as pesquisas para este livro, tive o hobby de entrar no conteúdo da Wikipedia: modifiquei várias vezes, sem referência, corrigindo a data de nascimento de Rudolf Höss, e dias depois alguém entrava e mudava de volta, também sem referência, eu corrigia de novo, e por aí continuava.

Sobre nomes de lugares

Peço desculpas aos leitores que se confundiram com meu uso de nomes alemães, poloneses e de outros lugares em *Hanns e Rudolf*. Fiz minhas próprias regras, que tentarei explicar.

Para cidades, usei a grafia que julguei mais familiar ao leitor de língua inglesa. Há, porém, algumas exceções: Oświęcim em vez de Auschwitz, por exemplo, para diferenciar a cidade do campo de concentração. Para as ruas alemãs, quando possível, adotei a grafia contemporânea, não composta, por exemplo, Oranienburger Strasse em vez de Oranienburgerstrasse, para facilitar sua localização nos mapas da cidade e na sinalização das ruas. Onde os nomes foram trocados, como Kaiserallee, que hoje se chama Bundesallee, ou se a rua não existe mais, como a Achenbachstrasse, mantive o nome historicamente apropriado. Belsen foi o mais complicado de todos, pois foi conhecida por diversos nomes: os sobreviventes chamavam de Bergen-Belsen, os ingleses chamavam de "Hohne" seu quartel-general junto ao campo, e os desabrigados chamava de Campo de Bergen-Belsen DP. A bem da clareza, e porque era como Hanns e Rudolf o chamavam, mantive o nome do campo de concentração de Belsen.

Para mais informações sobre nomes dos lugares e outros materiais relativos a essa história, visite o site www.hannsandrudolf.com

BIBLIOGRAFIA

Foram úteis os seguintes textos:

Alexander, John. *A Measure of Time*. Publicação autofinanciada da história da família Alexander.

Arendt, Hannah. *Eichmann in Jerusalem*. Uma análise fundamental da "banalidade do mal".

Auschwitz/Birkenau Museum. *KL Auschwitz seen by the SS*. Inclui relatos de testemunhas oculares, empregadas domésticas e jardineiros que trabalharam na *villa* Höss.

Bardgett, Suzanne e David Cesarani. *Belsen 1945*. Uma introdução ao campo por dois dos melhores pesquisadores do Holocausto.

Bower, Tom. *Blind Eye to Murder*. Um excelente tratado dos fracassos dos ingleses e americanos para levar os líderes nazistas à Justiça.

Browning, Christopher. *Ordinary Men*. Um olhar sobre os 101 motivos do Batalhão de Reserva da Polícia para assassinar os judeus. Tem uma visão diferente da de Daniel Goldhagen (também incluído nesta Bibliografia).

Butler, Rupert. *Legions of Death*. Uma história vívida da SS, que inclui uma descrição da prisão de Rudolf Höss.

Eichengreen, Lucille. *From Ashes to Life*. Relato da vida de uma jovem em Belsen, com uma descrição de seu resgate por Hanns Alexander.

Fry, Helen. *The King's Loyal Aliens*. Uma boa introdução à história dos refugiados judeus que lutaram pela Inglaterra durante a Segunda Guerra Mundial.

Gilbert, G. M. *Nuremberg Diary*. Relato do psicólogo americano de seu trabalho com os réus enquanto aguardavam julgamento.

Gilbert, Martin. *The Holocaust: The Jewish Tragedy*. Inclui uma descrição da revolta dos prisioneiros numa câmara de gás em Birkenau.

Godfrey, Antony. *Three Rabbis in a Vicarage*. A história da sinagoga de Belsize Square, no norte de Londres.

Goldensohn, Leon. *The Nuremberg Interviews, An America Psychiatrist's Conversation with the Defendants and Witnesses*. Editado por Robert Gellately, é uma terrível incursão na mente dos líderes criminosos de guerra pelo psiquiatra americano.

Goldhagen, Daniel. *Hitler's Willing Executioners*. Um exame de por que alemães "comuns" perpetraram o Holocausto. Tem uma visão diferente da de Christopher Browning (incluído nesta Bibliografia).

Harris, Whitney. *Tyranny on Trial*. Um guia para os Julgamentos de Nuremberg escrito por um promotor americano pouco depois da guerra.

Hoare, Oliver. *Camp 020: M15 and the Nazi Spies*. Um relato extraordinário das técnicas de interrogatório nos tempos de guerra, e inclui o manual de interrogatório *Digest of Ham,* escrito pelo coronel Robin "Tin Eye" Stephens.

Hoess, Rudolf. *Commandant at Auschwitz Rudolf Hoess,* autobiografia também publicada com o título *Death Dealer: The Memoirs of the SS* Kommandant *of Auschwitz*. Autobiografia escrita numa cela da prisão polonesa enquanto Rudolf aguardava a sentença de morte. A primeira edição, *Commandant at Auschwitz Rudolf Hoess,* teve tradução de Constantine Fitzgibbon e introdução de Lord Russell, e a versão editada por Steven Paskuly, *Death Dealer*, foi traduzida para um inglês mais contemporâneo. As duas versões contêm introdução de Primo Levi.

Kemp, Anthony. *The Secret Hunters*. Uma boa introdução aos esforços dos Aliados para rastrear criminosos de guerra no final da Segunda Guerra Mundial.

Kershaw, Ian. *The End: 1944-1945*. Examina os últimos dias do Reich, com profundas reflexões sobre a fase final dos nazistas.

Langbein, Hermann. *People in Auschwitz*. Talvez o relato mais completo da vida em Auschwitz, narrado por um interno, líder da resistência.

Lasker-Wallfish, Anita. *Inherit the Truth*. A história pessoal da jovem que conseguiu se manter viva tocando violoncelo em Auschwitz e foi retirada de Belsen por Hanns Alexander.

Lebert, Stephan e Norbert (eds.). *My Father's Keeper*. Uma excelente antologia de entrevistas com filhos de líderes nazistas.

Leighton-Langer, Peter. *The King's Most Loyal Enemy Aliens*.

Lifton, Robert Jay. *The Nazi Doctors*. Um exame detalhado das terríveis práticas dos oficiais médicos no campo de concentração, com uma esplêndida introdução.

Longerich, Peter. *Heinrich Himmler*. Talvez o relato mais completo sobre os homens que comandavam a SS.

Rees, Laurence. *Auschwitz: The Nazis & The Final Solution*. A pesquisa contida nesse livro foi a base de uma importante série de documentários da BBC.

Segev, Tom. *Soldiers of Evil*. Um relato sobre alguns dos principais Kommandant*s* de campos, inclusive Josef Kramer e Rudolf Höss.

Shephard, Ben. *After Daybreak: The Liberation of Belsen, 1945*. Uma introdução ao que aconteceu em Belsen.

Smith, Bradley. *Reaching Judgment at Nuremberg*. Uma cartilha bastante útil, especialmente sobre a política nos Estados Unidos, Inglaterra e União Soviética que levaram à criação dos tribunais de crimes de guerra.

Smith, Michael. *Foley: The Spy Who Saved 10.000 Jews*. Uma boa descrição da vida do oficial britânico que salvou milhares de vidas de judeus concedendo vistos para que fugissem de Berlim.

Steinbacher, Sybille. *Auschwitz: A History*. Uma ótima introdução ao histórico do campo.

Waite, Robert G. L. *Vanguard of Nazism*. O melhor livro sobre o movimento *Freikorps*.

Walters, Guy. *Hunting Evil*. Uma investigação sobre os caçadores de nazistas, inclusive um olhar sobre a 1ª WCIT e o Grupo de Crimes de Guerra de Tony Somerhough.

Wiese, Christian e Paul Betts (eds.). *Years of Persecution, Years of Extermination*. O capítulo 10 é uma boa introdução à extraordinária vida de Konrad Morgen, e contém uma lista de leituras indicadas para uma pesquisa mais aprofundada.

AGRADECIMENTOS

Muitas pessoas me ajudaram com este livro, e tenho em enorme débito de gratidão com todas elas. Em particular:

Aos que me apoiaram desde o início deste projeto, Farzad Mahootian e Charlie McCormick, que me disseram que eu tinha que realizá-lo quando eu achava que não deveria ou não poderia. Aos meus fabulosos leitores: Elizabeth Wheeler, Hali Taylor, Dominic Valentine, David Lillard, Gillian Tett, Kate e David Harding, Gregory Kent e Gillian Stern. Ao incomparável Dabney Chapman, que me auxiliou em tantas traduções com discrição e muita gentileza, e a Anthea Bell, que fez um trabalho fabuloso na tradução dos escritos de Rudolf Höss. Agradeço também a Marion Godfrey, Sheridan Marshall e Caroline Sloan pela ajuda com o texto alemão. Obrigado a Darren Bennett por criar mapas tão claros e interessantes para este livro. Aos meus entrevistados: Anita Lasker-Wallfish, Lucille Eichengreen, Whitney Harris, Josef Paczynski, Rainer Höss, Brigitte *née* Höss, Victor Weitzel, Julian Mayer, Julia Draper, Noel Egerton e Freddy Mayer.

Um agradecimento especial ao meu primo John Alexander, por sua esplêndida história da família Alexander e da Torá Alexander, e por suas gravações com tio Hanns e todos os irmãos Alexander.

Quero agradecer também, pela ajuda em minhas pesquisas, às seguintes pessoas: major Edwards e Fred Judge (Intelligence Corps Museum, Chicksands); Stephen Walton (Imperial War Museum, Londres); John Starling (Associação do Corpo Militar de Pioneiros Auxiliar); Helen Fry; Johanna Bleker (Berlin University); Rebecca Schwoch (Universidade de Hamburgo), Iwona Kwaczala, Anna Skrzyinska, Piotr Serkiewicz e Woljciech Plosha (Auschwitz Museum, Oświęcim); Anthony Polonsky (Brandeis College); Léandre Mignon, Romain

Meyer, François Moyse, Judith Cohen e Rebecca Erbelding (United States Holocaust Memorial Museum); Saul Ferrero (Yad Vashem); Klaus Tätzler (Bergen-Belsen Memorial Museum); Gillian Walnes (Anne Frank Center, Amsterdã); Vaclav Vochoska (Embaixada Tcheca, Washington, D.C.); Aaron Breitbart (Wiesenthal Center, Los Angeles), Paul Dostert (Centro de Documentação de Luxemburgo sobre a Segunda Guerra Mundial); dr. Klaus Lankheit (Institut für Zeitgeschichte München); Richard Breitman (Grupo de Trabalho da Interagência de Documentos de Crimes de Guerra Nazistas e do Governo Imperial Japonês); Herbert Levy; Manfred Deslaers (Centro Diaglo, Oświęcim); Monica Thomsen (Gemeinde Handewitt); Bridget McGing (Wiener Library); Peter Peterlini (Bundesverwaltungsamt); Dagmar Rumpf (Arquivo Estadual de Baden-Baden); Karen Strobel (Arquivo Estadual de Mannheim) e Steven Paskuly.

Obrigado à Farrar, Straus e Giroux e à Random House Group por me permitirem incluir excertos do *Nuremberg Diary*, por G. M. Gilbert, e do *Nuremberg Interviews*, editado por Robert Gellately. Embora todos os esforços tenham sido feitos para localizar os detentores de copyright de todos os trechos de textos e imagens, peço desculpas antecipadamente por quaisquer erros ou omissões. Todas as correções julgadas necessárias serão feitas nas próximas edições.

Muitos membros da família merecem minha gratidão por seu apoio; é assustador abrir o passado de uma família. Agradeço particularmente a meu pai, Frank Harding, por compartilhar as cartas de sua mãe; a minha irmã Amanda, que tornou a louca viagem a Luxemburgo tão mais divertida; às primas Jackie e Annete, que generosamente compartilharam histórias de seus pais, Hanns e Ann; a titia Vivien, por sua franqueza revigorante; a Julian e Fiona Jakobi, por colocarem à disposição seus arquivos de família; a Peter Sussmann, por suas claras lembranças e pelas cartas de sua mãe; à prima Judith, por seus relatos de tia Bing e da vida em Frankfurt; a Marion "Cookie" Alexander, que encontrou no sótão o precioso tesouro das cartas de Hanns e Paul durante a guerra; a Marion Hensel, por suas lembranças de Hanns e de tia Bing; a Allan Morgenthau, que tão gentilmente me falou sobre sua querida Helga; a Michael e Angela Harding, por seu corajoso apoio; a Kate (Weinberg) Harding, que foi uma entusiasta desde o começo; e a meu primo James, cuja inabalável confiança em mim, apesar de toda evidência em contrário, me ajudou nas horas mais sombrias.

À minha incrível equipe de editores internacionais em língua inglesa: Tom Avery, da William Heinemann, que foi o primeiro a adquirir o livro e desde então direcionou brilhantemente todo o processo de edição; a Thomas LeBien, da Simon & Schuster; a Janie Yoon, da House of Anansi Press, que deram contribuições significativas a este livro. Ao meu extraordinário agente, Patrick Walsh, e sua fabulosa equipe da Conville & Walsh, foi um privilégio trabalhar com vocês. Obrigado também a Ivan Mulcahy pelos primeiros trabalhos neste livro. É claro que, apesar de toda a ajuda, assumo total responsabilidade por todos os aspectos deste livro, e todo e qualquer erro é meu.

À minha filha maravilhosa, Sam, que encontrou as cartas de Hanns e Ann no depósito e me fez companhia enquanto eu digitava, digitava, digitava...

Por fim, quero agradecer à minha querida esposa, Debora Harding, que me apoiou durante todo o tempo deste projeto, apesar de minhas viagens para longe de casa, e cujas opiniões agradeço muito. Eu te amo ainda mais.

Acima de tudo, quero agradecer ao meu filho, cujo orgulho desta história, e de seu pai, me inspiraram a completar este livro quando tudo o que eu queria era me enfiar debaixo das cobertas e pensar nesse filho. Obrigado, Kadian.